Menschen im Krieg
1914-1918
am Oberrhein

-- -- -- -- -- -- -- -- -- -- --

Vivre en temps de guerre
des deux côtés du Rhin
1914-1918

Titelbild:
Vom Kampf gezeichnet: 37 französische Gefangene und ihre deutschen Bewacher vom Sturmbataillon 16 beim Hartmannsweilerkopf am 10. November 1917.
Vorlage: Landesarchiv Baden-Württemberg GLA 456 F 65, Nr. 9 Foto 3

Alle Rechte vorbehalten
© 2014 by Landesarchiv Baden-Württemberg und Archives Départementales du Haut-Rhin
Gestaltung von Ausstellung und Katalog: Prospectiv, Colmar
Projektleitung: Andrée Koehly itka, Belfort
Druck: Offizin Scheufele, Stuttgart
Kommissionsverlag: W. Kohlhammer GmbH, Stuttgart
Printed in Germany
ISBN 978-3-17-025873-0

Menschen im Krieg
1914-1918 am Oberrhein

— · — · · — · — · · — · — · · — · — · · —

Vivre en temps de guerre des deux côtés du Rhin 1914-1918

Deutschsprachige Ausgabe

Für das Landesarchiv Baden-Württemberg
und die Archives Départementales du Haut-Rhin

herausgegeben von

Rainer Brüning
und
Laëtitia Brasseur-Wild

W. Kohlhammer Verlag 2014

INHALTSVERZEICHNIS

Grußworte 6

Vorwort 8

Einleitung 10

1. EINE MILITARISIERTE GESELLSCHAFT 12

Der Glanz des Kaiserreichs – Luise von Preußen 24
Wie der Vater, so der Sohn? – Adolf und Brandel Geck 30
Der Stellvertreter des Kaisers – Hermann Fürst zu Hohenlohe-Langenburg 36
Eine heile Welt? – Jean-Jacques Waltz, genannt Hansi 42

2. KRIEGSAUSBRUCH UND VOGESENFRONT 48

Die Familie bleibt zurück – Georg Scherer 60
Im Sundgau – Pierre Jaminet 66
Auf den Vogesen – Paul Gläser 72
Mit Gottes Hilfe – Benedict Kreutz 78

DER HARTMANNSWEILERKOPF: SCHLACHTFELD UND GEDENKSTÄTTE 84

3. SOLDATEN 90

Mutter und Sohn – Marie und Henri Eschbach 102
Desertieren – Xaver Franz Strauß 108
An allen Fronten – Dominik Richert 114
Zwei Brüder – Lucien und Charles Rudrauf 120

4. ZIVILISTEN 126

Vor der Geschichte – Karl Hampe 138
Der Weg zur *völkischen Rassenhygiene* – Eugen Fischer 144
Für ein autonomes Elsass – Eugen Ricklin 150
Zum Tode verurteilt – Alfred Meyer 156

5. FRAUEN UND KINDER — 162

Der Tod fiel vom Himmel – Sieben Kinder und ein Erwachsener — 174
Ein privates Lazarett – Charlotte Herder — 180
Einsatz in zwei Weltkriegen – Pauline Winkler — 186
Im Elend – Alphonsine Lichtle — 192

6. VERWUNDUNG UND GEFANGENSCHAFT — 198

Zwischen Front und Etappe – Georg Geierhaas — 210
Verwundet – Wilhelm Thome — 216
Wahnsinnig – J. — 222
In Taschkent – Joseph Luthringer — 228

7. DER TOTALE KRIEG — 234

Der Nobelpreisträger als Kriegsverbrecher – Fritz Haber und Clara Immerwahr — 246
Arbeiten für den Krieg – Alexander Ritter — 252
Eingesperrt – Joseph Weck — 258
Fanatisiert – Ernst von Salomon — 264

8. KRIEGSENDE — 270

Die deutsche Republik – Friedrich Ebert — 282
Vom Falken zur Taube – Berthold von Deimling — 288
Die elsässische Identität – Marie-Joseph Bopp — 294
Frankreich und Deutschland – René Schickele — 300

Quellen- und Bildnachweise — 306
Literaturhinweise — 311
Verzeichnis der Mitarbeiter/innen — 316

GRUßWORTE

La Grande Guerre semble si loin de nous, alors qu'elle est finalement si proche. En effet, des membres de nos familles l'ont connue. Charles Kuntz, dernier combattant alsacien du premier conflit mondial, né à Ranspach en 1897, est décédé à Colmar en 2005. C'était presque hier. Âgé de 108 ans, il avait servi dans l'armée allemande en Russie, en Artois, en Champagne, dans les Flandres.

Cette catastrophe planétaire ne doit jamais devenir une abstraction, une page de l'histoire sans dimension humaine, une page de notre vie sans nous.

Il faut au contraire que nous nous penchions respectueusement sur la vie de ces femmes et de ces hommes qui en ont été toujours les acteurs... et trop souvent les victimes. Il nous faut aller au-delà des listes de noms qui figurent sur les monuments aux morts de la quasi-totalité des communes haut-rhinoises, au-delà de ces 10 000 noms d'hommes jeunes, au-delà de ces 10 000 familles éprouvées et meurtries, dans un département qui, à la veille de cette guerre, ne comptait environ que 520 000 habitants. Et avoir une pensée également pour tous ces blessés plus ou moins gravement atteints et tous leurs proches. Car, quoi qu'il en soit, on ne revient jamais indemne d'une guerre.

Dans ce conflit mondial, la Haute-Alsace et ses habitants occupent une place à part : Allemands au début du conflit, ils deviennent, pour une partie d'entre eux, Français dès l'été 1914. Les hautes vallées de la Thur, de la Doller, de la Largue le restent quant à elles, durant tout le conflit. La ligne de front a coupé le département en deux. Des Haut-Rhinois ont servi dans l'armée allemande, d'autres dans l'armée française. Notre département en a forcément souffert, mais il s'en est relevé fièrement et dignement, comme si souvent dans son passé.

L'Histoire avec un grand H ignore souvent les histoires particulières au bénéfice de l'histoire générale, celle qu'on apprend sur les bancs de nos écoles, collèges et lycées. De grandes batailles ont eu lieu dans les Vosges, au Linge, au Vieil-Armand, des batailles où les bombardements d'artillerie, les armes chimiques, les lance-flammes ont fait de très nombreuses victimes.

Mais jusqu'à présent, rappeler ce que fut la vie, ce que furent LES vies des deux côtés du Rhin entre 1914 et 1918, est un travail de mémoire qui n'a jamais été entrepris.

C'est précisément la vocation de cette remarquable exposition qui raconte le destin d'une trentaine d'Alsaciens et de Badois, et à travers eux, celui de milliers d'habitants de l'*Oberrhein*. La photographie permet de donner chair à leurs histoires, de les incarner, alors qu'elles sont trop souvent synonymes de souffrances et de douleurs. Elle permet de leur donner vie, alors qu'elles recèlent si souvent la mort.

C'est avec fierté que je tiens à souligner l'originalité de cette approche, bilingue qui plus est, de l'histoire de notre région, et à féliciter avec une particulière émotion, tous ceux qui y ont œuvré et tous ceux qui contribueront à sa valorisation.

Charles Buttner
Président du Conseil Général du Haut-Rhin

100 Jahre nach dem Ausbruch des Ersten Weltkrieges – „der Urkatastrophe Europas" – schauen wir auf ein Inferno zurück, das uns heute fern und nah zugleich ist. Fern, weil es keine lebenden Augenzeugen mehr gibt, die uns von ihm berichten können. An ihre Stelle müssen jetzt Archive und andere Stätten der Erinnerung treten. Nah, weil sich etwa nach der Epochenwende des Jahres 1989 rasch zeigte, dass ungelöste Konflikte wie in Südosteuropa erneut mit Gewalt ausbrechen können.

Doch das 20. Jahrhundert war nicht nur von kriegerischen Auseinandersetzungen geprägt: Die nach dem Ende des Zweiten Weltkrieges einsetzende Aussöhnung, Verständigung und enge Freudschaft zwischen Deutschland und Frankreich bildet bis heute die Grundlage unseres gemeinsamen europäischen Hauses. Dass dieses Haus nicht nur aus Verträgen und Erklärungen besteht, sondern mit Leben erfüllt ist, wird besonders deutlich, wenn man sich der trinationalen Region am Oberrhein zuwendet. Einem Landstrich, der im Lauf der Jahrhunderte viele Kriege erlebt hat, aber zugleich stets ein Raum war und ist, in dem der kulturelle Austausch über Grenzen hinweg große Früchte trägt. Deutsche, Franzosen und Schweizer leben hier heute friedlich miteinander und teilen wie selbstverständlich ihren Alltag. Was noch vor zwei Generationen unmöglich schien, ist Realität geworden.

Zu dieser Realität gehört es auch, dass die Feinde von einst die Barrieren in ihren Köpfen und Herzen überwunden haben und gemeinsam auf ihre schmerzvolle Vergangenheit zurückblicken können. 100 Jahre nach dem Ausbruch des Ersten Weltkrieges haben sich deutsche und französische Archive erstmals zusammen der Aufgabe gestellt, eine grenzüberschreitende zweisprachige Ausstellung über die Geschichte dieses Krieges am Oberrhein zu erarbeiten und der Öffentlichkeit in beiden Ländern zu präsentieren.

Im Mittelpunkt dieser Ausstellung steht keine traditionelle Militärgeschichte, keine Ereignis- und Politikgeschichte, sondern der Mensch. Die hier vorgestellten 32 exemplarischen Biographien von Männern, Frauen und Kindern führen uns ganz nah an deren Einzelschicksale heran, lassen uns mitfühlen und bieten gerade auch für die grenzüberschreitende Jugendarbeit in beiden Ländern vielfache Anknüpfungspunkte. Sich gemeinsam zu erinnern verhindert, dass wir alte Fehler wiederholen, und bereitet zugleich den Weg in eine bessere Zukunft.

Ich danke dem Landesarchiv Baden-Württemberg – vertreten durch das Generallandesarchiv Karlsruhe und das Staatsarchiv Freiburg – und den Archives Départementales du Haut-Rhin – unterstützt durch das Comité du Monument National du Hartmannswillerkopf – für ihre großartige Zusammenarbeit, die Grenzen überwindet und neue Perspektiven eröffnet. Der Wanderausstellung „Menschen im Krieg / Vivre en temps de guerre" wünsche ich auf ihrer vierjährigen Reise beidseits des Rheins zahlreiche interessierte Besucherinnen und Besucher. Möge das gemeinsame Erinnern an den Ersten Weltkrieg die Menschen am Oberrhein noch enger zusammenführen.

Winfried Kretschmann
Ministerpräsident des Landes Baden-Württemberg

VORWORT

Menschen im Krieg 1914-1918 am Oberrhein – Vivre en temps de guerre des deux côtés du Rhin 1914-1918: Unter diesem Titel präsentieren das Landesarchiv Baden-Württemberg und die Archives Départementales du Haut-Rhin in Colmar mit Unterstützung des Comité du Monument National du Hartmannswillerkopf gemeinsam eine zweisprachige Wanderausstellung, die von einer reich bebilderten und grafisch ansprechend gestalteten Publikation begleitet wird. Einhundert Jahre nach dem Ausbruch des Ersten Weltkriegs wagen es erstmals Archivare und Historiker aus Deutschland und Frankreich, die traditionellen nationalen Grenzen und Sichtweisen zu überschreiten und gemeinsam die Geschichte des Oberrheingebiets in jenen Jahren in den Blick zu nehmen.

Bewusst und programmatisch legt die Ausstellung ihren Fokus auf das Schicksal der „Menschen im Krieg": 32 Biografien erzählen eindringliche Lebensgeschichten. Knappe Quellenzitate lassen die Menschen persönlich zu Wort kommen. Authentisches Bildmaterial gibt den Personen ein individuelles Gesicht, macht sie unverwechselbar und lässt sie aus der Anonymität kollektiver Geschichtsbilder heraustreten. Was deutsche und französische, elsässische und badische „Menschen im Krieg" über die nationalen Zuschreibungen hinweg miteinander verbindet oder was sie voneinander trennt, diese Frage mögen die Leserinnen und Leser dieses Buches, die Besucherinnen und Besucher der Ausstellung für sich selbst beantworten.

In vielen Fällen wurden die Schicksale der porträtierten Menschen erstmals für dieses Projekt rekonstruiert. Archive bewahren mit ihrer breiten historischen Überlieferung unendlich viele Geschichten gelebten Lebens. Sie warten darauf entdeckt, erforscht und weiter erzählt zu werden: eine besondere Herausforderung, aber auch eine lohnende Aufgabe für Archivarinnen und Archivare beiderseits des Rheins.

Die Ausstellung ist als Wanderausstellung konzipiert. Nach ihrer Erstpräsentation in Colmar und Karlsruhe wird sie in zahlreichen Städten des Oberrheingebiets gezeigt, so auch in Freiburg und Straßburg. Weitere Höhepunkte werden die Präsentation in Paris im Maison d'Alsace und in Berlin in der Vertretung des Landes Baden-Württemberg sein. Auf ihrem Weg durch das Oberrheingebiet erreicht die Ausstellung bis 2018 in einem weiten Radius eine große Zahl von Besucherinnen und Besuchern. Eigens für die Ausstellung erarbeitete didaktische Materialien stehen für Schulklassen zur Verfügung. Somit kann die Ausstellung auch zum Kristallisationspunkt für die grenzüberschreitende Schüler- und Jugendarbeit im Oberrheingebiet werden.

Die Partnerschaft mit dem Comité du Monument National du Hartmannswillerkopf, das an diesem zentralen Erinnerungsort das erste deutsch-französische Historial zum Ersten Weltkrieg errichtet, verleiht dem Ausstellungsprojekt in dem Gedenken an die dortigen erbitterten und verlustreichen Kämpfe eine besondere Dimension gemeinsamer Geschichte und bindet die Präsentation zugleich ein in den weiteren Weg hin zu einer vertieften deutsch-französischen Freundschaft. Die Aufnahme der Ausstellung in die offiziellen Gedenkveranstaltungen in Frankreich sowohl auf nationaler als auch auf regionaler Ebene, sinnfällig ausgedrückt in der Verleihung der entsprechenden Signets, unterstreicht den besonderen Charakter des Projekts.

Viele haben beiderseits des Rheins dazu beigetragen, dieses anspruchsvolle Ausstellungsprojekt auf den Weg zu bringen und zu realisieren. Ihnen allen sei am Schluss für ihre vertrauensvolle, engagierte und kompetente Arbeit gedankt. Im Landesarchiv Baden-Württemberg lag die Projektleitung beim Generallandesarchiv Karlsruhe, das vom Staatsarchiv Freiburg unterstützt wurde; auf französischer Seite übernahmen diese Aufgabe die Archives Départementales du Haut-Rhin in Colmar. Dr. Rainer Brüning (Karlsruhe) und Laëtitia Brasseur-Wild (Colmar) haben als Kuratoren das eigenständige und innovative Konzept der Ausstellung erarbeitet und damit in hervorragender Weise den Anspruch eingelöst, den Ersten Weltkrieg aus den tradierten Deutungsmustern nationaler Geschichtsschreibung herauszulösen und aus neuer Perspektive, die kulturgeschichtliche und anthropologische Fragestellungen aufgreift, zu beleuchten. Für die besonderen Herausforderungen, die mit einer zweisprachigen grenzüberschreitenden Ausstellung verbunden sind, fanden sie immer partnerschaftliche Lösungen, die die erfolgreiche Realisation des ambitionierten Projekts garantierten.

Jean Klinkert, Direktor des Tourismusverbandes des Oberelsass', und Jürgen Oser, Stabsstelle für grenzüberschreitende Zusammenarbeit im Regierungspräsidium Freiburg, haben Brücken über den Rhein geschlagen und in Gesprächen die Grundlagen für das Projekt gelegt. In einer wissenschaftlichen Tagung, die von Dr. Kurt Hochstuhl, dem Leiter des Staatsarchivs Freiburg, im Oktober 2013 organisiert wurde, diskutierten deutsche und französische Historiker über die Geschichte des Ersten Weltkriegs am Oberrhein. Die Vorträge des Symposiums werden 2014 publiziert und stehen somit der weiteren Forschung zur Verfügung.

Die Ausstellung „Menschen im Krieg" stellt einen wichtigen Schritt dar im Bemühen, den kulturellen Dialog im Oberrheingebiet über sprachliche und politische Grenzen hinweg auszubauen und zu vertiefen. Es gilt, diesen Kulturraum als eine gemeinsame, historisch gewachsene Einheit zu verstehen, durchflossen vom Rhein, dessen Lauf keine nationalen Grenzen markiert, sondern Verbindungen schafft zwischen Menschen und Regionen – auf beiden Seiten des Rheins.

Paris, Colmar, Stuttgart und Karlsruhe, im März 2014

Général Bernard Cochin
Président du Comité du Monument National du Hartmannswillerkopf

Jean-Luc Eichenlaub
Directeur des Archives Départementales du Haut-Rhin

Prof. Dr. Robert Kretzschmar
Präsident des Landesarchivs Baden-Württemberg

Prof. Dr. Wolfgang Zimmermann
Leiter des Generallandesarchivs Karlsruhe

EINLEITUNG

„Die elsässische Ebene liegt voll Sonne! Doch zwischen uns und ihr ist noch ein Dunst, der sie verschleiert ... Er ist nicht mehr! Das Land links des Rheins, das Land rechts des Rheins atmet ein einziges Lächeln. Vögel segeln von Wipfel zu Wipfel, setzen sich, fragen die Stille an, fliegen weiter."
(René Schickele: Ein Erbe am Rhein, 1925)

Sieben Jahre nach dem Großen Krieg schweift der melancholische Blick des deutsch-französischen Schriftstellers René Schickele von Badenweiler hinab über die Oberrheinebene. Die neu erwachende Natur erscheint dem Erzähler in ihrer Schönheit wunderbar sinnlos, doch der Tod war hier gewesen. Vögel fragen die Stille an.

Heute, 100 Jahre nach Ausbruch des Ersten Weltkriegs sind alle Zeitzeugen gestorben und nur noch die Archive bewahren ihre Spuren. Damit sie unserem Gedächtnis nicht endgültig entgleiten, unternehmen badische und elsässische Archivare zum ersten Mal zusammen den Versuch, einen grenzüberschreitenden, einen gemeinsamen Blick auf die Geschichte des Ersten Weltkriegs zu werfen. Unsere zweisprachige, deutsch-französische Wanderausstellung ist dabei durch zwei Prämissen gekennzeichnet: Sie konzentriert sich auf das Gebiet des Oberrheins als eine einzigartige Kulturlandschaft zwischen Deutschland und Frankreich, und sie rückt konsequent den einzelnen Menschen in den Mittelpunkt der Darstellung.

Das Land links und rechts des Rheins war nicht nur Konfliktzone, sondern stets zugleich kulturelle Brücke zwischen beiden Nationen. Heute ist der Oberrhein eine Region, in der Deutsche und Franzosen, Badener und Elsässer die Idee der europäischen Verständigung in ihrem alltäglichen Zusammen-leben wahr werden lassen. Doch nirgends im Deutschen Reich – außer in Ostpreußen – waren damals Kampfgebiet, Etappe und Heimatfront so eng miteinander verzahnt wie am Oberrhein. Kein anderes Gebiet war zwischen Frankreich und Deutschland so umstritten wie das seit 1871 annektierte Reichsland Elsass-Lothringen. Niemand so hin- und hergerissen und auf der Suche nach der eigenen Identität wie gerade die Menschen zwischen Rhein und Vogesen. Ausdrücklich lassen wir die traditionelle Militär- und Ereignisgeschichte beiseite und greifen die aktuellen kulturgeschichtlichen, biographischen und anthropologischen Forschungsansätze auf, um einen *anderen* Blick auf das Land beiderseits des Rheins zu werfen: Im Mittelpunkt unserer Darstellung stehen die Kriegserfahrungen, das Leiden der gesamten Bevölkerung, die als Einzelne, als Soldat oder Zivilist, als Mann, Frau oder Kind dem modernen Krieg als Täter und/ oder Opfer ausgeliefert waren. Tatsächlich erfasste der Krieg alle Lebensbereiche, deutlich spiegelt sich seine Totalität in den von uns repräsentativ ausgewählten Lebensläufen wider. Stets war uns dabei bewusst, dass in den kollektiven Erinnerungen der beiden Länder dem Ersten und dem Zweiten Weltkrieg ein jeweils sehr unterschiedlicher Stellenwert zukommt: Während in Frankreich die Erinnerung an den siegreich bestandenen Großen Krieg angesichts seiner Schlachtfelder stets ungebrochen blieb, erschien dieser in Deutschland oft genug nur noch als Vorgeschichte, die zu den Verbrechen der nationalsozialistischen Diktatur, zum Holocaust und zum Zweiten Weltkrieg führte.

Unser Projekt stützt sich hauptsächlich auf die Unterlagen des deutschen XIV. Armeekorps mit seinen insgesamt 1,2 km Akten und etwa 10.000 Fotos, die im Generallandesarchiv Karlsruhe aufbewahrt werden. Dieses konnte den Kollegen in Colmar umfangreiches Archivgut zur Erforschung der eigenen Geschichte, darunter zahlreiche Akten der Militärgerichte, zur Verfügung stellen. Zu den Unterlagen der Militärbehörden hinter der Front kommen für den badischen Staat im Kriegszustand die umfangreichen Akten seiner zivilen Stellen. Daneben treten die Unterlagen von Verbänden wie dem Badischen Frauenverein bzw. der Badischen Schwesternschaft sowie diverse Nachlässe von Zeitzeugen.

Die Akten des im Elsass stationierten deutschen XV. Armeekorps sind im Zweiten Weltkrieg vernichtet worden. Die Archives Départementales du Haut-Rhin in Colmar verfügen jedoch über zahlreiche Verwaltungsunterlagen, die ein klaren Eindruck vom Leben der Zivilisten im noch deutschen Teil des Elsass wie auch in dem von den französischen Truppen bereits 1914 zurückeroberten Teil des Landes vermitteln. Für unsere Präsentation boten die privaten Sammlungen und Nachlässe, ebenso wie die Postkarten- und Fotosammlung wichtige Quellen, um den Krieg an der Vogesenfront zu verbildlichen.

Bei ihrer vierjährigen Reise durch Baden und das Elsass wird unsere Wanderausstellung dann jeweils vor Ort durch lokale Dokumente aus den dortigen Archiven und Museen ergänzt.

Obwohl es neben den allgemeinen militärgeschichtlichen Darstellungen inzwischen zahlreiche orts- und personengeschichtliche Studien für das Elsass, Baden und auch die Schweiz im Ersten Weltkrieg gibt, fehlt bisher eine grenzübergreifende Synthese für die gesamte Region des Oberrheins. Unsere Ausstellung kann diese natürlich nicht ersetzen, möchte aber zu weiteren Arbeiten anregen. Sie selbst ist in acht Kapitel gegliedert und beginnt mit einem allgemeinen Blick auf die militarisierte deutsche Gesellschaft am Vorabend des Kampfes, um sich dann dem Kriegsausbruch und der Vogesenfront zuzuwenden. Vier Kapitel über das Schicksal von Soldaten, Zivilisten, Frauen und Kindern sowie über Verwundung und Gefangenschaft schließen sich an. Wie weit der militärische Konflikt alle Lebensbereiche durchdrang, zeigen die Anstrengungen für den totalen Krieg, die im Zusammenbruch Deutschlands enden. Das Elsass kehrte mit Kriegsende zu Frankreich zurück. Ein Exkurs ist dem Hartmannsweilerkopf als Schlachtfeld und Gedenkstätte gewidmet. Ihm kommt als dem gemeinsamen Erinnerungsort in unserer Region eine ganz besondere Bedeutung zu.

Jedes der acht Kapitel wird auf gegenüberliegenden Seiten durch zwei eigenständige Beiträge eingeleitet, die jeweils die Ereignisse und ihre Deutungen im Elsass und in Baden kontrastieren, sowohl Unterschiede herausarbeiten als auch Gemeinsamkeiten rechts und links des Rheins freilegen. Ganz bewusst haben wir dabei auf einen Zwang zur inhaltlichen und stilistischen Harmonisierung verzichtet. Im Gegenteil, gerade die differierenden Sichtweisen und Interpretationen der Autoren aus Frankreich und Deutschland sollen dem Leser ein besseres Verständnis für den *Anderen* ermöglichen. Widersprüche sind auszuhalten. Vielleicht mag hier auch die Anordnung der Bilder helfen, überkommene nationale Sehgewohnheiten aufzubrechen und selbst weiterzudenken. Jeweils vier exemplarische Biographien von Menschen unterschiedlichster Herkunft aus Baden und dem Elsass führen vor Augen, wie der Krieg am Oberrhein das Leben aller ergriff, beeinträchtigte, beschädigte oder zerstörte. Die einzelnen Schicksale – vorgestellt durch ein Porträt, ein Zitat und eine Kurzbiographie mit weiteren Dokumenten – sind dabei auf vielfältige Weise mit anderen Lebensläufen verwoben und den übergreifenden Themen verbunden. Zahlreich sind die Berührungspunkte zum System der Gefangenen- und Internierungslager, in das Soldaten und Zivilisten massenhaft gesperrt wurden und das zum Synonym des Zeitalters werden sollte. Die Biographien enden nicht im Jahr 1918, sondern führen weit hinein ins 20. Jahrhundert, in das Zeitalter der Extreme.

Der Erste Weltkrieg war ein Scheidepunkt: Er markiert den Abschluss des langen 19. und den Anfang des kurzen 20. Jahrhunderts, das mit den Schüssen von Sarajevo 1914 begann und mit dem Fall der Berliner Mauer 1989 endete. Würde die Region des Oberrheins eines Tages zu einer Brücke zwischen Frankreich und Deutschland werden können, wie René Schickele glaubte? Der von Deutschland entfesselte Zweite Weltkrieg machte zunächst alle Hoffnungen auf Frieden und Versöhnung zunichte. Erst der Elysée-Vertrag vom 22. Januar 1963 legte die Grundlage für eine dauerhafte deutsch-französische Freundschaft, auf der das gemeinsame europäische Haus errichtet werden konnte. 50 Jahre später können und wollen wir unsere gemeinsame Geschichte trotz ihrer Schrecken als etwas Verbindendes begreifen. Nur auf ihren Fundamenten kann unser europäisches Haus gebaut werden. Vieles von dem, was früher vollkommen unvorstellbar war, ist uns heute ganz selbstverständlich. Der Dunst ist verschwunden: *„Le pays à gauche du Rhin, le pays à droite du Rhin respirent d'un même sourire. Les oiseaux volent de cime en cime, se posent, interrogent le silence et poursuivent leur vol."*

Karlsruhe und Colmar, im März 2014

Rainer Brüning und

Laëtitia Brasseur-Wild

1

Soldaten des XIV. Armeekorps bei der Kaiserparade auf dem Forchheimer Feld bei Karlsruhe am 11. September 1909 zum Auftakt der Kaisermanöver im Raum Boxberg. Die großen *Kriegsspiele* dienten nicht nur militärischen Zwecken, sondern waren auch gesellschaftliche Ereignisse ersten Ranges, in denen sich die adlige Elite in Szene setzte.

Eine militarisierte Gesellschaft

Elsass

Elsass-Lothringen wird vom besiegten Frankreich aufgrund des im Mai 1871 abgeschlossenen Frankfurter Vertrags abgetreten und durch gesetzliche Regelung vom Juni 1871 zum Bestandteil des neuen Deutschen Reichs: Dieses verleiht ihm den Status eines *Reichslandes*, das theoretisch der gemeinsame Besitz aller Bundesstaaten, darunter das Großherzogtum Baden, ist. Tatsächlich aber übt die (kaiserliche und preußische) Regierung in Berlin die Regierungsgewalt aus. Im Reichsland wird unverzüglich die allgemeine Schulpflicht eingeführt, mit Deutsch als offizieller Sprache (April 1871), und es gilt der obligatorische Militärdienst (Januar 1873). Das Reichsland verfügt über eine elsässisch-lothringische Volksvertretung, die ab 1874 bzw. 1879 aufgrund gleichen und indirekten Wahlrechts, ab

Veteranentreffen des 1. Badischen Feldartillerie-Regiments Nr. 14 vor der Kaserne Schloss Gottesaue in Karlsruhe (15.-17. Januar 1896). Die Krieger- und Veteranenvereine hielten die Erinnerung an die mit *Blut und Eisen* erfolgte Reichsgründung von 1871 wach.

EINE MILITARISIERTE GESELLSCHAFT

Baden

Das neue Deutsche Kaiserreich war von Preußen unter der politischen Leitung Bismarcks in drei Kriegen 1864-1871 mit *Blut und Eisen* geschmiedet worden. Nach dem Zurückdrängen Dänemarks und dem Ausschalten Österreichs war schließlich die europäische Hegemonialmacht Frankreich besiegt worden. Deutschland selbst verwandelte sich am Ende des 19. Jahrhunderts in eine hochindustrialisierte Wirtschaftsnation, die seit dem Regierungsantritt Kaiser Wilhelms II. 1888 auch zunehmend außenpolitisch auftrumpfen wollte und aggressiv ihren *Platz an der Sonne* einforderte.

Mit Sicherheit entsprachen die *Wilhelminer* nicht alle dem Klischee, das Heinrich Mann bereits vor 1918 in seinem berühmten Roman *Der Untertan* von ihnen gezeichnet hat. Hervorstechende Merkmale der deutschen Gesellschaft waren jedoch zweifelsohne ihre autoritäre Struktur, ihr hoher Grad an Militarisierung und ihr überbordender Nationalismus. Der Antagonismus zwischen einer technisch modernen, kapitalistisch organisierten Wirtschaftsform und einem veralteten politischen Herrschaftssystem stellte die Klassengesellschaft vor eine Zerreißprobe. Die kaiserliche Regierung selbst war einer parlamentarischen Kontrolle durch den Reichstag weitgehend entzogen. Adel und Großbürgertum nahmen nach wie vor alle politischen und gesellschaftlichen Schlüsselstellungen ein und verteidigten zäh ihre überkommenen Privilegien gegen die Forderungen nach demokratischer Mitsprache und sozialer Teilhabe aus den Reihen der organisierten Arbeiterschaft.

Die rasante ökonomische Modernisierung der Gesellschaft ging nicht mit einer Stärkung ihres zivilen Charakters einher. Im Gegenteil, die Glorifizierung des Militärischen griff immer weiter um sich. Der adlige Berufsoffizier und der bürgerliche Reserveleutnant standen in hohem Ansehen. Die allgegenwärtigen Veteranenverbände hielten die Erinnerung an die kriegerische Reichsgründung wach. Höchster Feiertag des Kaiserreichs war der Sedantag am 2. September jeden Jahres, der immer wieder aufs Neue die Niederlage des *Erbfeindes* Frankreich beschwor. Manöver und Militärparaden dokumentierten nicht nur die stete Kampfbereitschaft des Reiches, sondern schufen enge emotionale Bindungen zwischen der Bevölkerung und dem Militär. In den Schulen wurden die Kinder zu treuen Untertanen herangezogen, die junger Männer danach während ihrer zweijährigen Wehrpflicht zu Soldaten gedrillt, die die Befehle ihres Obersten Kriegsherrn bedingungslos ausführen sollten. Die Kirchen predigten ihren Gläubigen weiterhin Gehorsam gegenüber der gottgewollten Obrigkeit und segneten die Waffen. Das Bündnis zwischen Thron und Altar erschien vor allem innerhalb der evangelischen Konfession unerschütterlich.

Wie die anderen Großmächte strebte auch das Deutsche Reich nach Kolonien in Übersee, musste jedoch sehr bald erkennen, das seinem verspäteten Imperialismus durch bereits etablierte Konkurrenten enge Grenzen gezogen wurden. Nichts brachte den Machtanspruch und Geltungsdrang Deutschlands dabei besser zum Ausdruck als der von Admiral Alfred von Tirpitz organisierte Bau einer gewaltigen Schlachtflotte, die England zu Zugeständnissen in der Weltpolitik zwingen sollte. Sie war nicht nur das *Lieblingsspielzeug* des Kaisers, sondern das wichtigste Instrument zur Identifikation des national- und technikbegeisterten Bürgertums mit seinem Machtstaat. Ein um sich greifender Sozialdarwinismus übertrug den *Kampf ums Dasein* auf die Konflikte um die wirtschaft-

Elsass

1911 aufgrund des direkten Wahlrechts gewählt wird, und es erhält den – unvollständigen – Rechtsstatus eines halbautonomen *Landes*. Die rechtliche Stellung der Religionsgemeinschaften behält man im Reichsland bei. Die Sozialgesetzgebung des wilhelminischen Kaiserreichs wird eingeführt, und seit dem Jahr 1900 gilt das deutsche Bürgerliche Gesetzbuch. Im Jahr 1910 ist die elsässisch-lothringische Wirtschaft in das Wirtschaftsleben des deutschen Kaiserreichs vollständig integriert und profitiert vom wirtschaftlichen Aufschwung und von der Modernisierung der Städte.

Das deutsche Heer ist in Elsass-Lothringen allgegenwärtig. Seine Kasernen stehen in zahlreichen Städten, auf dem Land und im Gebirge veranstaltet es Militärmanöver. Die Elsass-Lothringer werden zum Militärdienst verpflichtet. War die deutsche Armee daher ein Faktor im Sinne der Germanisierung? Unbestreitbar entwickelt sich hier der elsässische Rekrut zum Kameraden. Man hat jedoch genügend Anlass zur Annahme, dass dieser Soldat seine militärischen Pflichten nur deshalb erfüllt, weil er dazu aufgrund der politischen Ereignisse gezwungen wird.

Einige Monate nach der Annexion Elsass-Lothringens führt Deutschland die allgemeine Militärdienstpflicht ein. Dies stellt für zahlreiche junge Elsässer einen zentralen Grund dar, über ihre Optionen d.h. über die Auswanderung nachzudenken. Im Alter von 20 bis 23 Jahren werden sie zu einem dreijährigen Militärdienst gezwungen, dann ab 1893 zu einem zweijährigen Dienst. Aber im Unterschied zu den Rekruten aus anderen *Ländern* des Kaiserreichs leisten sie ihren Militärdienst weit entfernt von ihrer Heimat, im Bereich östlich der Elbe (wie in Brandenburg und Pommern) ab. Aufgrund wiederholter Eingaben elsässisch-lothringischer Abgeordneter dient schließlich ein Teil der Soldaten aus dem Reichsland (zwischen 10% und 20%) im Elsass und in Lothringen. Zahlreiche der in unterschiedlichen Einheiten verstreuten Rekruten erfahren eine diskriminierende Behandlung: Die Bezeichnung *Wackes*, mit der man diese Elsässer und Lothringer belegt, kommt so oft vor, das sie durch Befehl des Oberkommandos verboten wird (was die Missachtung der Anordnung aber nicht verhindert). Im Allgemeinen werden jedoch kaum Klagen elsässischer Rekruten bekannt, und die meisten Soldaten kommen mit ihrem berühmten Dokument *„Erinnerung aus meiner Dienstzeit"* in die Heimat zurück. Auch wenn diejenigen jungen Elsässer und Lothringer, die Elsass-Lothringen verlassen, um sich der französischen Armee anzuschließen, zahlreich sind, gibt es wahrscheinlich genau so viele Rekruten, die sich freiwillig für den Dienst in der deutschen Armee und Marine entscheiden: Der Militärdienst war für die kleinen elsässischen Landwirtschaftsbetriebe mit ihren überschüssigen Arbeitskräften immer eine Art von Ausweg. Die Söhne des elsässischen Bürgertums leisten nach dem Oberschulbesuch hingegen nur einen einjährigen Militärdienst, an dessen Ende sie den Rang von Reserveoffizieren bekleiden. Man sieht, dass der Militärdienst die politischen Überzeugungen dieser *Einjährigen* jedoch nicht stark prägen konnte, wie folgende Persönlichkeiten beweisen: Oberkirch, Pfleger, Preiss, Seltz, Charles Spindler und auch Zislin.

Das Elsass war schon immer ein Land der Garnisonen, zuerst der französischen, dann der deutschen. Die Zahl der im Elsass stationierten Soldaten des Deutschen Reiches beträgt im Jahr 1910 36.000 Mann der Infanterie, Kavallerie und Artillerie. Die Garnisonen sorgen in den elsässischen Städten, in denen man neue große Kasernen erbaut oder veraltete Gebäude renoviert, für ein reges Geschäftsleben, ehrbares oder weniger ehrbares Gewerbe. Die in Straßburg,

Baden

Die 1902 in Dienst gestellte SMS Zähringen bei der Durchfahrt durch den Kaiser-Wilhelm-Kanal (heute Nord-Ostsee-Kanal) vor der Levensauer Hochbrücke bei Kiel. Der forcierte Ausbau der Kriegsflotte, um Deutschlands *Platz an der Sonne* zu erringen, führte zum Rüstungswettlauf mit England.

liche und politische Hegemonie zwischen den großen Nationen. Pseudowissenschaftliche Erklärungsmodelle wie der Rassismus legitimierten die Unterdrückung und Ausbeutung der übrigen Welt.

Außenpolitische Rückschläge gegenüber der Entente aus Frankreich, England und Russland verstärkten bei de politisch-militärischen Elite Deutschlands seit 1907 das Gefühl, von Gegnern eingekreist zu werden. Nach wie vor galt der Krieg als legitimes Mittel der Politik. Im Vertrauer

Elsass

Colmar, Sélestat, Wissembourg, Haguenau, Bischwiller, Saverne, Mutzig und Mulhouse erhaltenen Gebäude – die meisten zeichnen sich als Backsteinbauten aus, die unter der Leitung der auf Militärgebäude spezialisierten Architekten aus Berlin errichtet wurden – stellen heute für die genannten Städte einen wichtigen Teil ihres architektonischen Erbes dar.

Die *Kriegervereine* sind zweifellos Träger des deutschen Nationalismus und Militarismus. Sie sollen die *nationalistischen deutschen* Ideen verbreiten, sich am Kult um den Kaiser und seine Familie beteiligen und die Armee und die militärischen Werte verherrlichen. Hinzu kommen die nationalistischen deutschen Vereinigungen, der *Alldeutsche Verband* sowie der *Flottenverein*, der die Anstrengungen zur Bewaffnung Deutschlands zur See unterstützen, und der deutsche Kolonialverein, der den deutschen Kolonialimperialismus fördern soll. Ihre Propaganda erfasst die Schulen und die Öffentlichkeit. Die *Kriegervereine*, denen die Soldaten nach dem Militärdienst beitreten, zählen im Jahr 1910 im Elsass und in Lothringen 50.000 Mitglieder (wobei die männliche Altersklasse von 20 bis 24 Jahren etwa 100.000 Männer umfasst). In ihnen sind 2,3% der Gesamtbevölkerung organisiert (4,3% im gesamten wilhelminischen Kaiserreich).

Beginnend mit dem Jahr 1905 flammen der französische und deutsche Nationalismus aufgrund der Marokkokrise stark auf. Wie die Boulangerkrise der 1880er Jahre feuert dieser Konflikt den französischen Nationalismus an, der vom sich erneut verstärkenden Nationalismus der französischen Rechten und extremen Rechten sowie eines Teils der Radikalen Partei begünstigt wird. Diese Strömungen und Parteien widmen Elsass-Lothringen im Rahmen ihrer nationalistischen und militaristischen Mobilisierung große Aufmerksamkeit. Die Willensbekundungen, dass Elsass-Lothringen wieder zu Frankreich zurückkehren und die Ungerechtigkeit des Jahres 1871 rückgängig gemacht werden soll – wie es in den Schulbüchern und militärischen Dienstanweisungen, bei der Vergabe von Straßennamen und im Rahmen patriotischer Feiern beschworen wird – dies gehört nunmehr zum *normalen* französischen Nationalismus bzw. zum französischen Patriotismus. Es gilt umso mehr, als sich die öffentliche Meinung Frankreichs von den Gefühlen der Mehrheit der elsässisch-lothringischen Bevölkerung, die vor allem den Frieden wünscht, ein falsches Bild macht.

Dem erneuten Aufflammen des französischen Nationalismus entspricht der verstärkte deutsche Nationalismus. Die mit Eisen und Feuer hergestellte deutsche Einheit war das Ergebnis des Krieges von 1870. Die Armee erscheint als Garant und Symbol der deutschen staatlichen Einheit und des Stolzes. Sie zu unterstützen, erscheint geradezu als Pflicht. Die deutsche Nation identifiziert sich mit der herrschenden sozialen und politischen Ordnung: Diejenigen, die dieses System bekämpfen, betrachtet man hingegen als Feinde der Nation. Elsass-Lothringen war der Siegespreis für die von der deutschen Armee und Nation erbrachten Opfer, und die Architekten der Einheit haben diese Annexion mit der deutschen Verfassungsstruktur verbunden. Die Rückgabe von Elsass-Lothringen erscheint somit undenkbar: Bereits vor etwa vierzig Jahren hatte Deutschland das Reichsland erobert und seitdem verwaltet. Die *pangermanischen* Kreise schätzen jedoch, dass noch vieles zu tun sei. Dies ist auch die Meinung des Offizierscorps.

Das militärische Oberkommando in Elsass-Lothringen verfügt über zahlreiche Handlungsmöglichkeiten. Unter sei-

Baden

Die Jungen werden auf den Krieg vorbereitet: Propagandapostkarte für kindliche Adressaten.

auf die vielleicht beste Armee der Welt war Deutschland fest davon überzeugt, seine vermeintlich natürlichen Interessen als Großmacht auch mit Gewalt durchsetzen zu können.

Das in napoleonischer Zeit neu zusammengefügte Großherzogtum Baden hatte sich ab Mitte des 19. Jahrhunderts stabilisiert und entwickelte sich seit 1871 als Bundesstaat des Deutschen Reiches in politischer und wirtschaftlicher Hinsicht zum *liberalen Musterländle*. Die Wunden, die der Kulturkampf zwischen dem protestantisch-liberalen Staat und der katholischen Kirche gerade in breiten Kreisen der südbadischen Bevölkerung hinter-

EINE MILITARISIERTE GESELLSCHAFT

Elsass

Exerzierende Jungen im Kindersolbad der Badischen Schwesternschaft in Bad Dürrheim (1906-1911). Neben den Offizieren, Fahnenträgern und Musikern übt eine Gruppe bereits ihren Einsatz als Sanitäter. Schon die Kinder wurden so spielerisch auf den *Heldentod* vorbereitet.

Baden

lassen hatte, verheilten allerdings nur langsam. Um den sich verstärkenden Einfluss des katholischen Zentrums im Landtag zu begrenzen, arbeiteten seit 1905 die Nationalliberalen und die SPD mit Wahlabsprachen im sogenannten Großblock zusammen. Eine gewisse Teilhabe an der Macht schien für die Arbeiterbewegung so in greifbare Nähe zu rücken, während die katholische Bevölkerungsmehrheit von der Regierungsgewalt ausgeschlossen blieb. Aber nicht jeder in der SPD war mit bloßen Reformen innerhalb des Systems zufrieden: Auch der Offenburger Verleger Adolf Geck und sein Sohn Brandel wollten mehr. Neben die traditionelle Landwirtschaft und das Handwerk traten moderne Industrien. Doch nicht klassisch Eisen- und Kohle, sondern der Maschinenbau sowie die neue Elektro- und Chemieindustrie setzen Maßstäbe. Mannheim entwickelte sich in Folge der Rheinregulierung zum zentralen Handels- und Fabrikstandort des Landes. Karlsruhe glänzte mit allen kulturellen Errungenschaften einer Residenzstadt eines deutschen Mittelstaates, hatte mit der Deutschen Waffen- und Munitionsfabrik AG (heute Zentrum für Kunst- und Medientechnologie) allerdings auch ein kriegswichtiges Unternehmen vorzuweisen. Heidelberg und Freiburg beherbergten bedeutende Universitäten, die sich seit 1900 selbst den Frauen zu öffnen begannen.

Die in Baden herrschende Dynastie war eng mit dem Haus Hohenzollern verbunden. Großherzog Friedrich I. hatte 1856 Luise, die Tochter des späteren Kaisers Wilhelm I. geheiratet. Ihr Neffe Wilhelm II. war ein gern gesehener Gast in Karlsruhe. Überhaupt nahm der alte Friedrich I. eine wichtige Rolle als nationalliberale Leitfigur ein, deren Ansehen weit über Badens Grenzen reichte. Sein 1907 auf den Thron gelangter Sohn Friedrich II. vermochte jedoch nicht an das Charisma seines Vaters anzuknüpfen. Großherzogin Luise selbst war als Schutzherrin des Badischen Frauenvereins und seiner nach militärischem Vorbild organisierten Schwesternschaft vom Roten Kreuz aktiv. Sie galt als Verkörperung der preußischen Tugenden im sonnigen Südwesten.

Trotz aller Liberalität blieb Baden selbstverständlich fester Bestandteil des Wilhelminischen Deutschlands. In der Außenpolitik besaß es keine Mitspracherechte; auch hatte es im Gegensatz zu den Königreichen Sachsen, Bayern und Württemberg auf seine Militärhoheit verzichtet und war als *Wächter am Rhein* fest in die Strukturen der preußischen Armee eingebunden. Das badische Kriegsministerium war 1871 abgeschafft worden. Der Großherzog selbst verfügte nur noch über einige zeremonielle Vorrechte. Immerhin blieben das in der Nähe des Karlsruher Schlosses untergebrachte 1. Badische Leibgrenadierregiment Nr. 109 und das 1. Badische Leibdragonerregiment Nr. 20 dem Herrschauerhaus symbolisch eng verbunden. Das Generalkommando des XIV. Königlich Preußischen Armeekorps war in Karlsruhe eingerichtet worden. Sein Stationierungsraum umfasste neben dem Großherzogtum Baden auch den preußischen Regierungsbezirk Sigmaringen sowie im Elsass die Städte Mülhausen und Straßburg. Die zugehörige 28. Division war in Karlsruhe, die 29. in Freiburg verortet. Kommandeur der ersteren war in den Jahren 1900-1905 niemand geringerer als Generalleutnant Paul von Hindenburg.

Die Aufrüstung des Deutschen Reiches vermehrte auch die Anzahl der badischen Regimenter beträchtlich. Die Kasernen waren zahlreich und die militärische Infrastruktur gut ausgebaut. Das Eisenbahnsystem, das sich

Elsass

nem Befehl stehen bedeutende Gendarmerie-Einheiten, die an allen strategischen Punkten des Territoriums stationiert sind. Es kann seinen Einfluss auf die Reservisten und den *Landsturm* ausdehnen, es kontrolliert die *Kriegervereine*. Wie bei der Zivilverwaltung, so organisieren auch hier ein Pressebüro und die Zeitungen Elsass-Lothringens publizistische Kampagnen im Sinne der germanisierenden Assimilierungspolitik. Das militärische Oberkommando bildet damit in Elsass-Lothringen eine Struktur aus, die man als *Nebenregierung* bezeichnen kann. Die zentralen Grundsätze seiner Politik wurden von den preußischen Konservativen schon immer vertreten: die Assimilierung von Elsass-Lothringen im Rahmen der direkten Annexion durch Preußen oder zumindest durch eine dem preußischen Modell entsprechende Regierung und Verwaltung mit preußischem Personal, dazu eine radikale Germanisierung durch Auslöschung all dessen, was im Elsass und in Lothringen auf die ehemalige Verbundenheit mit Frankreich verweist. Und die Extremisten fordern mehr: eine Militärregierung, die Kolonisierung durch die deutschen Bevölkerungsschichten und die Enteignung der mit Frankreich sympathisierenden Unternehmer, also eine bereits im preußischen Polen praktizierte Politik. Die Einstellung des Oberkommandos hinsichtlich der zivilen Macht ist bekannt und wird von der Zivilregierung heftig kritisiert: *„Wir, die Zivilisten, sind Schwächlinge, sie, die Militärs alleine wissen, was zu tun ist, um die Interessen Deutschlands zu verteidigen."*

Übergriffe der Militärbehörden ereignen sich häufig. Die Generäle des Armeekorps' von Elsass und Lothringen, die vom Großen Hauptquartier gedeckt werden, zeichnen sich in ihren Ansprachen an die ehemaligen Soldaten, die Mitglieder der *Kriegervereine* sind, durch eine forsche Tonart aus. Sie erinnern im Jahr 1912 daran, dass ein ehemaliger Soldat nicht sozialdemokratisch wählen könne, obwohl diese Partei ein Drittel der Wähler vertritt. Sie verbieten die Benutzung der französischen Sprache auf öffentlichen Plätzen (wie in Metz). Sie diskriminieren offen die elsässisch-lothringischen Rekruten. Die Zabern-Affäre im Jahr 1913 stellt eine offene Provokation von Seiten der deutschen Militärbehörden dar: Diese verhängen den Belagerungszustand über die Stadt, wo man über die Beleidigung der Rekruten durch einen arroganten kleinen Leutnant empört ist. Der Kaiser weigert sich, die Armee zu verurteilen, der Prozess gegen den kommandierenden Oberst des Zaberner Regiments wird eingestellt, was dann den Rücktritt der Zivilregierung von Elsass und Lothringen (Wedel-Bulach) bewirkt. Sie wird durch preußische Spitzenbeamte ersetzt.

Vier Monate danach, am 31. Juli 1914, läuten im gesamten Elsass die Kirchenglocken, und der Bevölkerung wird mitgeteilt, dass der so gefürchtete Katastrophenfall eingetreten ist – der Krieg ist ausgebrochen. 220.000 Elsässer kommen in mehreren Einberufungsschüben zu ihren Einheiten. Bis zum Kriegsende sind es 350.000, die ihren Dienst in der deutschen Armee geleistet haben. 50.000 kehren von den Kriegsschauplätzen im Westen und Osten nicht zurück. Ihre Namen werden auf den Kriegsgefallenendenkmälern der dann wieder zu Frankreich gehörenden Dörfer verzeichnet sein.

François Igersheim

Baden

bereits im Krieg 1870/71 bewährt hatte, war für den Transport großer Truppeneinheiten ausgelegt. Die wichtigsten Garnisonsstandorte in Baden waren Mannheim, Heidelberg, Schwetzingen, Bruchsal, Durlach, Karlsruhe, Rastatt, Kehl, Offenburg, Lahr, Breisach, Freiburg, Müllheim, Villingen, Donaueschingen und Konstanz. Für die Ausbildung des Nachwuchses zum Offizierskorps sorgte eine 1892 in Karlsruhe eingerichtete preußische Kadettenanstalt. Seit 1902 wurde der Isteiner Klotz bei Efringen-Kirchen zur Festung ausgebaut, deren Geschütze das Rheinufer von Basel bis Neuenburg und den elsässischen Sundgau bis Habsheim beherrschten. Ein großer Truppenübungsplatz bestand ab 1911 auf dem Heuberg bei Stetten am Kalten Markt. Neben die traditionellen Waffengattungen der Infanterie, Kavallerie und Artillerie traten 1908 Telegraphenkompanien in Karlsruhe und Freiburg sowie 1914 Luftschiffereinheiten in Mannheim und Lahr. Schon waren die ersten Maschinengewehre an die Truppen ausgegeben worden.

Selbst die nationale Flottenbegeisterung hatte sich fern vom Meer an den Hängen des Schwarzwaldes ausgebreitet. Unter der Protektion des großherzoglichen Hauses agitierte der 1898 gegründete Deutsche Flottenverein auch in Baden, um die Interessen von Reichsmarineamt, Schwerindustrie, Werften und Banken ins rechte Licht zu rücken: So kamen im Mai 1900 Torpedoboote auf einer Werbereise für die Flottenrüstung den Rhein hinauf bis nach Karlsruhe, wurden in der Folgezeit Schlachtschiffe auf die Namen *Zähringen, Karlsruhe* und *Baden* getauft. Einen besonderen Höhepunkt für die Zurschaustellung der militärischen Macht boten im September 1909 die Kaisermanöver im Raum Boxberg, die in Anwesenheit Wilhelms II. und der adligen Elite des Reichs mit einer großen, von der Bevölkerung umjubelten Parade vor den Toren Karlsruhes eröffnet wurden.

Obwohl die Militärpräsenz am Oberrhein wegen der unmittelbaren Nähe zu Frankreich sehr hoch war, kam der Region in der strategischen Planung des preußischen Generalstabes letztlich aber nur eine untergeordnete Rolle zu: Hier sollte bloß defensiv agiert, d.h. ein französischer Angriff durch die Burgundische Pforte zum Stehen gebracht werden, während die eigentliche Kriegsentscheidung in Nordfrankreich erzwungen werden musste.

Rainer Brüning

Das Militär erobert die Lüfte: Die von Vauban erbaute Festung Neu-Breisach aus 900 m Höhe von einem Ballon der dortigen Festungsluftschiffertruppe aus im Juli 1911 aufgenommen.

EINE MILITARISIERTE GESELLSCHAFT

Der Glanz des Kaiserreichs

Luise von Preußen
Großherzogin von Baden
3.12.1838 – 23.4.1923

„Und nun nach 500 Jahren inmitten des gewaltigsten und furchtbarsten aller Kriege erkennen wir Gottes Wille, ja Gottes Werk in ergreifender Kraft. Du mein teurer Wilhelm bist dazu berufen diesen bedeutungsvollen Gedenktag zu feiern, das geeinte Vaterland in Deiner starken Hand gegen eine Welt von Feinden."

(Luise an Kaiser Wilhelm II. zum 500. Jahrestag der Belehnung Friedrichs von Hohenzollern mit der Mark Brandenburg, 18. April 1917)

Großherzogin Luise von Baden bei der Hochzeit der Prinzessin Viktoria Luise von Preußen mit Prinz Ernst August von Hannover am 24. Mai 1913. Die Heirat sollte die Versöhnung der Hohenzollern mit den 1866 von ihnen entmachteten Welfen besiegeln und war das letzte gesellschaftliche Großereignis in der europäischen Adelswelt vor Ausbruch des Ersten Weltkriegs.

Luise war die einzige Tochter des Prinzen Wilhelm von Preußen, der 1871 als Wilhelm I. zum Deutschen Kaiser ausgerufen wurde. 1856 heiratete sie Großherzog Friedrich I. von Baden, mit dem sie drei Kinder hatte. Sie engagierte sich vor allem im karitativen Bereich und bewies hohes organisatorisches Geschick bei dem 1859 von ihr gegründeten Badischen Frauenverein: Seine Hauptaufgabe sollte die Versorgung verwundeter Soldaten und die Unterstützung ihrer Angehörigen sein. Tief verwurzelt im evangelischen Glauben, war sie von der Bedeutung des Hauses Hohenzollern und der besonderen Rolle Preußens in der deutschen Geschichte fest überzeugt. Als ältestem noch lebendem Mitglied des Kaiserhauses wurde ihr auch von ihrem Neffen Wilhelm II. große Hochachtung entgegengebracht. Während des Krieges besuchte sie unablässig die Kriegslazarette, um den Durchhaltewillen der Verwundeten und der Heimatfront zu stärken.

Nach der Flucht der großherzoglichen Familie aus Karlsruhe und dem Ende der Monarchie 1918 lebte sie schließlich allseits geachtet in Baden-Baden. Sie hatte den Beginn und das Ende des Kaiserreichs erlebt.

RB

EINE MILITARISIERTE GESELLSCHAFT

Großherzogin Luise bei der Begrüßung von aus der französischen Gefangenschaft über die Schweiz heimkehrenden deutschen Verwundeten am 25. September 1915 auf dem Bahnhof in Konstanz.

EINE MILITARISIERTE GESELLSCHAFT

Großherzogin Luise bei der Verabschiedung der Schwestern des Badischen Frauenvereins vom Roten Kreuz in Karlsruhe, die im August 1914 als Pflegerinnen in die Etappenlazarette ausrückten.

Großherzogin Luise im Kreis von Familienangehörigen und des Karlsruher Hofes beim Packen von sogenannten *Liebesgaben* zum Weihnachtsfest im ersten Kriegsjahr 1914, die die Verbundenheit von Heimat und Front dokumentieren sollten.

EINE MILITARISIERTE GESELLSCHAFT

Wie der Vater, so der Sohn?

Adolf und Brandel Geck
Sozialdemokraten
9.2.1854 – 13.4.1942 und 22.8.1893 – 23.10.1918

„Und immer neue Ladungen verstümmelter Krieger treffen am Bahnhof ein. Wer einmal solche Gruppenbilder im Schmerze vereinigter, blutender Deutscher und Franzosen gesehen hat, der wird vom Chauvinismus geheilt, wenn sein Herz nicht versteinert ist."

(Adolf Geck, Offenburg, 6. September 1914)

„Je mehr Vater ... für seine Idee zu kämpfen hat, umso mehr habe ich ... die Pflicht, das odium abzuwehren, das daraus entspringt, und dafür die bona fides zu erkämpfen. Und in diesem Sinn muss ich heraussen sein, ... wo es am Gefährlichsten ist, ... nicht beim Stab, wo nach Volksmeinung die Drückeberger sitzen."

(Brandel Geck, an der Westfront, 20. Mai 1917)

Adolf Geck mit seinen Söhnen Tell (l.) und Brandel, ca. 1916

Umschlag des Beileidsbriefs von Rosa Luxemburg zum Tode Brandels, 18. November 1918.

Adolf Geck, Verleger und Journalist aus Offenburg, war ein typischer Vertreter der ersten Generation von Sozialdemokraten. Unter dem Sozialistengesetz strafrechtlich verfolgt, im politischen Milieu seiner Region stark verankert, blieb er ein entschiedener Gegner des monarchischen Systems. Als konsequenter Kritiker einer national und reformistisch orientierten Mehrheits-SPD in Baden entfernte sich der Internationalist Geck zunehmend von seiner Partei. Der in seinen Augen chauvinistische Krieg führte zum Austritt Gecks und zu seiner Hinwendung zur USPD, deren Gründung in Baden er wesentlich beförderte.

Sein ältester Sohn Brandel, sozialisiert im demokratischen Elternhaus, aufgewachsen mit *Onkel Bebel* und *Tante Clara* Zetkin sowie in Verbindung zu Rosa Luxemburg, hatte die politischen Überzeugungen seines Vaters übernommen. Die Einberufung sah der Gießener Jurastudent und *Todfeind des politischen Systems* als Chance, Glaubwürdigkeit (*bona fides*) für seine Überzeugungen beim Gegner wie in der Volksmeinung zu gewinnen, indem er das Schicksal von Millionen teilte. Hoch dekoriert fiel der Frontoffizier wenige Wochen vor Kriegsende im Westen.

KH

EINE MILITARISIERTE GESELLSCHAFT

...f Seeck

Offenburg in Baden
Zähringerstr. 13

Madame! [1915 Nov.]

~~Je n'ai pas des paroles pour vous~~
Vous ~~m'~~ avez causé une heure sainte
et remplie d'une joie entièrement
pure avec votre lettre, ~~si bonne, si
remplie de~~ pleine de bonté, pleine
d'humanité, que je sens le besoin
de vous baiser la main bénine qui a
écrit les mots touchants. — (Pour prevenir,
je parle et lis le français après beaucoup
d'années ~~de cess~~ d'interruption mieux
que je ne l'écris; ainsi il faut prendre
réfuge à votre égard, et vous prier, de
lire ma reponse non avec les yeux, mais
ave votre bon cœur.)

4

Vous avez rendu des bienfaits à mon
cher fils. Je ne sais pas, Madame, si vous
avez aussi ~~des un~~ un fils, un petit-fils
~~dans~~ au bruit des canons. Mais je
sens, que vo~~s ressentiments~~ cœur vous
donne le vrai &son humain, qui parle
de mère en mère et que personne ne
peut entendre, qu' une mère. Toute
la bonté qu'on rend à mon enfant,

EINE MILITARISIERTE GESELLSCHAFT

Verständigung über die Front hinweg: Korrespondenz der Mutter Marie Geck mit den französischen Quartiersleuten ihres Sohnes Brandel bei St. Quentin im November 1915.

Zerstörte Kathedrale von St. Quentin am 23. April 1918: Aus ihr barg Brandel Geck ein Fragment eines Glasfensters, das 80 Jahre nach Kriegsende an die Stadt zurückgegeben wurde.

Nachruf auf Brandel Geck in *Die Rote Fahne* Nr. 7 vom 22. November 1918.

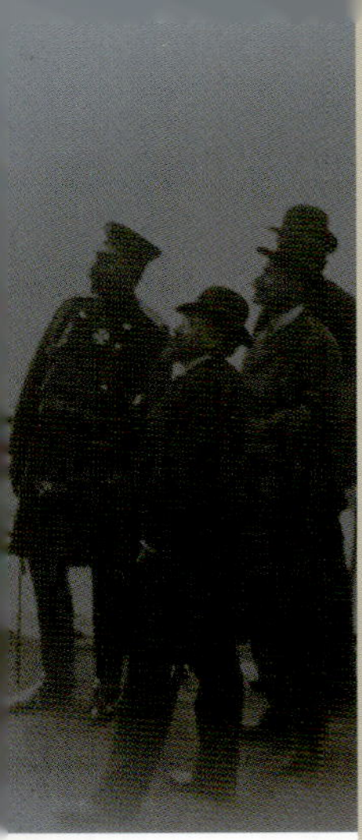

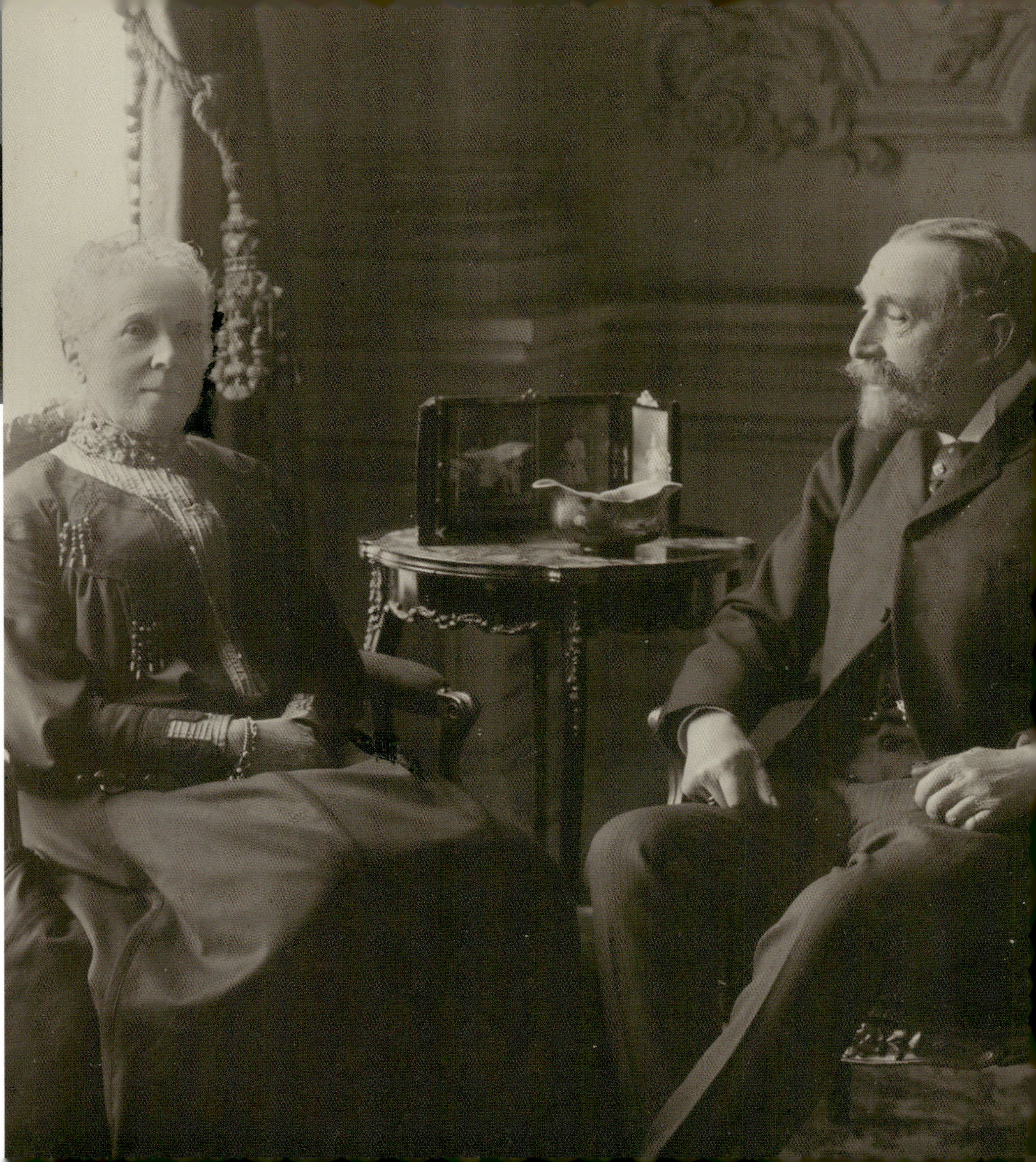

EINE MILITARISIERTE GESELLSCHAFT

Der Stellvertreter des Kaisers

Hermann Fürst zu Hohenlohe-Langenburg
Statthalter in Elsass-Lothringen
31.8.1832 – 9.3.1913

„Eine Regierung, die eine sachliche Kritik nicht verträgt, wäre eine schlechte Regierung. Wenn aber die von mir gekennzeichnete Presse den Bogen zu straff spannt, so mag sie auch die Verantwortung für die uns aufgedrungene Strenge tragen, die ich nur ungern anwenden würde, nicht um die Freiheit der Presse zu unterdrücken, sondern um Land und Leute vor Unheil zu bewahren."

(Rede vor dem Landesausschuss in Straßburg, 9. Februar 1897)

Hermann Fürst zu Hohenlohe-Langenburg war seit 1862 mit Prinzessin Leopoldine von Baden (1837-1903) verheiratet. Ihr Vater Markgraf Wilhelm hatte als junger Mann 1812 am Russlandfeldzug Napoleons teilgenommen

Aufgrund dynastischer Verbindungen war Hermann Fürst zu Hohenlohe-Langenburg sowohl mit dem in Deutschland als auch mit dem in England regierenden Herrscherhaus eng verwandt. 1870 nahm er als Stabsoffizier an der Schlacht bei Wörth und der Belagerung Straßburgs teil. Nach der Ernennung seines Vetters Chlodwig zu Hohenlohe-Schillingsfürst zum Reichskanzler erhielt er 1894 dessen bisherigen Posten als kaiserlicher Statthalter im Reichsland Elsass-Lothingen. Zu erheblichen Spannungen kam es im März 1897, als Hohenlohe den sogenannten *Diktaturparagraphen* dazu benutzte, um zwei oberelsässische Zeitungen wegen ihrer Kritik an den Gedenkfeiern zum 100. Geburtstag Kaiser Wilhelms I. zu verbieten.

Die Abschaffung dieser diskriminierenden Sondervollmachten im Jahr 1902 sollte die Elsass-Lothringer näher an Deutschland heranführen, doch gelang es Hohenlohe in seiner langen Amtszeit nicht, die politischen Gegensätze im Reichsland zu versöhnen. Abgesehen von der Durchführung einiger Verwaltungsreformen beschränkte sich der Fürst auf die ihm zugefallene repräsentative Rolle und widmete sich ansonsten seinen Interessen im Bereich von Kolonialpolitik, Landwirtschaft und Jagd. Nach seinem Abschied 1907 wohnte er bis zu seinem Tod zurückgezogen auf Schloss Langenburg. Den Ausbruch der Zabern-Affäre im Herbst 1913 hat er nicht mehr erlebt.

RB

EINE MILITARISIERTE GESELLSCHAFT

Besuch Kaiser Wilhelms II. (links) und seines Statthalters (Mitte) auf der Hohkönigsburg im Jahr 1907. Die Burgruine wurde von Bodo Ebhardt als Symbol der deutschen Macht und Kultur an der Westgrenze des Reiches wieder aufgebaut.

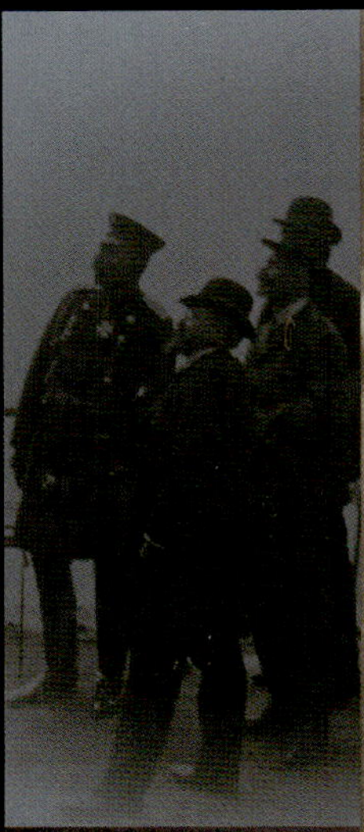
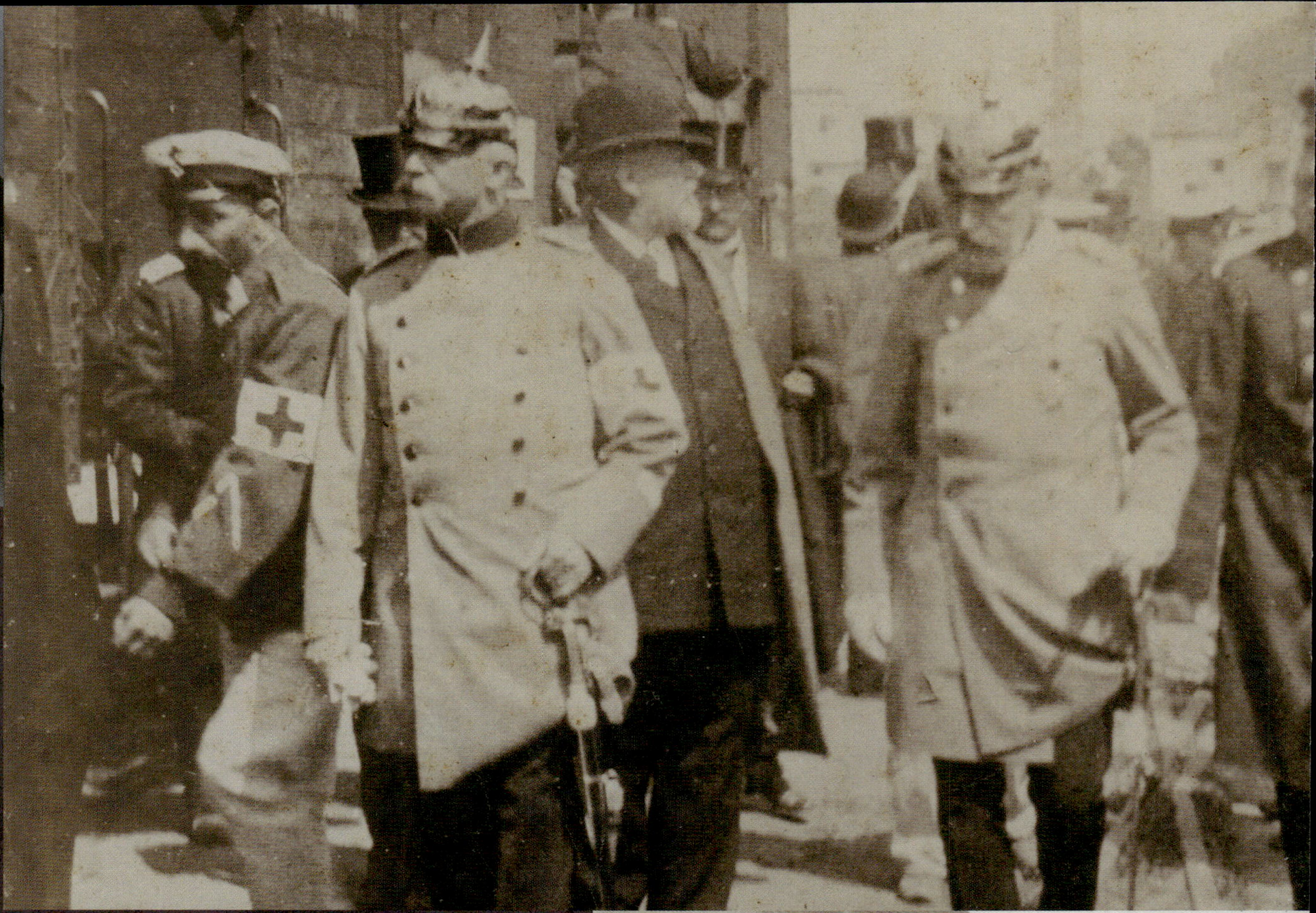
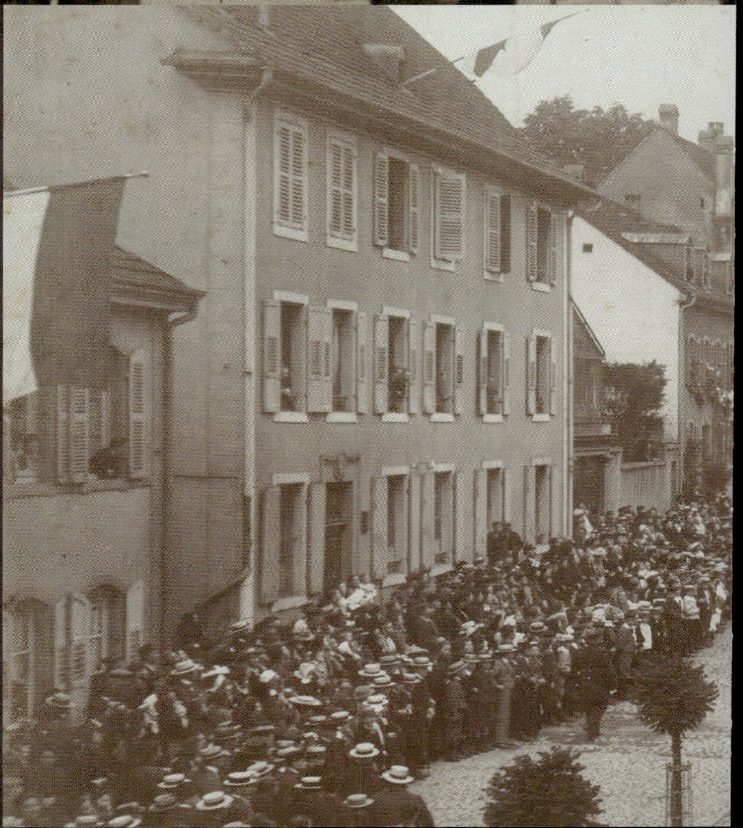

EINE MILITARISIERTE GESELLSCHAFT

40
41

Hohenlohe und Friedrich (II.) von Baden bei einer Vorführung der Kriegsbereitschaft des Deutschen Roten Kreuzes am 4. bis 6. Juni 1903 in Straßburg.

Besuch Hohenlohes in Markirch am 17. Juni 1903 – einer von vielen Repräsentationsterminen.

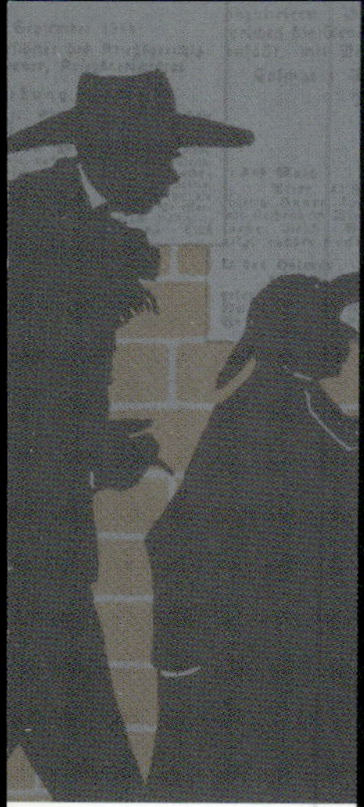

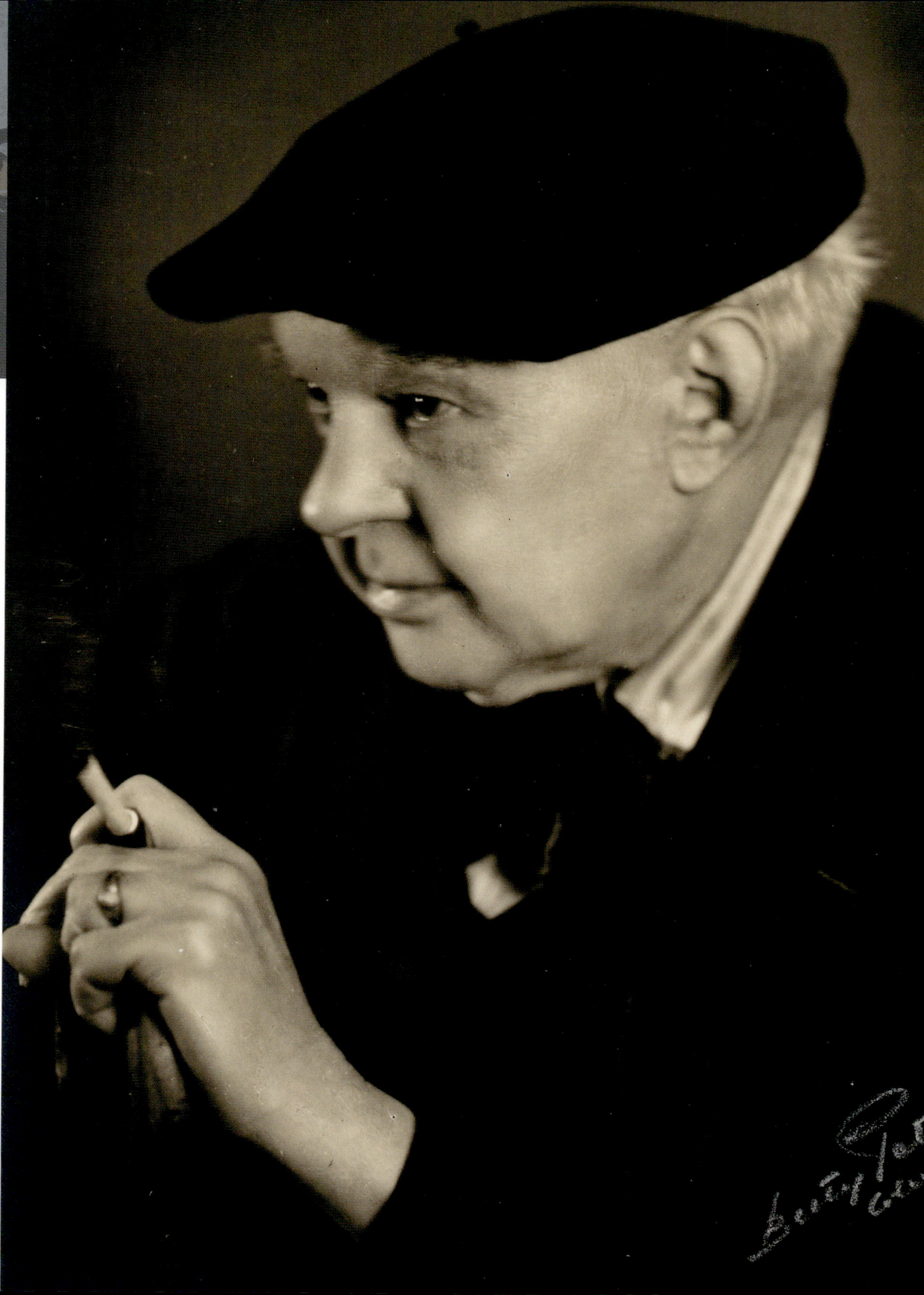

EINE MILITARISIERTE GESELLSCHAFT

Eine heile Welt?

Jean-Jacques Waltz genannt Hansi
Illustrator
23.2.1873 – 10.6.1951

„Ich glaube, dass die Propaganda beim Feind eine der mächtigsten Waffen ist, die man nicht vernachlässigen darf."

(Schreiben an die Direktion der Luftwaffe, 4. April 1918)

Hansi mit seiner französischen Baskenmütze. Aufnahme der Colmarer Photographin Betty Peter

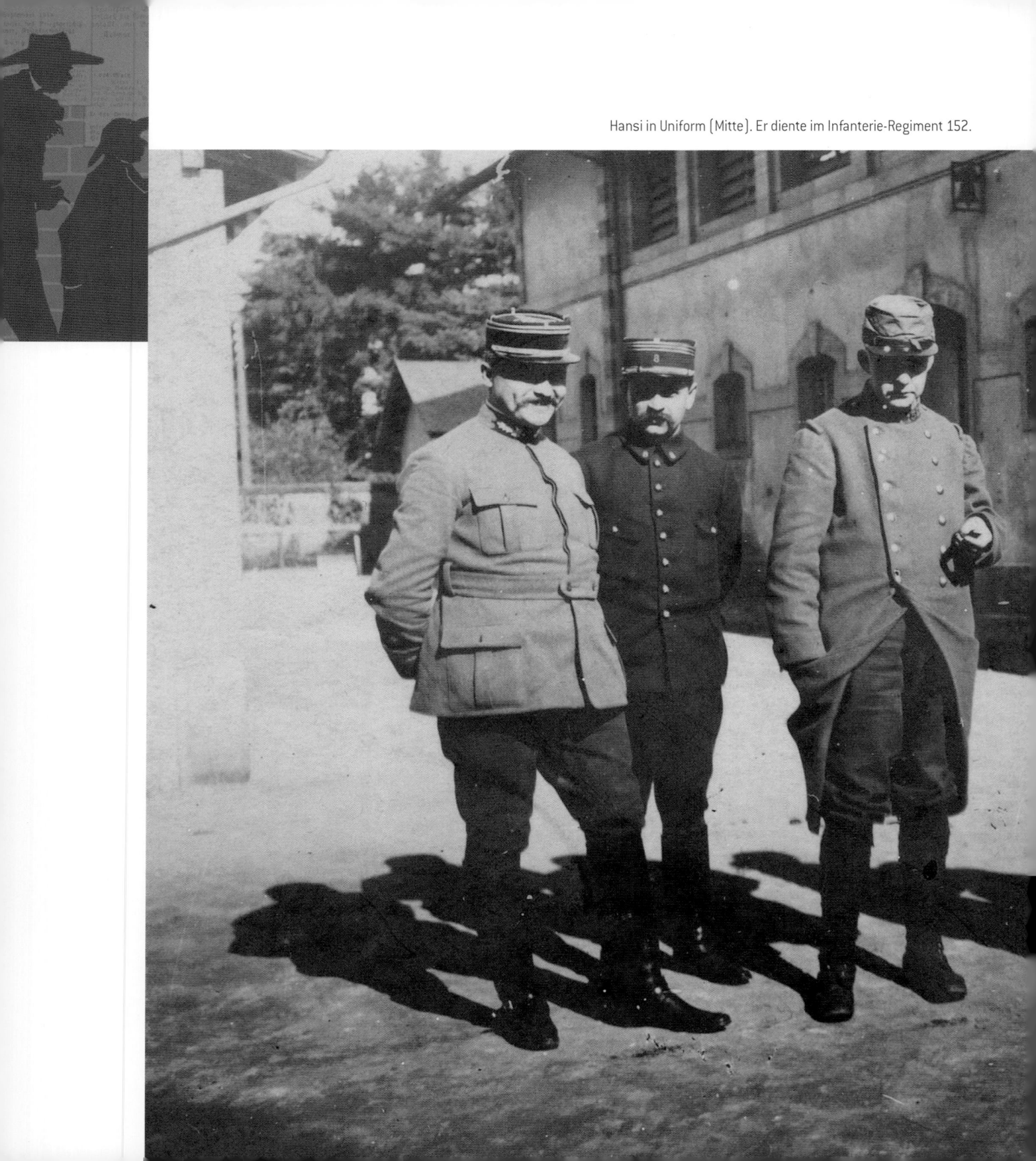

Hansi in Uniform (Mitte). Er diente im Infanterie-Regiment 152.

Jean-Jacques Waltz wuchs in einer frankophilen Familie in Colmar auf. Schon vor dem Ausbruch des Ersten Weltkriegs zeichnete er sich durch seine Provokationen gegenüber den deutschen Behörden aus. Unter dem Pseudonym Hansi publizierte er zahlreiche polemische Texte, in denen er die heile Welt eines traditionellen und legendären Elsass den karikierten Preußen gegenüberstellte. Dies brachte ihm als eindeutig Oppositionellem zahlreiche Prozesse ein, deren letzter im Juli 1914 ihm eine Gefängnisstrafe eintrug. Dieser entzog er sich durch Flucht nach Frankreich, wo er in die Armee eintrat und ab August 1915 in der Propagandaabteilung der Luftwaffe diente.

Zusammen mit Ernest Tonnelat produzierte er Schriften, die die französischen Flugzeuge über den deutschen Stellungen abwarfen. Bestimmt dafür, die Moral der Soldaten zu untergraben und der deutschen Propaganda bei der Bevölkerung entgegenzuwirken, gaben sich diese Dokumente den Anschein, sie wären Auszüge aus deutschen Zeitungen (*Frankfurter Zeitung, Straßburger Post*) oder regelmäßige Veröffentlichungen (*Die Feldpost, Briefe aus Deutschland*) mit Informationen über den tatsächlichen Zustand der deutschen Armee und deren Niederlagen. Darüber hinaus organisierte er den Abwurf eines Werkes mit dem an Zola gemahnenden Titel *J'accuse*, verfasst von einem deutschen Exilanten in Lausanne, das Argumente gegen die deutschen Kriegsziele enthielt. Ursprünglich war das Buch mit seinen 400 Seiten etwa 500 g schwer. Es wurde für die Luftwaffe aber verkleinert und auf Bibelpapier gedruckt, um ein Gewicht von nur 50 g zu erzielen.

Nach Ende des Krieges kehrte Jean-Jacques Waltz nach Colmar zurück und setzte neben seiner Funktion als Direktor des Museums Unterlinden auch seine künstlerische Arbeit weiter fort. Von den Nationalsozialisten gejagt, entkam er 1941 nur knapp einem Mordanschlag in Agen und flüchtete in die Schweiz.

LBW

Steckbrief und Vermögens-
beschlagnahme.
Gegen den unten beschriebenen kath. Priester und Redakteur Emil Wetterle aus Colmar, welcher flüchtig ist, wurde die Untersuchungshaft wegen Kriegsverrats verhängt.
Es wird ersucht, ihn zu verhaften und in das Bezirksgefängnis Colmar oder an die nächste Militärbehörde zum Weitertransport hierher abzuliefern.
Gleichzeitig ist das gesamte Vermögen, welches der Genannte besitzt oder welches ihm später anfällt, mit Beschlag belegt worden.
Colmar i. Els., den 17. September 1914.
Der Berichterstatter des Kriegsgerichts:
Dr. Amhauer, Kriegsgerichtsrat.
Beschreibung
Steckbrief und Vermögens-
beschlagnahme.
Gegen die unten beschriebenen Personen, nämlich:
1) Kunstmaler Jakob Waltz (genannt Hansi),
2) Rechtsanwalt Dr. Paul Albert Helmer,
alle unbekannten Aufenthalts, zuletzt in Colmar wohnhaft, welche flüchtig sind, ist die Untersuchungshaft wegen Kriegsverrats verhängt.
Es wird ersucht, sie zu verhaften und an die nächste Militärbehörde zum Weitertransport hierher abzuliefern. Gleichzeitig ist das gesamte Vermögen, welches die Genannten besitzen oder welches ihnen später anfällt, mit Beschlag belegt worden.
Colmar i. Els., den 23. September 1914.
Der Berichterstatter des Kriegsgerichts:
Dr. Amhauer, Kriegsgerichtsrat.
Beschreibung:
1) des Waltz.
2) des Helmer.
Steckbrief.
Waltz, alias Hansi.
Hochverrat.
Ergreiferlohn: 5000 Mk.
HANSI

EINE MILITARISIERTE GESELLSCHAFT

Kriegsblätter
für das deutsche Volk.

Sämtliche Zitate, welche in dieser Zeitung angeführt sind, wurden wörtlich aus deutschen Zeitungen abgedruckt. Titel der Blätter und Datum sind genau angegeben, so daß jeder deren Richtigkeit nachprüfen kann.

Nr. 18.   Im Mai 1916.

Landesverräter?

Dr. Liebknecht ist verhaftet! Trotz seiner Immunität als Abgeordneter wurde dieser Freiheitskämpfer ins Gefängnis geworfen! Während die bürgerlichen Blätter den Abgeordneten Liebknecht am liebsten als geisteskrank erklären möchten, suchen die Zeitungen der Junker und Agrarier ihn des Landesverrats zu verdächtigen. Freilich, so eine hochnotpeinliche Gerichtsverhandlung hinter geschlossenen Türen, eine Verurteilung zu einigen zehn Jahren Zuchthaus (wenn nicht zu Schlimmerem) das ist ein bequemes, in dem gegen den Zarismus kriegführenden Deutschland z. Z. viel gebrauchtes Mittel, um diejenigen zum Schweigen zu bringen, welche kämpfen gegen Kriegshetzer und Volksausbeuter, gegen Hunger und Not. Unter keinen Umständen durfte das deutsche Volk erfahren, was Dr. Liebknecht in seinem Kampfe um Wahrheit und Frieden im Reichstag redete. Allen durch die Verfassung garantirten Volksrechten zum Trotz, wurden seine Reden sogar in den offiziellen Reichstagsprotokollen unterdrückt. Liebknecht selbst wurde in der letzten Sitzung überschrien, auf das Gemeinste beleidigt und tätlich angegriffen.

Liebknecht ist einer der Ersten, die in Deutschland die offizielle Kriegslüge durchschaut haben. Schon in der Sitzung vom 2. Dez. 1914 gab er inbezug auf die von der Regierung verlangten Kriegskredite eine Erklärung ab, durch welche er den Kampf für Wahrheit und Recht begann. Der Präsident des Reichstags lehnte selbstverständlich die Aufnahme dieser Erklärung ab, und so blieb sie in Deutschland unbekannt. Das deutsche Volk aber, dem seine Militärregierung das letzte Restchen Freiheit raubt, muß Lieb-

knechts Erklärung kennen. Es mag selbst beurteilen, ob der Mann, der diese mutigen, vernünftigen, von wahrer Liebe zum Volk und zum Vaterland getragenen Worte geschrieben hat, ins Irrenhaus oder gar ins Zuchthaus gehört!

Der Wortlaut von Liebknechts Erklärung ist (nach der „Berner Tagwacht" vom 9. XII. 14) folgender:

Meine Abstimmung zur heutigen Vorlage begründe ich wie folgt:

Dieser Krieg, den keines der beteiligten Völker selbst gewollt hat, ist nicht für die Wohlfahrt des deutschen oder eines anderen Volkes entbrannt. Es handelt sich um einen imperialistischen Krieg, einen Krieg um die kapitalistische Beherrschung des Weltmarktes, um die politische Beherrschung wichtiger Siedlungsgebiete für das Industrie- und Bankkapital. Es handelt sich vom Gesichtspunkt des Wettrüstens um einen von der deutschen und österreichischen Kriegspartei gemeinsam im Dunkel des Halbabsolutismus und der Geheimdiplomatie hervorgerufenen Präventivkrieg. Es handelt sich auch um ein bonapartistisches Unternehmen zur Demoralisation und Zertrümmerung der anschwellenden Arbeiterbewegung. Das haben die verflossenen Monate trotz einer rücksichtslosen Verwirrungsregie mit steigender Deutlichkeit gelehrt.

Die deutsche Parole „gegen den Zarismus" diente dem Zweck, die edelsten Instinkte, die revolutionären

Zwei gesuchte Elsässer. Diese Zeichnung zeigt die Schatten von Hansi und Abbé Wetterlé auf einer Mauer, an der ihre Fahndungsblätter aufgehängt sind.

Die *Kriegsblätter für das deutsche Volk* von Hansi und Tonnelat erschienen regelmäßig ab 1915. Andere Veröffentlichungen von ihnen nannten sich *Die Feldpost* oder *Das freie deutsche Wort*.

2

Ein extremes Kampfgebiet: der verschneite deutsche Hauptgraben auf dem Kleinen Belchen (1915/16).

Kriegsausbruch und Vogesenfront

Elsass

Am 31. Juli 1914 erklärt der Kaiser den Zustand der drohenden Kriegsgefahr für das gesamte Deutsche Reich. Im Elsass erhalten die in Straßburg, Colmar und Mulhouse stationierten Truppen den Befehl zur militärischen Sicherung der Grenze. Auf der gegenüberliegenden französischen Seite kommt es in Saint-Dié, Gérardmer, Remiremont, Epinal und Belfort zu ähnlichen Vorbereitungen. Die darauf folgende allgemeine Mobilmachung ist durch eine patriotische Hochstimmung gekennzeichnet. In Frankreich, wo man befürchtete, Einberufene würden eventuell ihren Dienst nicht antreten, strömen die Widerspenstigen zu ihren Einheiten. Auch im Elsass scheint alles gut abzulaufen. Bei der 39. Division in Colmar heißt es, dass die „Unteroffiziere wegen des offensichtlich guten Willens der elsässischen Rekruten, die genau so begeistert wie ihre Kameraden aus den anderen Regionen sind, angenehm überrascht" seien. „Die ‚Welschen' aus dem Val d'Orbey und die Männer des Val de Lièpvre, die nicht minder enthusiastisch sind, fallen bei diesen Ereignissen aufgrund ihrer französischen Sprache etwas aus dem Rahmen." Einige Rekruten beeilen sich jedoch, nach Frankreich zu gelangen, um von dort aus in den Krieg zu ziehen.

Eine trügerische Vorstellung vom Elsass und das Faszinosum des Krieges führen dazu, dass der Monat August 1914 zum irrationalsten Zeitraum dieses Konflikts wird. Niemand erkennt sein Ausmaß oder sieht seine Dauer voraus. Die Kriegserklärung gibt das Signal für die Kampfhandlungen. Es folgen dann Gefechte der Sicherungstruppen und gegenseitige Grenzverletzungen, bei denen die ersten Gefallenen zu beklagen sind. Aufgrund der unklaren Lage greifen Gerüchte die nervöse Spannung anheizen, um sich: „Die Kriegspsychose bei der Erfindung phantastischer Ereignisse ist unerschöpflich", schreibt ein Offizier des deutschen Infanterie-Regiments 172 in Neuf-Brisach am 4. August. Auf der anderen Seite stellt ein französischer Kanonier das Gleiche fest: „Man sagt, die Deutschen hätten unsere Grenze gestern an drei Stellen überschritten. Aber gestern sagte man, dass unsere Soldaten, trotz der Anweisungen ihrer Chefs, auf deutsches Gebiet vorgedrungen seien. Man sagt … man sagt … man sagt gleichzeitig die vernünftigsten und auch die verrücktesten Dinge."

Am 6. August 1914 erhält das französische 7. Armeekorps von Belfort den Befehl, in Richtung Thann und Mulhouse zur Offensive überzugehen. Diese Initiative, die sowohl aus psychologischen und gefühlsmäßiger Erwägungen wie auch aus strategischen Gründen ergriffen wurde, zielt auf die Befreiung der verlorenen Provinz. Am 7. August wird Thann besetzt und von der 41. Division werden Vortrupps in Richtung Cernay gesandt. Am 8. herrscht beim Einmarsch der französischen Truppen in Mulhouse der Enthusiasmus vor. Diese kurzfristige Befreiungsaktion endet jedoch mit der Rückkehr der deutschen Truppen. Das deutsche Infanterie-Regiment 142 rückt über die Rue du Sauvage in Mulhouse ein: „lediglich von einem Teil der Bevölkerung begrüßt", heißt es in seiner Chronik. Durchsuchungen und Festnahmen finden statt, Sperrstunden treten in Kraft. Im Laufe der verwirrenden Kämpfe am 9. und 10. August nehmen die Verluste deutlich zu. Das französische 133. Infanterie-Regiment schätzt seine Verluste auf 80 Getötete, 250 Verwundete und 120 Gefangene oder Verschollene. Dennoch dringt

KRIEGSAUSBRUCH UND VOGESENFRONT

Baden

Das Attentat am 28. Juni 1914 auf den österreichischen Thronfolger Erzherzog Franz Ferdinand in Sarajevo wurde von der europäischen Öffentlichkeit durchaus als sensationelles Ereignis wahrgenommen. Grund zur Beunruhigung schien jedoch nicht zu bestehen. Pflichtschuldig geißelten die Boulevardmedien die Attentäter und ihre vermeintlichen Hintermänner, doch schon nach wenigen Tagen wandte man sich anderen Themen zu. Selbst die Börse, sonst empfindlicher Seismograph für politische Spannungen, reagierte erstaunlich gelassen. Nichts deutete im Sommer 1914 darauf hin, dass der Tod Franz Ferdinands Europa und die Welt in eine kriegerische Auseinandersetzung stürzen würde. Dass Österreich-Ungarn in einer lokal begrenzten militärischen Strafaktion gegen Serbien, wo man die Hintermänner auf das Attentat vermutete

Die Schrecken des modernen Krieges: französischer Gasangriff unterhalb von Molkenrain und Hartmannsweilerkopf am 23. Februar 1918.

Elsass

Chiffriertes Telegramm des badischen Gesandten Sigismund Graf von Berckheim aus Berlin an die großherzogliche Regierung am 31. Juli 1914 um 21.45 Uhr: Nach der russischen Mobilmachung gegen Österreich habe Deutschland zwei Ultimaten an Russland und Frankreich gestellt. England habe das deutsche Neutralitätsangebot abgelehnt. Das Verhalten von Italien und Rumänien bleibe unklar. – Der Weltkrieg begann.

Baden

vorgehen werde, wurde allgemein angenommen. Rückenwind erhielt Wien dabei aus Berlin, das die bedingungslose Unterstützung der österreichischen Pläne zugesichert hatte. Das Kalkül der diplomatischen und militärischen Strategen in Berlin war, die Friedensbereitschaft Russlands, der Schutzmacht Serbiens, und seinen Willen, was die Einhaltung bestehender Bündnisverpflichtungen betraf, auszutesten, um letztendlich das Zarenreich als Aggressor außenpolitisch zu isolieren. Dabei wurde die Eskalation des als sowieso unvermeidlich angesehenen militärischen Konflikts mit Russland bewusst zu diesem Zeitpunkt in Kauf genommen, da der noch 1914 bestehende stärke- und kräftemäßige Vorsprung des deutschen Militärs in den Folgejahren zurückgehen würde. Das Eingreifen Frankreichs, das mit Russland über einen Beistandspakt liiert war, war in diesem strategischen Szenario als Möglichkeit berücksichtigt, auch wenn dem aus Berliner Sicht *dekadenten* westlichen Nachbarn keine allzu große militärische Bedeutung zugemessen wurde. Blieb für die deutschen Strategen als Unsicherheitsfaktor noch die Regierung in London übrig, deren Absichten unklar schienen. Doch auch hier waren die Militärs überzeugt, dass die Entscheidung auf dem Kontinent längst gefallen sein würde, bevor England sein Gewicht als Weltmacht in die Waagschale werfen könnte. Der Krieg musste schnell und kurz sein, wenn Deutschland den Sieg erringen wollte.

In der von der Presse aufgeheizten deutschen Öffentlichkeit traf das unannehmbare österreichische Ultimatum an Serbien vom 23. Juli 1914 auf begeisterte Zustimmung. Was später als der *Geist von 1914* Platz in der kollektiven Erinnerung an den Sommer 1914 fand, wonach das deutsche Volk schon vor der Kriegserklärung geschlossen in kollektive Kriegsbegeisterung ausgebrochen sei, war, wie neuere Forschungen ergeben, nur ein Teil der Wirklichkeit und damit eine bewusste Konstruktion. Es war vornehmlich das bürgerlich-nationale Lager, das sich in Kriegsbegeisterung ergoss, den Abbruch der diplomatischen Beziehungen Österreich-Ungarns zu Serbien und die gleichzeitige österreichische Teilmobilmachung bejubelte sowie das Straßenbild mit seinen Aufzügen und Demonstrationen beherrschte. In Universitätsstädten wie Heidelberg und Freiburg berauschte sich die akademische Elite, Professoren und Studenten, an der Idee eines ruhmreichen Krieges, der die von sozialen Konflikten gezeichnete Klassengesellschaft erneuern und als *Volksgemeinschaft* gegen den äußeren Feind einen sollte. Sozialdemokraten waren dabei nicht zu sehen. Sowohl deren nationale Organisation wie ihre Ableger beiderseits des Rheins hatten das österreichische Ultimatum heftig kritisiert und die Doppelmonarchie als Kriegstreiber an den Pranger gestellt. Das entsprach ihren internationalistischen und antimilitaristischen Grundüberzeugungen, die von den in der Sozialistischen Internationale zusammengeschlossenen europäischen Arbeiterparteien gemeinsam vertreten wurden. Die Proklamation der Reichs-SPD gegen den Krieg vom 26. Juli 1914 traf daher auch die Gemüts- und Stimmungslage der oberrheinischen Sozialdemokraten. Gleichzeitig waren jedoch auch zunehmend Stimmen zu hören, wonach die Sozialdemokraten als zuverlässige Partner ihre patriotische Pflicht erfüllen würden, sollte Deutschland trotz aller Friedensbemühungen in einen bewaffneten Konflikt gezwungen werden. Noch am 29. Juli hielt der bekannte badische SPD-Politiker Ludwig Frank vor 6.000

Elsass

sein 3. Bataillon am 19. August erneut in Mulhouse ein: „*Das Bataillon konnte sich in der rue du Sauvage nur mit Mühe einen Weg durch die ständig wachsende Menschenmenge bahnen; es defilierte inmitten von Beifallsbekundungen, Zurufen und Taschentüchern von Personen, deren Gefühlausbrüche keine Grenzen kannten.*" Die Evakuierung der Stadt am 24. August bedeutet für einen Teil der Bevölkerung daher eine sehr bittere Erfahrung und setzt sie der Repression der deutschen Behörden aus. Die Initiative liegt wieder in den Händen der Deutschen. Die französischen Truppen sind zum Rückzug gezwungen. Das elsässische Abenteuer kostete zahlreiche Menschenleben und brachte die zugunsten Frankreichs eingestellten Bevölkerungsteile in eine schwierige Lage. In der Chronik des 133. Infanterie-Regiments heißt es: „*Als unsere Soldaten den Pass der Schlucht passierten, warfen sie einen letzten traurigen Blick auf die weite Elsass-Ebene, von der sie annahmen, einen Augenblick ihr Befreier gewesen zu sein. Es schien ihnen, als ob sie mit dieser Ebene auch ihre gefallen Kameraden und großen Hoffnungen, die niemals wieder auferstehen würden, hinter sich ließen.*"

Während der ersten drei Wochen des Weltkriegs schien alles möglich. Die nunmehr desillusionierten Militärbehörden müssen sich nun jenseits romantisierender Vorstellungen mit dem Gedanken an einen langen Stellungskrieg vertraut machen. Der geographische Raum wird in dieser Weltkriegs-Phase von den zwei kriegführenden Seiten in sehr unterschiedlicher Weise wahrgenommen: Die Deutschen betrachteten ihn als einen integralen Bestandteil des Reichsgebiets. Dennoch verbergen sich – nach Ansicht einiger Befehlshaber – in dieser Provinz zu viele Personen oder Gruppen, die potenziell feindlich eingestellt sind. Der zum badischen Infanterie-Regiment 170 einberufene Henri Schlund erzählt am 6. August folgende Begebenheit: „*Der General von Deimling ... nahm unsere Parade ab, wobei er am Eingang zu Chalampé auf dem Pferd saß. Er befahl: ‚Gewehre laden! Wir dringen in Feindesland vor'.*" Dieses Misstrauen gegen die elsässische Bevölkerung wird dann in der Folgezeit auch besonders von den bayerischen Einheiten geteilt.

Der Argwohn führt zu Verhaftungen, unbegründeten Hinrichtungen und Brandstiftungen, wie am 15. August in Bourtzwiller und am Abend des 18. in Saint-Maurice. In dem einen wie in dem anderen Fall sind die Übergriffe auf die Nervosität der deutschen Soldaten zurückzuführen, auf ihre Unkenntnis der Orte und der Einwohner sowie ihre Angst vor einem feindlichen Angriff. Auf französischer Seite ist die Wahrnehmung der Einwohner der zu befreienden Provinz genau so widersprüchlich. Wie kann festgestellt werden, wer die guten Elsässer sind? Der Arzt Dr. Bussi-Taillefer weist auf große Unterschiede hin: „*Je nach den Marktflecken in den Tälern fällt der Empfang der Truppen sehr unterschiedlich aus.*" In der Folge wird in den unter französischer Verwaltung stehenden Ortschaften die Festnahme von preußischen Beamten und die Deportation von Verdächtigen bekannt gegeben. Während der Schlachten um Mulhouse nimmt die Militärpolizei des französischen 7. Armeekorps in Thann 103 Geiseln und Verdächtige, darunter 32 Staatsbeamte, fest. Am 19. August schreitet sie zur Durchsuchung des Klosters Oelenberg und am 24. verhaftet sie den Bürgermeister von Mulhouse.

KRIEGSAUSBRUCH UND VOGESENFRONT

Baden

Menschen im Mannheimer Nibelungensaal eine Rede für den Frieden, stimmte dann jedoch den Kriegskrediten im Reichstag zu und meldete sich freiwillig zu den Truppen. Bereits am 3. September 1914 fiel er in einem Gefecht bei Lunéville in Lothringen.

Als nach der österreichischen Kriegserklärung gegen Serbien Russland am 30. Juli 1914 die Generalmobilmachung anordnete, setzte – entgegen dem Kalkül der Akteure – die Logik der gegenseitigen Bündnisverpflichtungen ein. Auf die österreichische Generalmobilmachung folgten deutsche Ultimaten an Russland und Frankreich, am 1. August die Mobilisierung des deutschen Heeres und die Kriegserklärung an Russland, der am 3. August die an Frankreich folgen sollte. Auf den Einmarsch deutscher Truppen in das neutrale Belgien reagierte Großbritannien wiederum am 4. August mit der Kriegserklärung an Deutschland. Unter diesen Umständen fiel es allen Beteiligten leicht, sich selbst als Angegriffene zu positionieren. Aus deutscher Sicht war es vor allem das zaristische Russland, das als Aggressor für den Ausbruch des Krieges verantwortlich war. Grund genug für die deutsche Sozialdemokratie am 4. August 1914 den Kriegskrediten zuzustimmen, den *Burgfrieden* zu schließen und damit ihre nationale Zuverlässigkeit unter Beweis zu stellen; alles in der Hoffnung, durch diese Haltung politische Anerkennung und zugleich eine Demokratisierung des Reiches nach dem Kriege zu erreichen. Kaiser Wilhelm II. erklärte dementsprechend in seiner Thronrede: *„Ich kenne keine Parteien mehr, ich kenne nur noch Deutsche!"*

Je konkreter die Kriegsgefahr wurde, desto mehr wich die trunkene Begeisterung der zurück liegender

Der deutsche Leutnant Albert Mayer (*24.4.1892) und der französische Caporal Jules-André Peugeot (*11.6.1893) fielen in einem Aufklärungsgefecht am 2. August 1914 zwischen Delle und Joncherey östlich von Montbéliard. Sie gelten als die beiden ersten Toten des Ersten Weltkriegs.

Elsass

Die ersten Kriegswochen stellten für die elsässische Bevölkerung einen seelischen Schock dar. Die kriegsführenden Parteien beginnen – als sie im Herbst 1914 erschöpft sind – damit, sich in den unter hohen Opfern errungenen Stellungen festzusetzen. Die Kampfhandlungen verlagern sich von der Ebene des Elsass' auf die Vogesenhöhen. Aufgrund der so nicht vorher gesehenen Kämpfe in den Bergen müssen die Generalstäbe ihre militärische Vorgehensweise ändern. Es werden nun militärische Operationen ausgeführt, um in den Besitz erhöhter strategischer Punkte zu kommen und diese zu sichern. Dabei handelt es sich eher um einen Stellungskrieg als um einen offenen Kampf der Infanterie. Die technische Seite des Krieges wird immer wichtiger: Bergkämme, felsige Berggipfel, Positionen an Gegenhängen in etwa 1.000 Meter Höhe sind zu halten, ihre Befestigung wird daher erforderlich. Der Einsatz von Eseln genügt nicht mehr, um Materialien, Munition, Artillerieteile und Lebensmittel herbeizuschaffen. Auf beiden Seiten der Bergmassive wird am Anschluss dieser neuen Frontlinie an die Kommunikationsverbindungen des Hinterlandes gearbeitet. Man errichtet im ersten Jahr des Weltkriegs Standseilbahnen, Hängebahnen und Schmalspur-Eisenbahnen. Unter den bemerkenswertesten technischen Vorhaben von französischer Seite befindet sich ein oberirdisches Kabel, das Retournemer und Mittlach über Hohneck verbindet, den See von Schiessroth und das

Oberst Wilhelm von Beczwarzowski und die 8. Kompanie des Leibgrenadierregiments 109 holen am 7. August 1914 die Regimentsfahnen aus dem Karlsruher Schloss ab, um am nächsten Tag mit ihnen ins Feld zu rücken. Die Zuschauer jubeln nicht.

Baden

Tage einer ernsteren Stimmung. Die Vorsichtigen begannen, sich mit Dingen des täglichen Bedarfs einzudecken und bei den Banken ihre Konten zu leeren, die Touristen reisten aus ihren Urlaubsquartieren ab, die wehrfähigen Männer rückten in die Kasernen ein, schon wurden vermeintliche Spione gejagt. „Sorge, Furcht, Angst" beherrschten die „Stimmung der Mobilmachungstage", wie beispielsweise aus Emmendingen berichtet wurde. In Baden, vor allem aber natürlich im Süden des Landes, waren sich die Menschen sehr wohl bewusst, wie nahe der Feind war, wie oft in der Vergangenheit französische Truppen den Rhein überquert hatten.

Die gewaltige Mobilmachung lief nach ihrer eigen Logik wie ein Uhrwerk ab. Jahrelang hatten die Militärs diesen Krieg minutiös vorbereitet. Der Schlieffen-Plan, jene berühmte Strategie zur schnellen Niederringung des *Erbfeinds*, hatte selbst in seiner modifizierten Form das Elsass und große Teile Lothringens als Glacis vorgesehen, auf dem ein bewusst schwach gehaltener linker Flügel dem eindringenden Feind hinhaltenden Widerstand leisten und ihn damit binden sollte, während die deutsche Hauptstreitmacht auf dem rechten Flügel in einer großen Zangenbewegung die französische Armee umgehen und die gegnerische Abwehrfront von hinten aufrollen konnte. Nach diesem Plan wurde auch die Oberrheinebene zum Aufmarschgebiet deutscher Truppen. Karlsruhe, Straßburg und Freiburg waren wichtige Drehscheiben bei der verkehrstechnischen Verteilung der an die Westfront eilenden Einheiten und ihrer Soldaten. Die badischen Soldaten des XIV. Armeekorps kämpften während des Krieges vornehmlich in Nordfrankreich, in der Champagne und vor Verdun, an der Somme und in Flandern, wurden aber auch wiederholt an östlichen Kriegsschauplätzen eingesetzt. Die Verteidigung des Reichslandes Elsass-Lothringen auf der Frontlinie von Straßburg bis Metz wurde Generaloberst Ludwig von Falkenhausen (Armeeabteilung A) anvertraut. Den Oberbefehl über das Kampfgebiet im Oberelsass erhielt General Hans Gaede (Armeeabteilung B). In der Folgezeit wurden an diesem relativ ruhigen Frontabschnitt nicht nur badische, sondern auch bayerische und württembergische Truppen eingesetzt, darunter viele Reserve- und Landwehreinheiten.

Die Rechnung schien anfänglich aufzugehen. Schon in der ersten Kriegswoche überschritt zwar ein französisches Korps die elsässische Grenze bei Altkirch und stieß bis Mülhausen vor, doch wurde es von deutschen Truppen, unter Mitwirkung des Unteroffiziers Paul Gläser und des dabei gefallenen Oberleutnants der Reserve Georg Scherer, zurückgeschlagen. Das ganze Unternehmen hatte wohl eher der Legitimation des Krieges in Frankreich gedient, als dass es aus strategischen Gründen notwendig war. Auch ein zweiter Angriffsversuch war nicht von bleibendem Erfolg gekrönt. Dennoch konnte sich die französische Armee in den südlichen Vogesen festsetzen und einen Teil des Reichslandes mit dem Hauptort Thann unter französische Verwaltung stellen. In den Hochvogesen entflammten in den Folgejahren heftige Kämpfe um die strategisch günstig gelegenen Höhen des Hartmannsweilerkopfes und des Lingekopfes, die in ihren Dimensionen zwar nicht an die *Monsterschlachten* im nördlichen Frankreich heranreichten, aber dennoch wie in einem Mikrokosmos den Charakter des Weltkriegs mit seinem Stellungs- und Grabenkrieg, den Materialschlachten

Elsass

Wurmsa-Tal. Es dient der Versorgung der Truppen, die das Hochtal von Fecht besetzt halten. Die Deutschen ihrerseits montieren einige Monate danach eine doppelte Versorgungsleitung – mittels Hängebahn und 60cm-Schmalspurbahn – von Sulzerbahn und Lauchbahn zum Hartmannsweilerkopf. Dieser Berg wird 1915 als symbolischer Ort der Kampfhandlungen zum Inbegriff heftiger und blutiger Angriffe und Gegenangriffe, wie auch am Lingekopf, am Tête de Violu oder am Tête des Faux (Buchenkopf). Die hier im Unterholz stattfindenden Kämpfe sind besonders heftig. Die Artillerie kann aufgrund ihrer ungeeigneten Ausrüstung zunächst fast nichts ausrichten. Die Kämpfe erhalten dann aber mit der allmählichen Heranschaffung von Minenwerfern und der wirksamen Aufstellung von Haubitzen und schweren Kanonen einen völlig neuen Charakter. Der Einsatz der Artillerie wird sich danach für alle Kampfhandlungen als unersetzlich erweisen. Die Granaten zerstören die Landschaft und geben ihr ständig eine neue Gestalt. Das Resultat der Kämpfe um den Hartmannsweilerkopf besteht in der Zerstörung der an seinem Fuß gelegenen Dörfer durch die französische Artillerie; die Einwohner werden vertrieben.

Die Zivilbevölkerung befindet sich keineswegs in der Rolle des bloßen Beobachters. Alles bewegt sich in Richtung auf einen totalen Krieg zu, der die Beteiligung aller erforderlich macht. Die Bevölkerung, die Einschränkungen ausgeliefert ist und Hausdurchsuchungen erdulden muss, ist gezwungen, sich physisch an den Kriegsanstrengungen zu beteiligen. Der zivile Hilfsdienst rekrutiert Männer und Frauen. Für die 1916 beginnende Organisation der Kampffront in der Tiefe des Raums sind Arbeitskräfte erforderlich. Kriegsgefangene aus Russland, ab 1917 aus Rumänien, werden für anstrengende Zwangsarbeiten ausgebeutet. Da sie unterernährt sind, gehen sie schließlich zugrunde. Vom 6. März bis zum 8. Mai 1917 sterben 120 von ihnen im Lager im Schäfertal an Entkräftung. Deutsche Firmen stellen ihre Mitarbeiter den Militärbehörden zur Verfügung, wie beispielsweise das Unternehmen Sager und Woerner. Bei den im Krieg befindlichen Menschen handelt es sich nicht nur um Franzosen und Deutsche: Die französischen Krankenversorgungs-Dienste nehmen im Winter 1915-1916 fünfzig norwegische Skifahrer auf. Ende Herbst 1916 verlassen die amerikanischen Krankenversorgungs-Einheiten II und IX die Vogesen nach zwanzigmonatiger Anwesenheit. Sechs weitere Ford-Ambulanzen ersetzen sie im Abschnitt Mittlach, Thann und Hartmannsweilerkopf bis in den August 1917. Stationiert sind in den Hochvogesen 1917 und 1918 zudem indochinesische und senegalesische Infanteristen. Die US-Soldaten gewöhnen sich im gleichen Zeitraum neben den französischen Frontsoldaten an den Krieg. Den Deutschen kommt im Abschnitt Sainte-Marie-aux-Mines die Unterstützung von österreichischen Kanonieren zugute. Der weltweite Charakter dieses Krieges bestätigte sich also auch in den Vogesenbergen. Die Zivilbevölkerung ihrerseits sah sich mit einer Entwicklung konfrontiert, die ihren Lebensraum in einen politischen Konflikt hineinzog und ihn schließlich in ein Schlachtfeld verwandelte.

Jean-Claude Fombaron

Baden

Das schwierige Gelände macht den Einsatz von Elitetruppen notwendig: französische Gebirgsjäger der *Diables Bleus* in den Vogesen.

und den hohen Verlusten bei zumeist unbedeutenden und nur kurzfristig erzielten Geländegewinnen widerspiegeln. Das Kriegstagebuch des katholischen Feldgeistlichen Benedict Kreutz berichtet hiervon. Auch die kriegerischen Auseinandersetzungen im Oberelsass forderten einen hohen Blutzoll. Allein die Kämpfe am Hartmannsweiler- und am Lingekopf hinterließen 30.000 Gefallene auf beiden Seiten. Außer in Ostpreußen waren nirgendwo auf deutscher Seite Front und Heimat so nahe beisammen, war die Bevölkerung so unmittelbar mit den Schrecken, aber auch mit der Sinnlosigkeit des Krieges konfrontiert, wie links und rechts des Rheins. In weiten Teilen der Oberrheinebene war der Krieg zu hören und zu sehen, ja selbst aus der Nähe zu besichtigen, hier trafen Tausende von Verwundeten aus den Kampfgebieten im Elsass und Lothringen ein, die in die eilends eingerichteten Lazarette eingeliefert wurden.

Kurt Hochstuhl

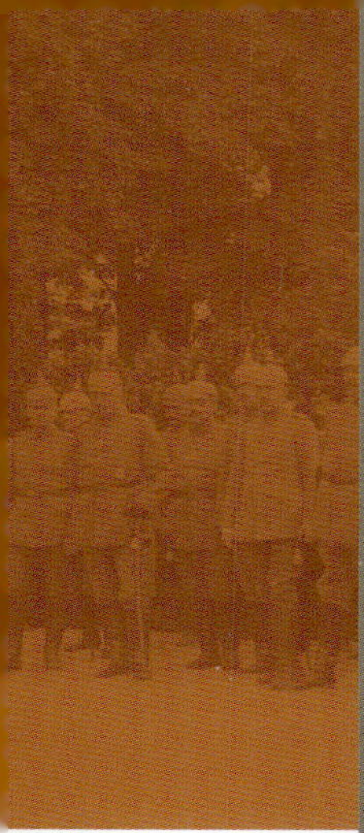
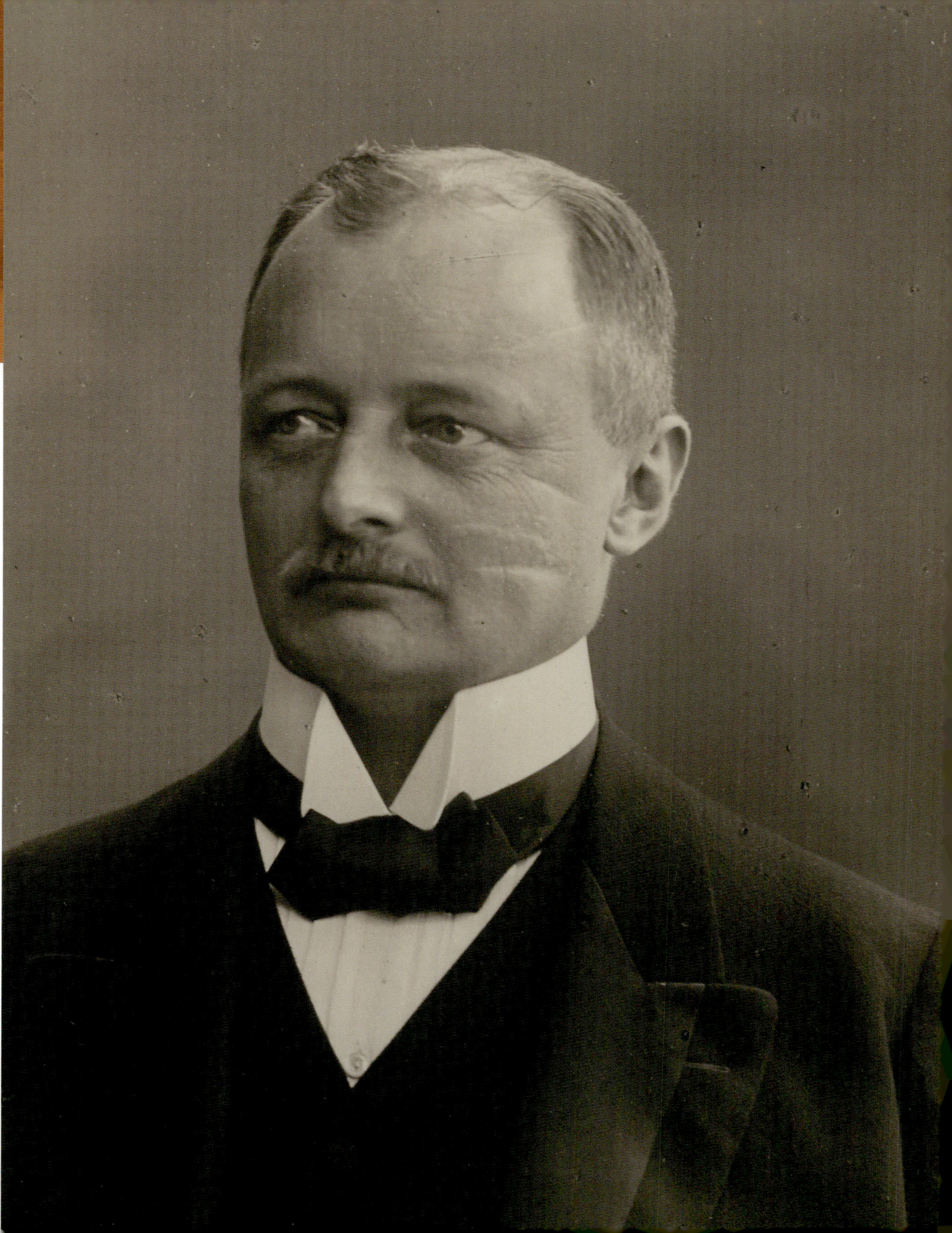

Die Familie bleibt zurück

Georg Scherer
Oberleutnant der Reserve
16.12.1869 – 19.8.1914

„Vielleicht trägt der Gedanke, daß Ihr Herr Gemahl als erster Mann für eine gute Sache sein Leben gelassen hat, dazu bei, Sie, die Sie am Schwersten getroffen sind, und Ihre Kinder den Schicksalsschlag leichter tragen zu lassen."

[Mülhausen, 1. September 1914]

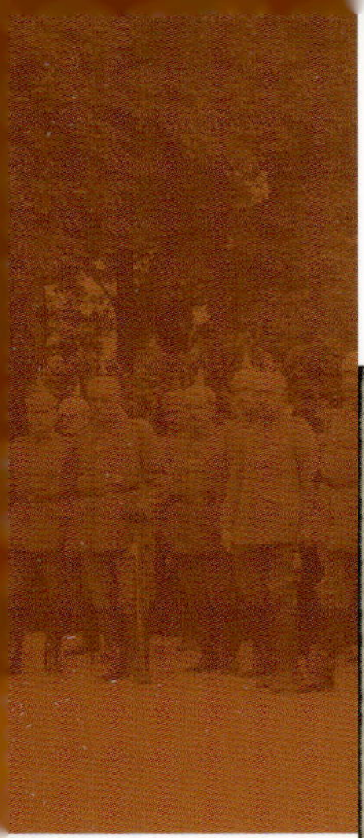
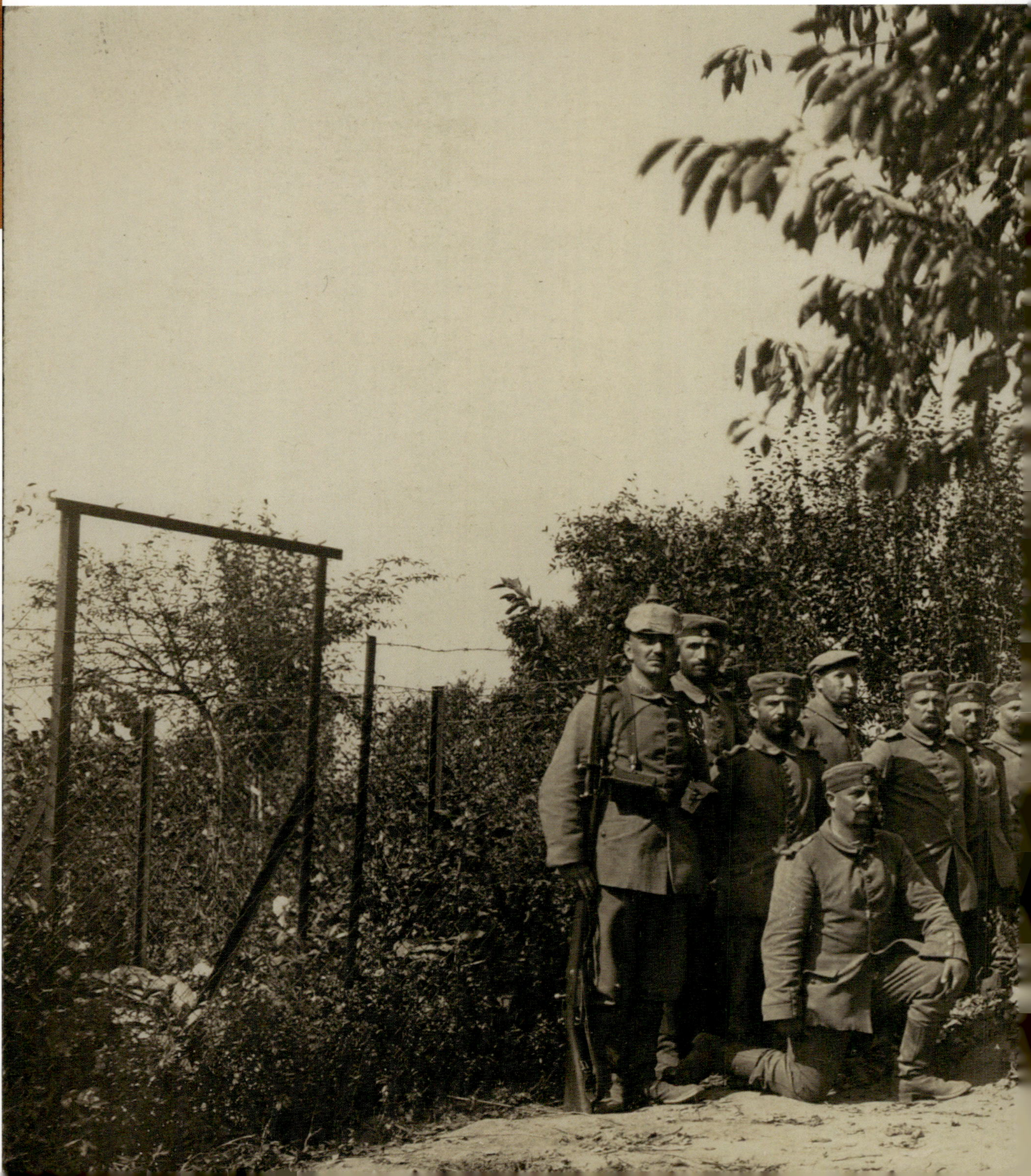

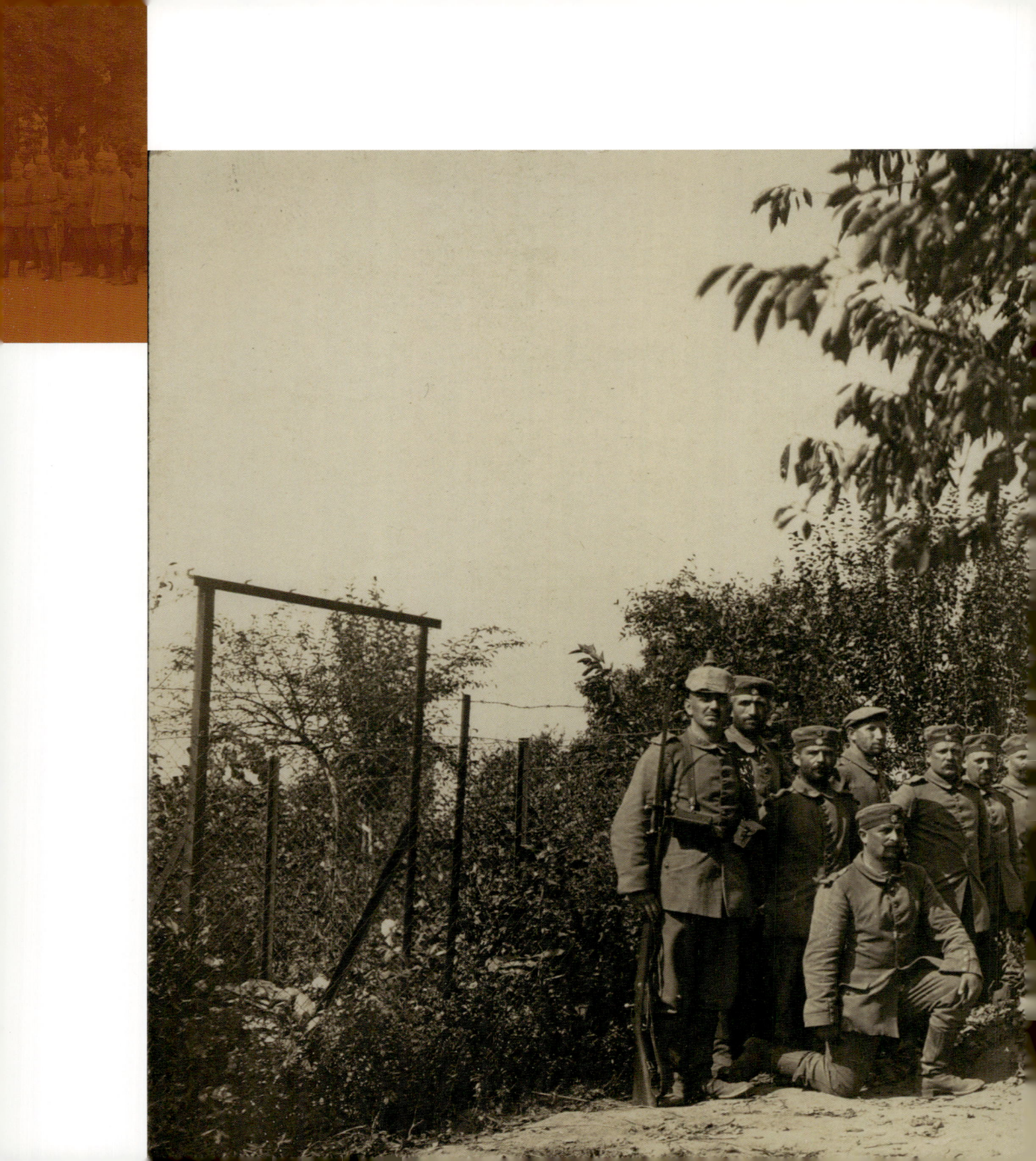

KRIEGSAUSBRUCH UND VOGESENFRONT

Georg Scherer, im Zivilleben Ober-Ingenieur, wurde am 5. August 1914 als stellvertretender Führer der 9. Kompanie des Landwehr-Infanterie-Regiments 40 eingezogen. Nachdem der Kompanieführer, Hauptmann Freiherr Göler von Ravensburg am 10. August vom Pferd gestürzt war, da die berittenen Offiziere keine Gelegenheit zu Reitübungen vor dem Ausmarsch gehabt hatten, übernahm Scherer die Führung der Einheit. Bereits bei der Feuertaufe des Regiments fiel Scherer im sechsstündigen Gefecht bei Dornach am 19. August; sein Regiment verlor 829 Soldaten, das Bataillon beklagte Scherer als einzigen gefallenen Offizier. Wegen der unübersichtlichen Gefechtslage wähnte das Kriegstagebuch des Regiments Scherer verwundet in Gefangenschaft, auch seine Frau und die beiden Kinder Hellmuth und Gertrud wussten zu diesem Zeitpunkt nichts von seinem Tod. Sophie Scherer wendete sich am 27. August mit der Bitte um Nachforschungen nach ihrem Mann an das Regiment und erhielt am 1. September traurige Gewissheit. Scherers Los war kein Einzelschicksal. Von den 23 mit ihm in einem Massengrab bestatteten Soldaten trugen alle bis auf einen Eheringe – Scherer hatte seinen vor dem Ausmarsch abgelegt.

PE

Der Vater kehrt nicht zurück: erstes (Massen-) Grab Scherers am Ortsausgang von Dornach, Ende August 1914.

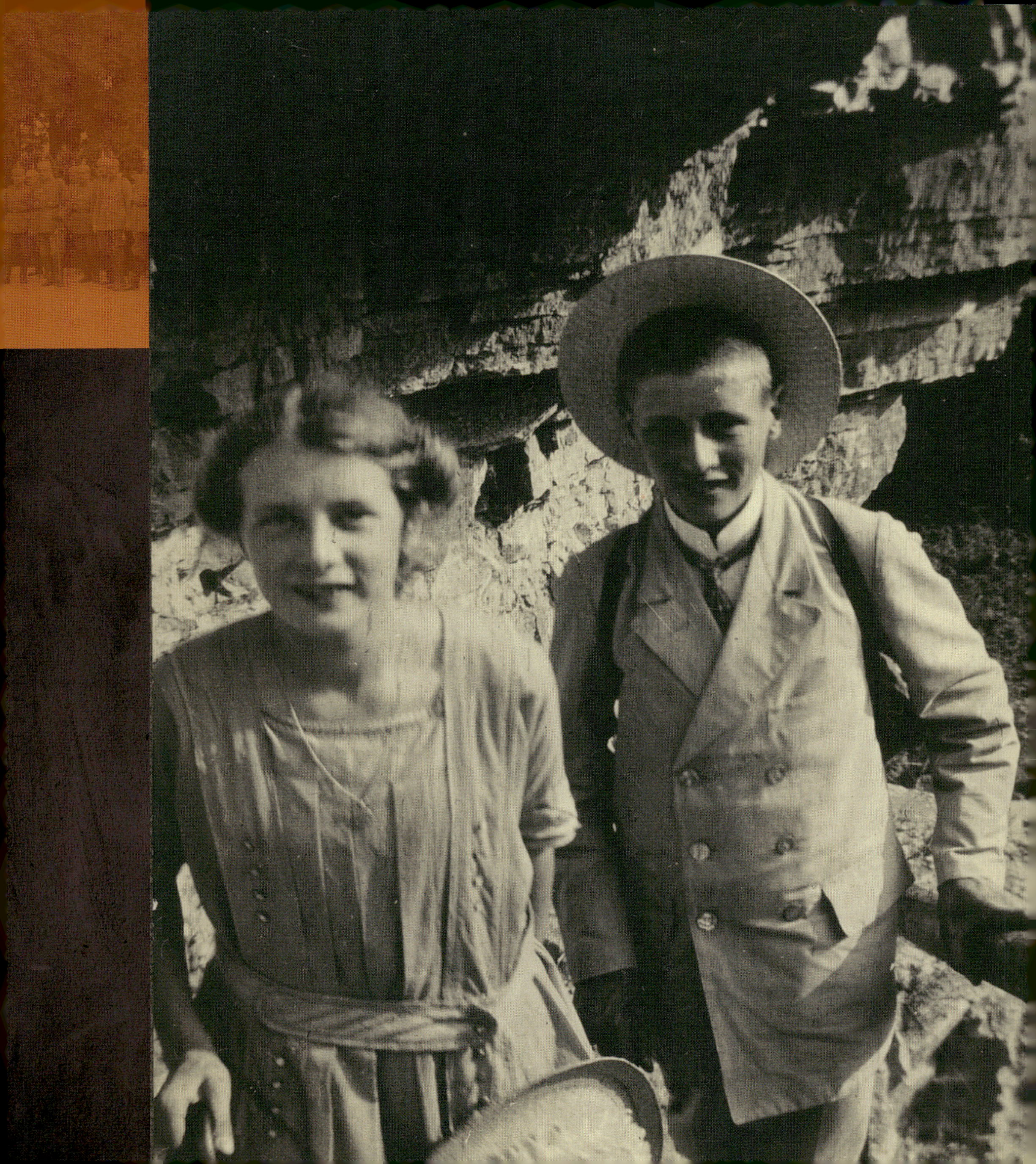

KRIEGSAUSBRUCH UND VOGESENFRONT

Die Kinder bleiben zurück: Hellmuth und Gertrud Scherer verlieren als 16-Jähriger bzw. als 14-Jährige ihren Vater.

Skizze des Friedhofs in Dornach mit dem Grab Scherers nach dessen Umbettung am 10. Mai 1915.

Nur Gräber bleiben: Gedenkfeier auf dem Dornacher Friedhof am Jahrestag des Gefechts bei Dornach am 19. August 1915 mit dem Brigadeführer Generalleutnant August Mathy. Dabei legte Sophie Scherer einen der Waldkränze aus *„frischem Tannengrün aus den schönen Vogesenbergen"* nieder, *„die die Mannschaften des Regiments ihren gefallenen Kameraden selbst gewunden hatten."*

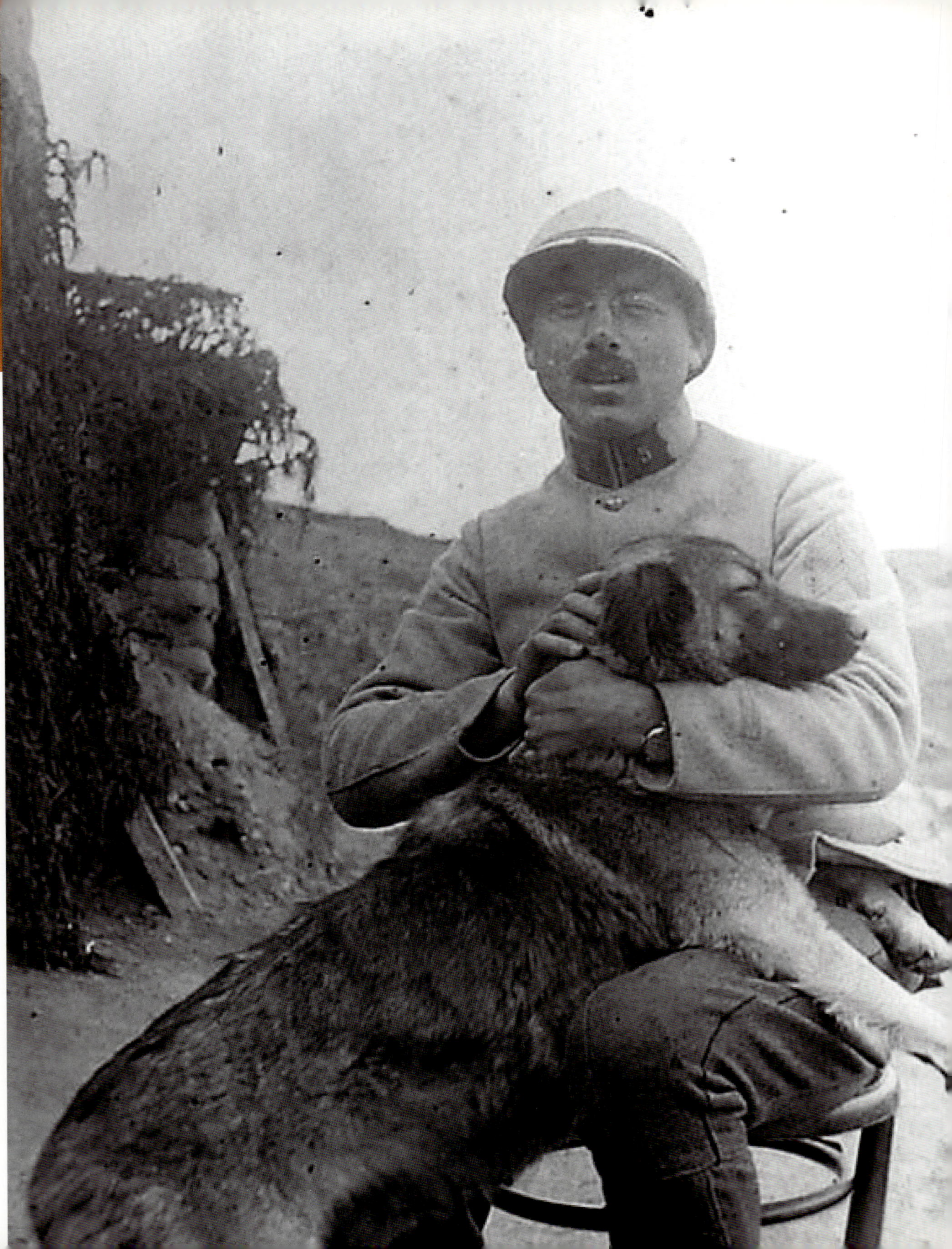

KRIEGSAUSBRUCH UND VOGESENFRONT

Im Sundgau

Pierre Jaminet
18.2.1887 – 1945
Hauptmann

„Der Generalstab signalisiert den Gegenangriff: Feuer! Und die 120 [mm Geschütze] feuern. Ich eilte in Richtung der Hauptleute oder vielmehr der Batterien oberhalb von Soppe-le-Bas [Nieder-Sulzbach]. Hallo, wo seid Ihr, in Richtung Burnhaupt? Nein, gegen den formellen Befehl? Die Kugeln pfeifen? Kommt schon, Ihr seid da, um zu unterstützen, Ihr könnt den Gegenangriff nicht sehen? Ja Feuer … boum! … boum!"

(Kriegstagebuch, 10. Januar 1915)

Besuch des französischen Oberbefehlshabers General Joseph Joffre in Masevaux (Masmünster) im Juni 1915.

Pierre Jaminet wurde in Luxemburg geboren und optierte 1904 für die französische Staatsbürgerschaft. Er absolvierte ein brillantes Ingenieurstudium an der Zentralen Schule für Kunst und Gewerbe in Paris. Nachdem er sich freiwillig zur Artillerie gemeldet hatte, wurde er am Ende seiner Militärzeit 1912 zum Unterleutnant der Reserve ernannt. Am 2. August 1914 wurde Jaminet zum Feldartillerie-Regiment 5 in Besançon einberufen. Bevor er 1915 auf den Balkan geschickt wurde, nahm er im Elsass zahlreiche Fotos von den Soldaten und ihrer Umwelt auf: Sie zeigen den Kampf im Sundgau aus der Sicht der französischen Truppen. Nach dem Waffenstillstand 1918 ließ er sich im Territorium von Belfort nieder und wurde Mit-Direktor der Brauerei Grisez. Für die Jahre 1932 bis 1937 wurde er zum Generalrat des Kantons Fontaine gewählt. Während des Zweiten Weltkriegs beteiligte sich Jaminet am Widerstand. Er wurde von den Deutschen deportiert und fand 1945 im Konzentrationslager Mittelbau-Dora (Buchenwald) den Tod.

LBW

KRIEGSAUSBRUCH UND VOGESENFRONT

68
69

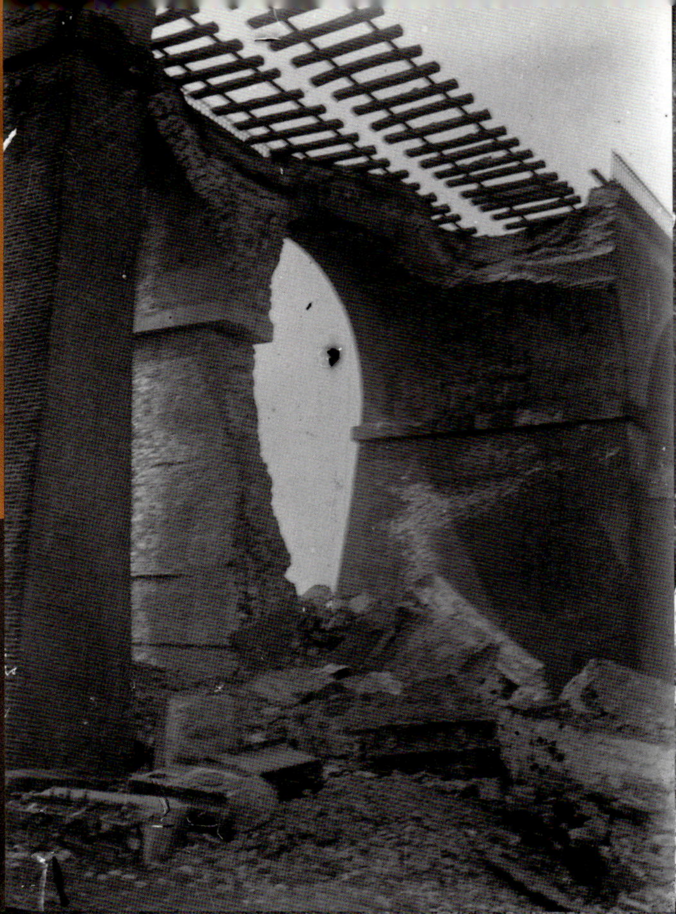
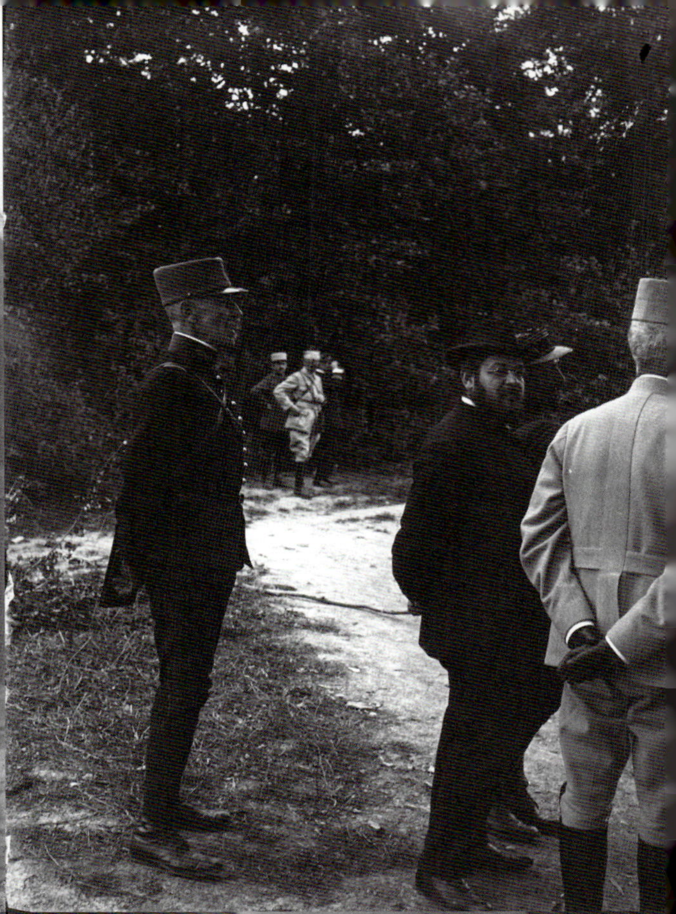
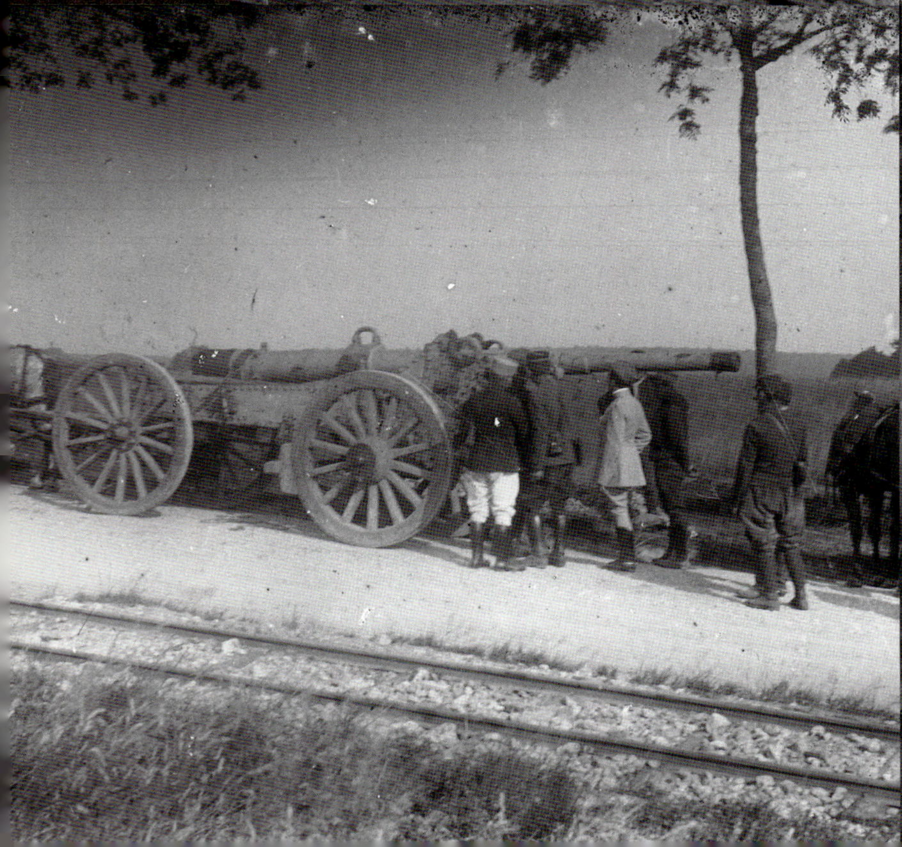
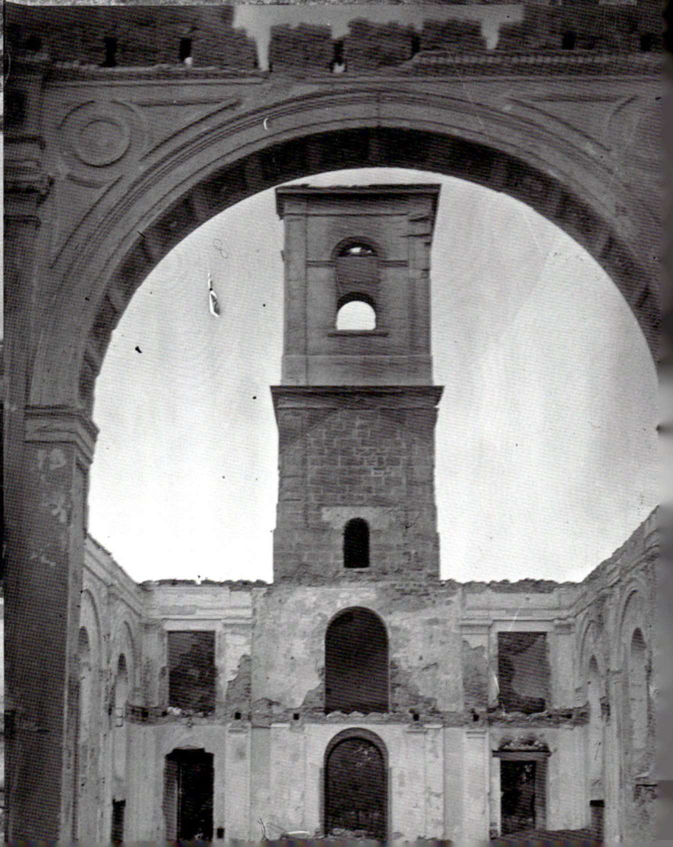

KRIEGSAUSBRUCH UND VOGESENFRONT

Der beschädigte Eisenbahnviadukt bei Dannemarie (Dammerkirch) 1915.

Besuch von Albert Thomas, Unterstaatssekretär für Artillerie und Militärausrüstung, beim Beobachtungsstand in Aspach-le-Haut im Juni 1915.

Deutsche Gefangene in Traubach-le-Haut.

Vorbeimarsch einer Batterie von 100-mm-Geschützen vor der Brauerei Grisez in Lachapelle-sous-Rougemont im Juli 1915.

Die zerstörte Kirche von Balschwiller im April 1915.

Unterstand eines 75-mm-Geschützes des Artillerieregiments 49 auf der Höhe 376.

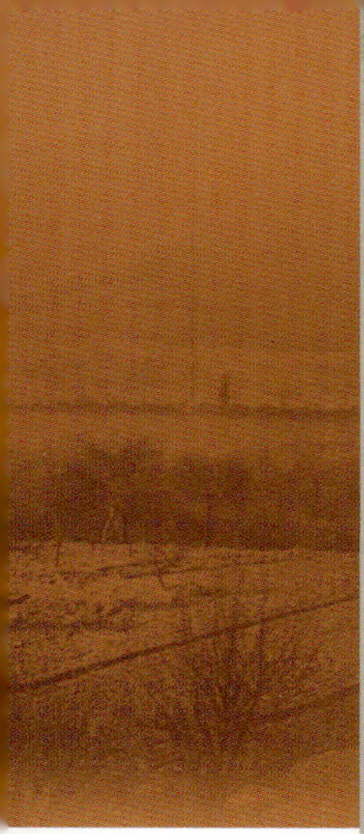
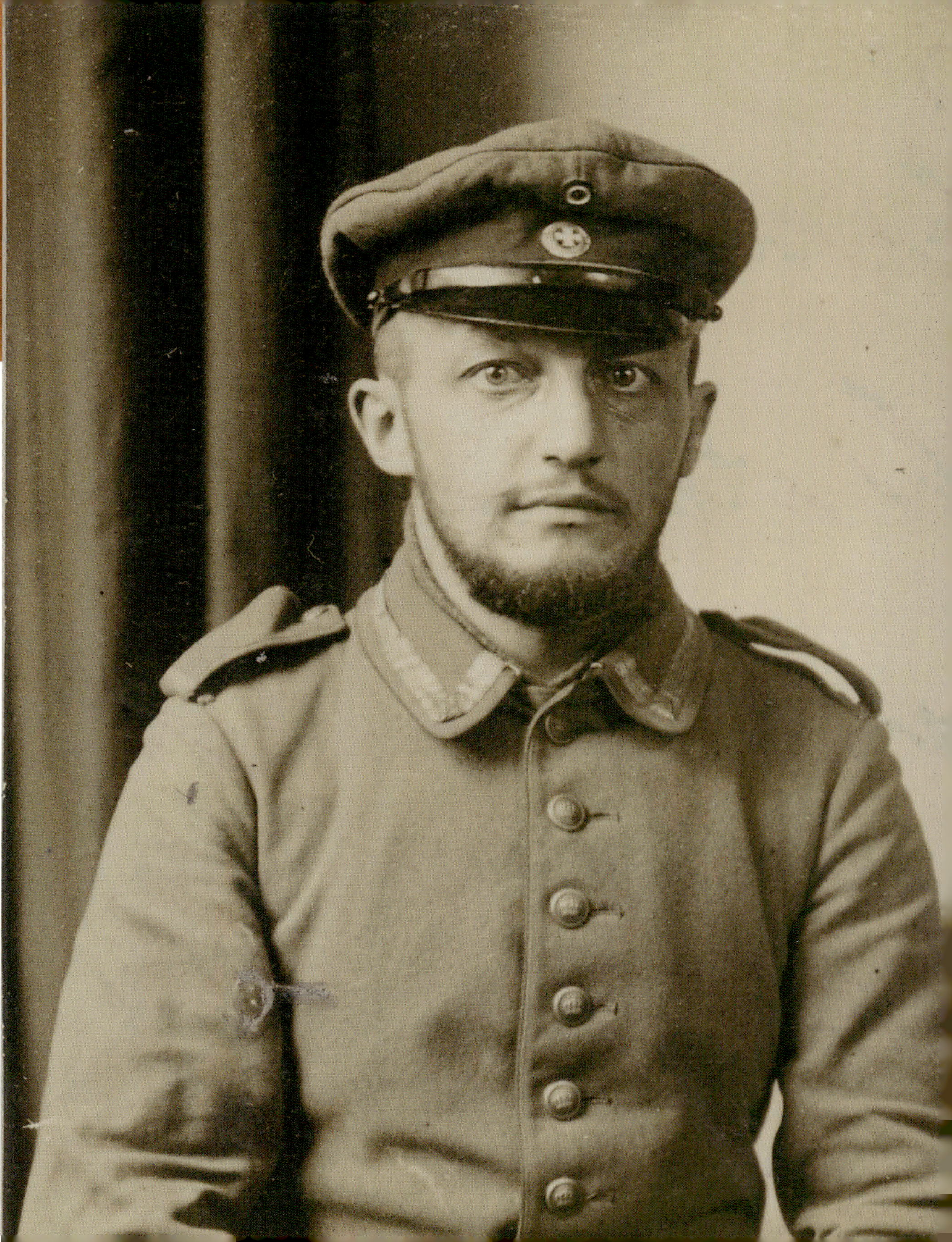

Auf den Vogesen

Paul Gläser
Unteroffizier
22.4.1883 – 14.6.1942

„Am 22.5. machte ich eine Patrouille auf die Spitze des Ebenecks (Höhe 859 [m]), wo sich der Beobachtungsposten der Bayern befand. Durch das Scherenfernrohr genoß ich einen mir unvergeßlich bleibenden Blick über das schwere Kampfgebiet in diesem umtobten Teil der Hochvogesen."

(Rimbach, 22. Mai 1915)

Paul Gläser beugte sich nicht dem im Mai 1915 für Offiziere und Soldaten der Armeeabteilung Gaede erlassenen Verbot, ein Tagebuch zu führen. Leider verbrannte er später die rund 800 Briefe und Postkarten, die er und seine Frau Susanne sich in den vier Kriegsjahren geschrieben hatten.

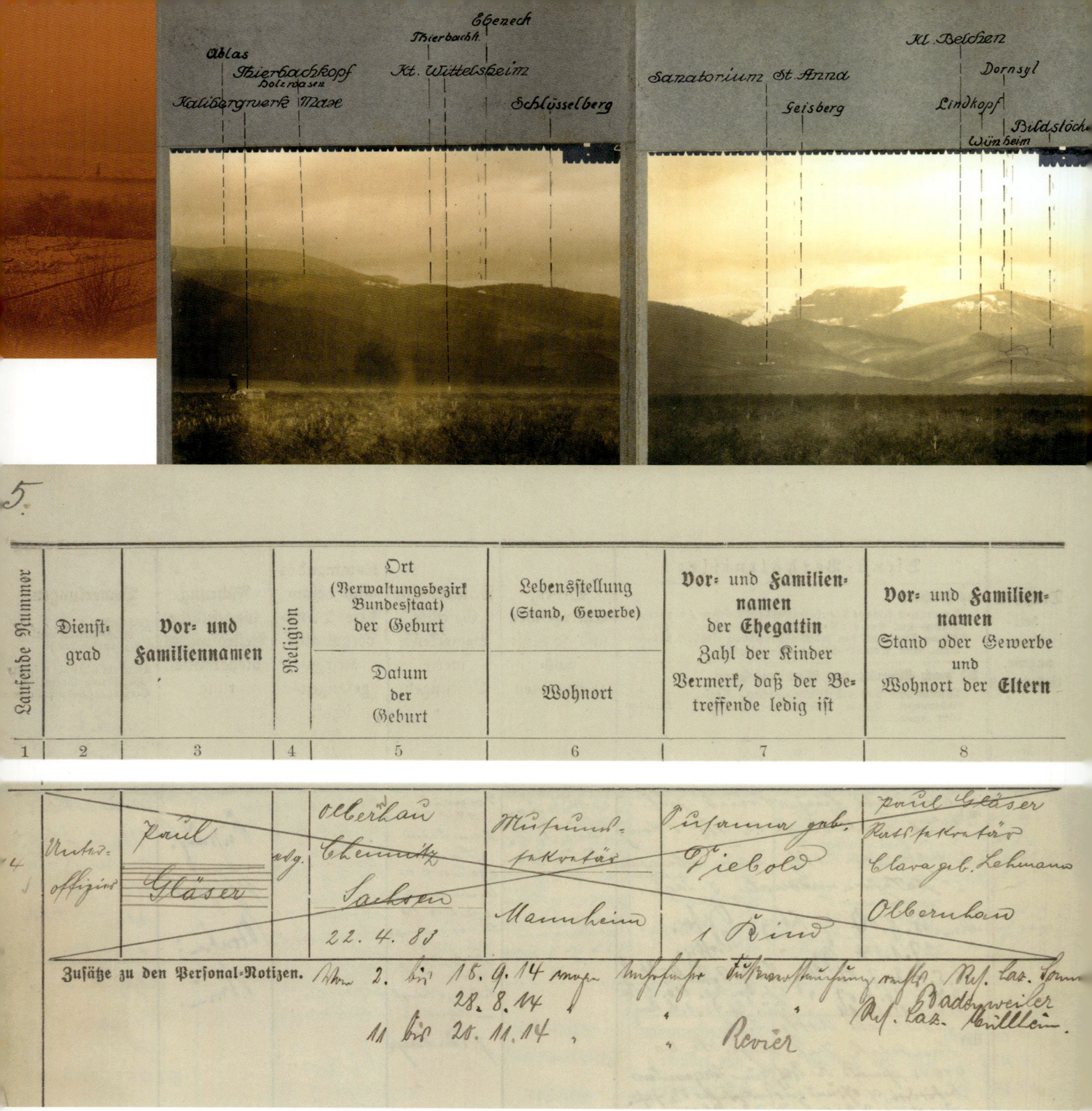

Laufende Nummer	Dienst-grad	Vor- und Familiennamen	Religion	Ort (Verwaltungsbezirk Bundesstaat) der Geburt / Datum der Geburt	Lebensstellung (Stand, Gewerbe) / Wohnort	Vor- und Familien-namen der Ehegattin / Zahl der Kinder / Vermerk, daß der Betreffende ledig ist	Vor- und Familien-namen / Stand oder Gewerbe und Wohnort der Eltern
1	2	3	4	5	6	7	8
4	Unter-offizier	Paul Gläser	ev.	Olbernhau Chemnitz Sachsen 22.4.83	Mühlen-Fakturier Mannheim	Johanna geb. Diebold 1 Kind	Paul Gläser Rats-fakturier Clara geb. Lehmann Olbernhau

Zusätze zu den Personal-Notizen. Kom. 2. bis 15.9.14 wegen Unterhose Fußverstauchung nach Res. Laz. Sonne 28.8.14 Res. Lad. Badenweiler 11. bis 20.11.14 „ „ Revier Res. Laz. Müllheim

Lebensspuren eines Soldaten: der Stammrolleneintrag von Paul Gläser.

Seit 1905 lebte der in Olbernhau bei Chemnitz geborene Paul Gläser in Mannheim, wo er als Sekretär des Altertumsvereins für den Aufbau eines stadtgeschichtlichen Museums arbeitete. Nachdem Gläser am 5. August 1914 mit dem Landwehr-Infanterie-Regiment 40 – von der Mannheimer Bevölkerung begeistert verabschiedet – ins südliche Elsass ausgerückt war, nahm er 14 Tage später am Gefecht bei Dornach teil. Dort erlitt seine Einheit schwere Verluste, als sie unerwartet aus den Häusern heraus von Zivilisten beschossen wurde. Gläser und seine Männer nahmen vier Männer und eine Frau mit der Waffe in der Hand gefangen, die sofort standrechtlich erschossen wurden. Aufmerksam notierte der kunstgeschichtlich interessierte Gläser die Verwüstungen in den Ortschaften der Kampfzone, besonders aber die Zerstörung der Kirchen, deren Türme von beiden Seiten als Feuerleitposten für die Artillerie genutzt wurden. Ein *feierlicher* Augenblick war für ihn die Begegnung mit einem französischen Arzt bei der Bergung von Toten auf dem Schlachtfeld.

Nach Kämpfen bei Ammerzweiler, Oberburnhaupt und auf dem Hohrodberg war Gläser von September 1915 bis Kriegsende für das Etappen-Güter- und Paket-Amt in Gebweiler, Colmar und Freiburg tätig. Im Juni 1916 erhielt er für seinen Einsatz an vorderster Front das Eiserne Kreuz Zweiter Klasse verliehen. Seine stenographischen Tagebucheinträge enden bereits im Oktober 1916, da er nichts von dem mehr für berichtenswert erachtete, was ihm weiterhin passierte. Nach Kriegsende kehrte er nach Mannheim zurück, dessen Zerstörung er im Zweiten Weltkrieg noch miterlebte.

RB

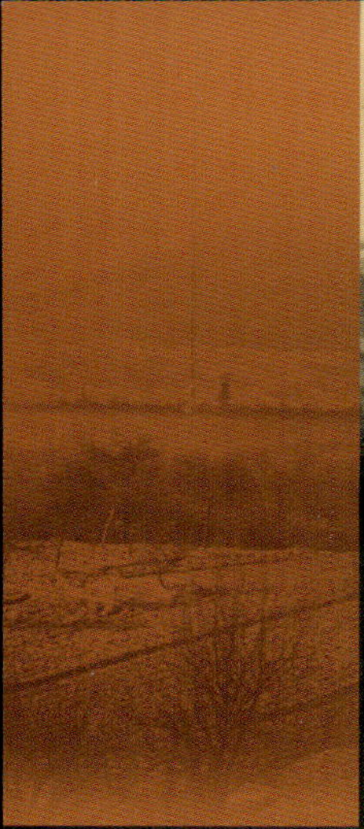

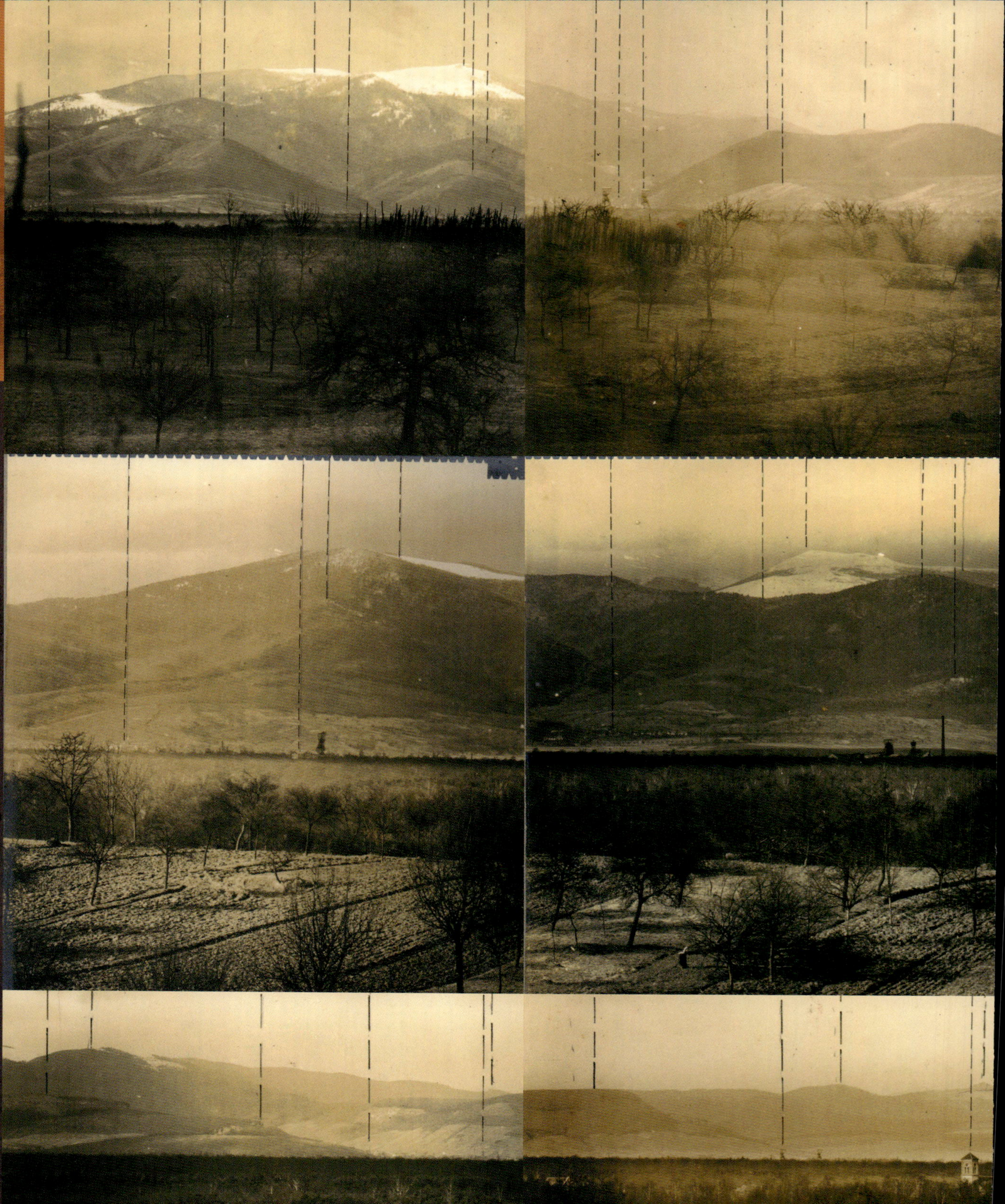

KRIEGSAUSBRUCH UND VOGESENFRONT

Der umkämpfte Vogesenkamm aus der Sicht der Beobachtungsstelle des Artillerie-Kommandos in Lutterbach bei Mülhausen im Frühjahr 1915. Neben anderen Bergspitzen ist auch der Ebeneck (vgl. vorherige Seite) markiert, von dem aus Paul Gläser das Schlachtfeld betrachtete.

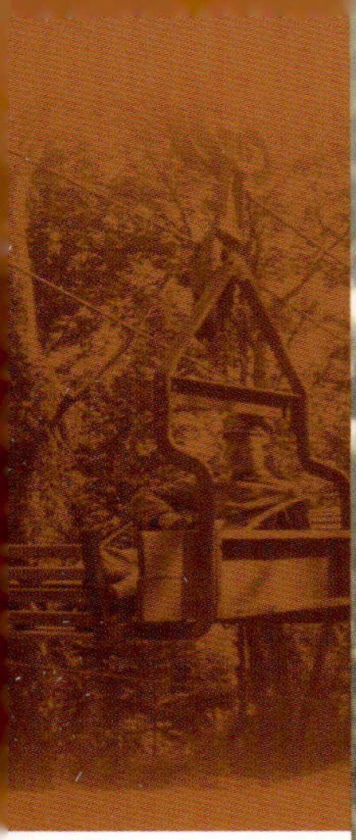

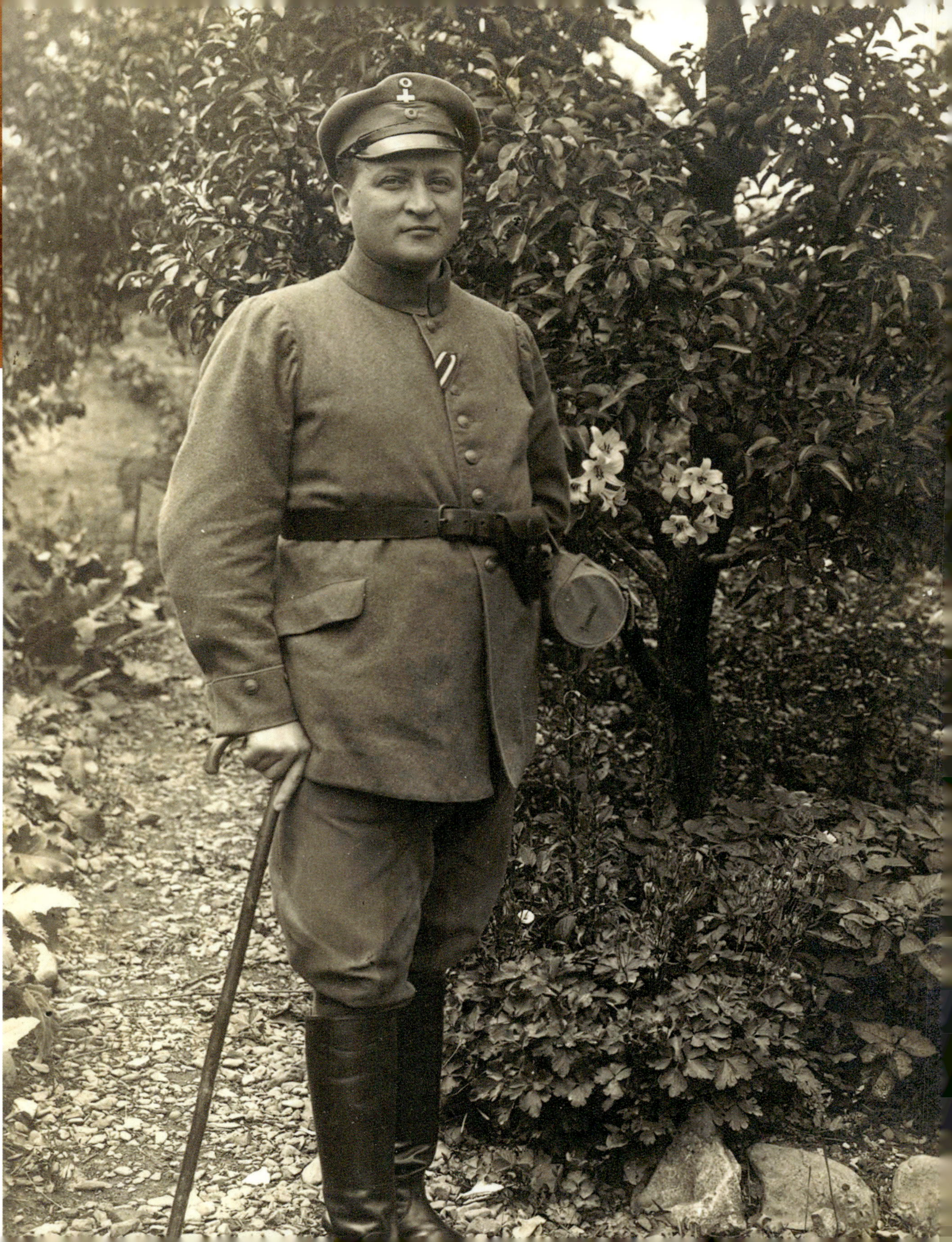

KRIEGSAUSBRUCH UND VOGESENFRONT

Mit Gottes Hilfe

Benedict Kreutz
Katholischer Feldgeistlicher
15.1.1879 – 25.7.1949

„Großes Trommelfeuer, man meinte, die Hölle käme."

(Hartmannsweilerkopf, 21. Dezember 1915)

Mutiger Feldgeistlicher in vorderster Linie, nationalistisch-obrigkeits-treuer Untertan und mitfühlend sozialer Seelsorger – das private Kriegstagebuch des aus St. Peter im Schwarzwald stammenden Priesters Benedict Kreutz verdeutlicht anschaulich die facettenreiche Rolle eines katholischen Feldgeistlichen im Ersten Weltkrieg. Als Divisionspfarrer der 12. Landwehr-Division im Elsass von 1915 bis 1917 suchte Kreutz auch am Hartmannsweilerkopf die Soldaten immer wieder in ihren Stellungen auf, um Gottesdienst zu feiern und Sakramente zu spenden. Seit Mai 1917 wurde er in Galizien eingesetzt. Ab Februar 1918 versah der Feldgeistliche seinen Dienst bei der Ostsee-Division in Finnland. Kreutz wurde für seinen mutigen Einsatz unter anderem mit dem Eisernen Kreuz Erster Klasse ausgezeichnet.

Als Priester war er indessen nicht nur für deutsche Soldaten zuständig: Gerade im Frühjahr 1917 musste Kreutz immer wieder rumänische Insassen des Kriegsgefangenenarbeitslagers im Schäfertal beerdigen, offenkundig Opfer von Mangelernährung und allgemein schlechtem Gesundheitszustand. Auch für die Not der Bevölkerung im Elsass, etwa der Zivilinternierten, war Kreutz, ungeachtet aller zeittypischen nationalen Ressentiments, nicht blind. Heißt es in seinem offiziellen Diensttagebuch am 10. Juli 1915 nüchtern: *„Gottesdienst mit Beichtgelegenheit für die weiblich-politischen Gefangenen"*, so vermerkte er zum gleichen Ereignis in seinen Privataufzeichnungen: *„Hörte im Gefängnis 26 weibliche Civilint[ernierten] Beicht; furchtbare Familientragödien schuf doch dieser Krieg."* Nach dem Ersten Weltkrieg promovierte Kreutz in Staatswissenschaften und wurde 1921 zum zweiten Präsidenten des Deutschen Caritasverbandes gewählt, ein Amt, das er bis zu seinem Tod 1949 ausübte.

CS

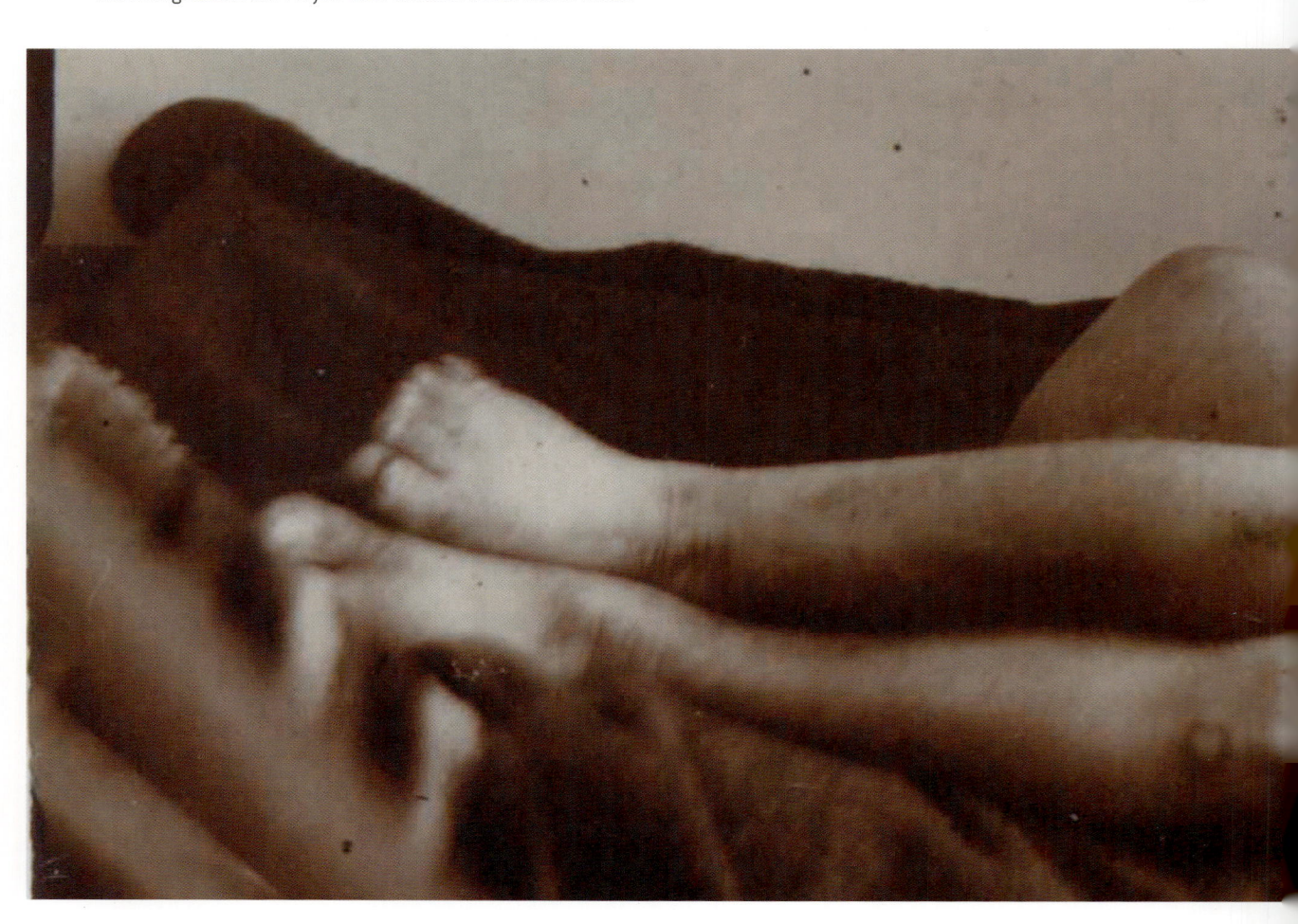

Ein unterernährter und kranker rumänischer Kriegsgefangener im Lager Gauchmatt im Schäfertal (Elsass) im April 1917, von denen Kreutz viele beerdigen musste.

KRIEGSAUSBRUCH UND VOGESENFRONT

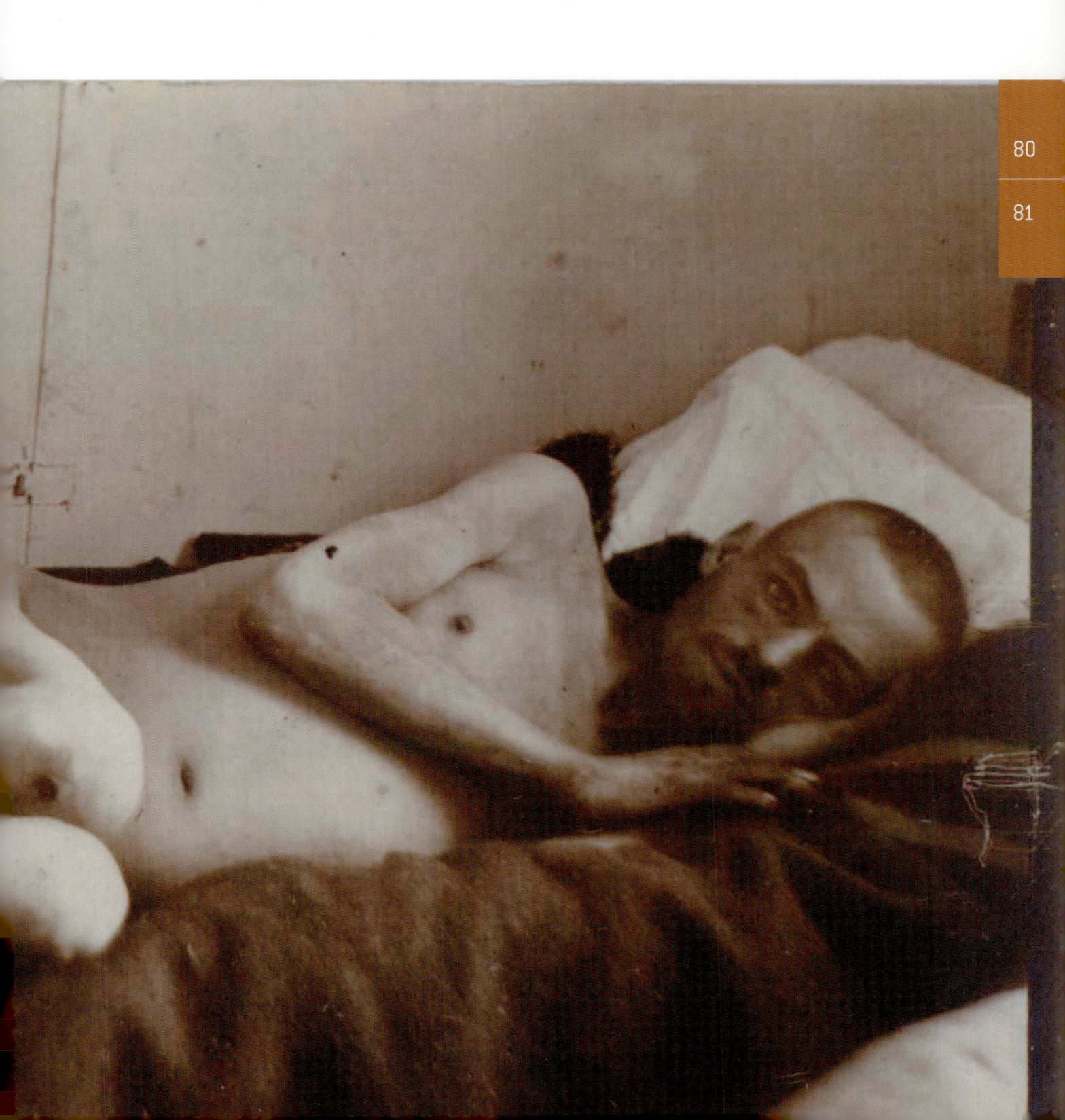

80
81

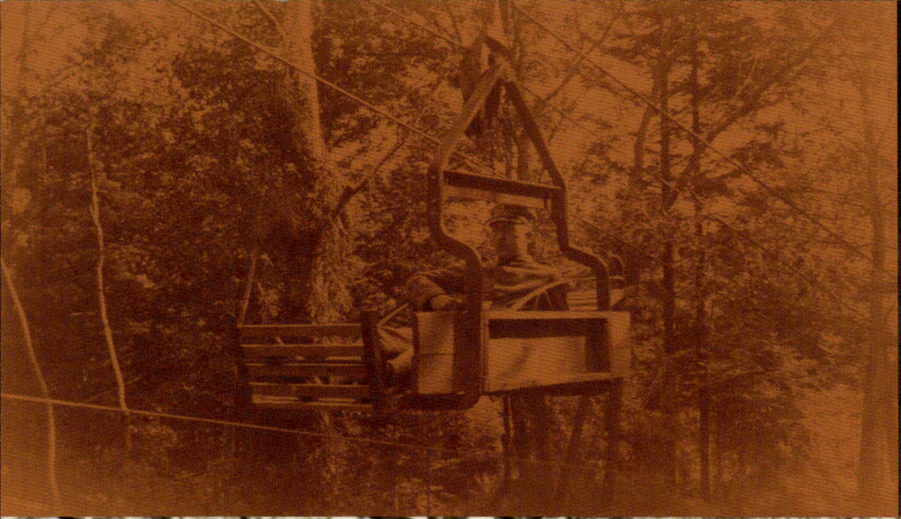

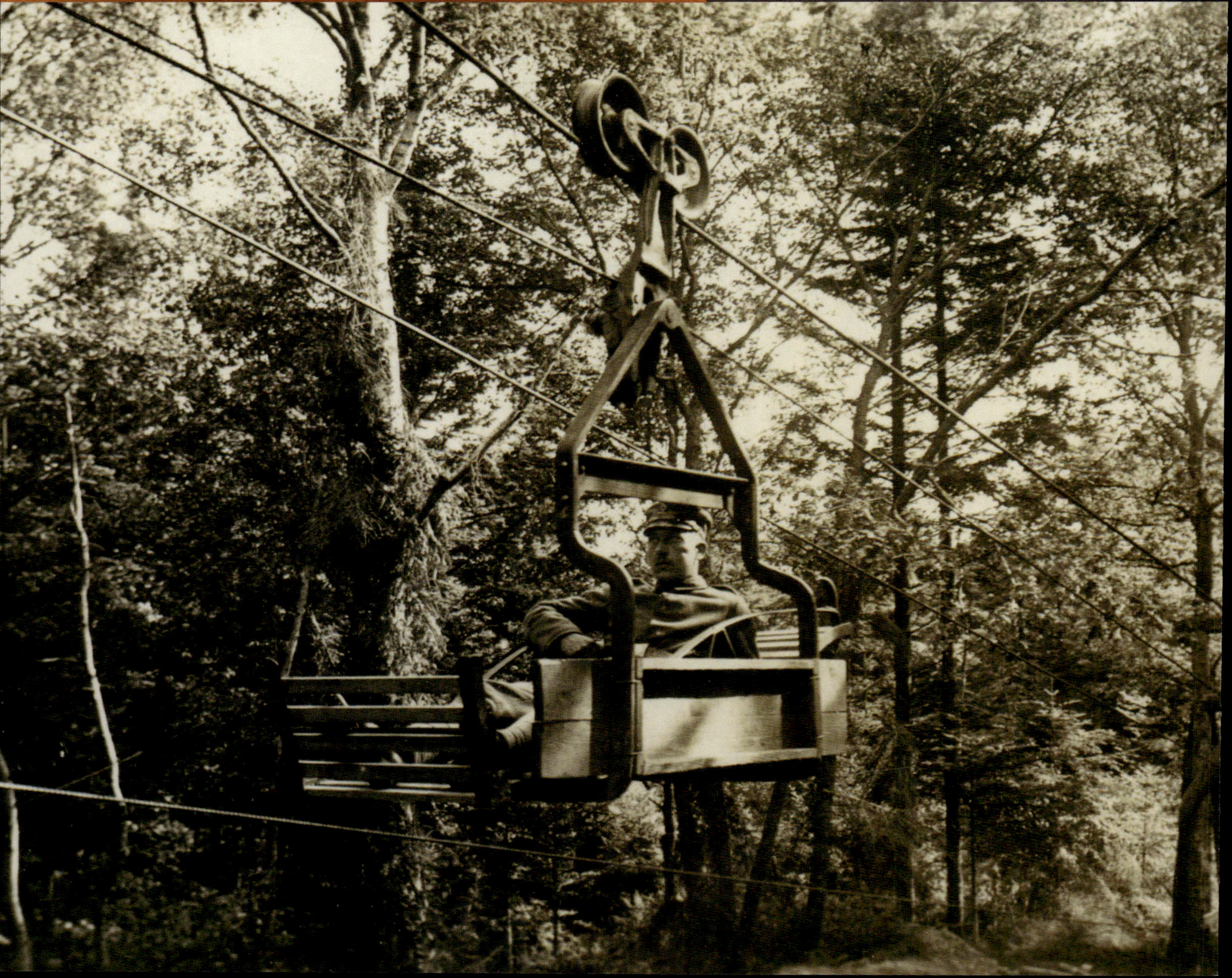

- 5 -

7. Dezember. Meldete mich bei der Division zum Dienstantritt und be-
und bezog mein Quartier in Sulz.

8. " Geografische Orientierungen über Divisonsabschnitt.

9. " Grösserer Gottesdienst und Gelegenheit zur Adventsbeichte in Bühl Res.Jäg.Batl. 8.

10/11. " Besuch der Landw.Feldlazarette 14 u.15.Eröffnung des Soldatenheims in Jungholz.

12. " Gottesdienst in Gebweiler und Bühl.

13. " Erhielt 2 Ponny und kaufte einen Wagen.

14. " Besuch des Lazarettes in Rufach.

15. " Gottesdienst in Ensisheim.161 Mann von I/40 machten ihre Adventsbeichte.

16/17. " Besuch der Truppen in Stellungen(Thierenbach)

18. " Regelung der Gottesdienste und der Gelegenheit zur Adventsbeichte.

19. " Gottesdienst mit Predigt in Bühl und Bollweiler.

20. " Besprechung auf der Et.Kommandantur Gebweiler.

21. " Besuch der Truppen in Stellungen.Während ich auf der Schwebebahn sass nach dem Hartmannsweilerkopf begannen die Franzosen ein grosses Trommelfeuer und zugleich die grossen Kämpfe die am 8.Januar 1916. schlossen.Ein Armierungssoldat war mir behilflich aus einer Höhe von zirka 10 m.von der Schwebebahn herunter zu kommen,die noc in der gleichen Stunde vollständig zerstört wurde.In ein Unterstand hielt ich bis gegen 3 Uhr nachm.das Trommelfeuer aus.

22/24. " Besuche in Lazaretten,Verbandsplätzen und Beerdigungen den ganzen Tag über zum Teil auch in der Nacht.

25. " Festgottesdienst mit Predigt in Gebweiler.35 Mann empfingen die hl.Sakramente.

bis 31. " Der Rest des Monats war ausgefüllt mit Krankenprovisuren in Lazaretten,Briefwechsel für Schwerverwundete,Besuche in Stellungen und sehr viele Beerdigungen.

Sulz,den 31.Dezember 1915.

Kreutz

Divisionspfarrer der 12.Landw.Division.

Personentransport auf der Drahtseilbahn zum Hartmannsweilerkopf im Frühjahr 1915. Hier geriet Kreutz ein halbes Jahr später bei einem französischen Großangriff unter Feuer und konnte sich nur unter dramatischen Umständen retten.

Die Schilderung des Vorfalls am Hartmannsweilerkopf vom 21. Dezember 1915 in Kreutz' amtlichem Tagebuch.

Der Hartmannsweilerkopf

Vom Kampf gezeichnet: 37 französische Gefangene und ihre deutschen Bewacher vom Sturmbataillon 16 beim Hartmannsweilerkopf am 10. November 1917.

Schlachtfeld und Gedenkstätte

Der Hartmannsweilerkopf

Mit einer Höhe von 956 Metern erscheint der Hartmannsweilerkopf seit Dezember 1914 als strategische Schlüsselposition in den Südvogesen. Immer wieder abwechselnd von deutschen oder französischen Truppen erobert, hörten die Kämpfe bis November 1918 nicht auf. Die wichtigsten Gefechte fanden hier im Jahr 1915 statt. Die Besonderheiten des Geländes und des Klimas in dieser Höhe zwangen die Truppen, geeignete Techniken für den Kampf im Gebirge zu entwickeln. Die französischen Gebirgsjäger und die *Diables rouges* des Infanterieregiments 152 standen dem 1915 aufgestellten deutschen Alpenkorps gegenüber.

Von den insgesamt 150.000 Soldaten, die am Hartmannsweilerkopf kämpften, sind etwa 25.000 gefallen. Viele von ihnen ruhen

Zerstörte Natur: Vorfeld der französischen Stellungen beim Hartmannsweilerkopf am 17. Dezember 1915 um 10.45 Uhr.

auf dem Friedhof am Silberloch oder im Beinhaus, wo die Gebeine von annähernd 12.000 unbekannten Soldaten liegen.

Von den französischen Soldaten *Vieil-Armand* genannt, erstreckt sich die Stätte von 300 ha Umfang mit ihren 45 km Wegen und 90 km Schützengräben über die Gemeinden Wattwiller, Hartmannswiller, Soultz, Uffholtz und Wuenheim. 1921 wurde sie zum Historischen Denkmal erklärt, dessen Ausgestaltung rasch seinen Anfang nahm und durch eine nationale Sammlung finanziert wurde. Sogleich nach dem Krieg bildeten sich mehrere Komitees, um ein Nationaldenkmal auf dem Hartmannsweilerkopf zu errichten. 1924 wurde dann das Komitee des Nationaldenkmals durch General Tabouis gegründet und seine Statuten im Vereinsregister niedergelegt. 1932 wurde die Stätte durch den Präsidenten der Republik Albert Lebrun eingeweiht.

Zusammen mit Douaumont, Dormans und Notre-Dame-de-Lorette ist der Hartmannsweilerkopf eines der vier Nationaldenkmäler für den Ersten Weltkrieg in Frankreich. Die Errichtung eines deutsch-französischen Historials an dieser Stätte soll der Versöhnung zwischen unseren beiden Nationen dienen.

Frontverlauf im Juli 1915: Auch im Elsass erstarrte der Kampf zum Stellungskrieg. Beide Seiten suchten die Entscheidung in Nordfrankreich.

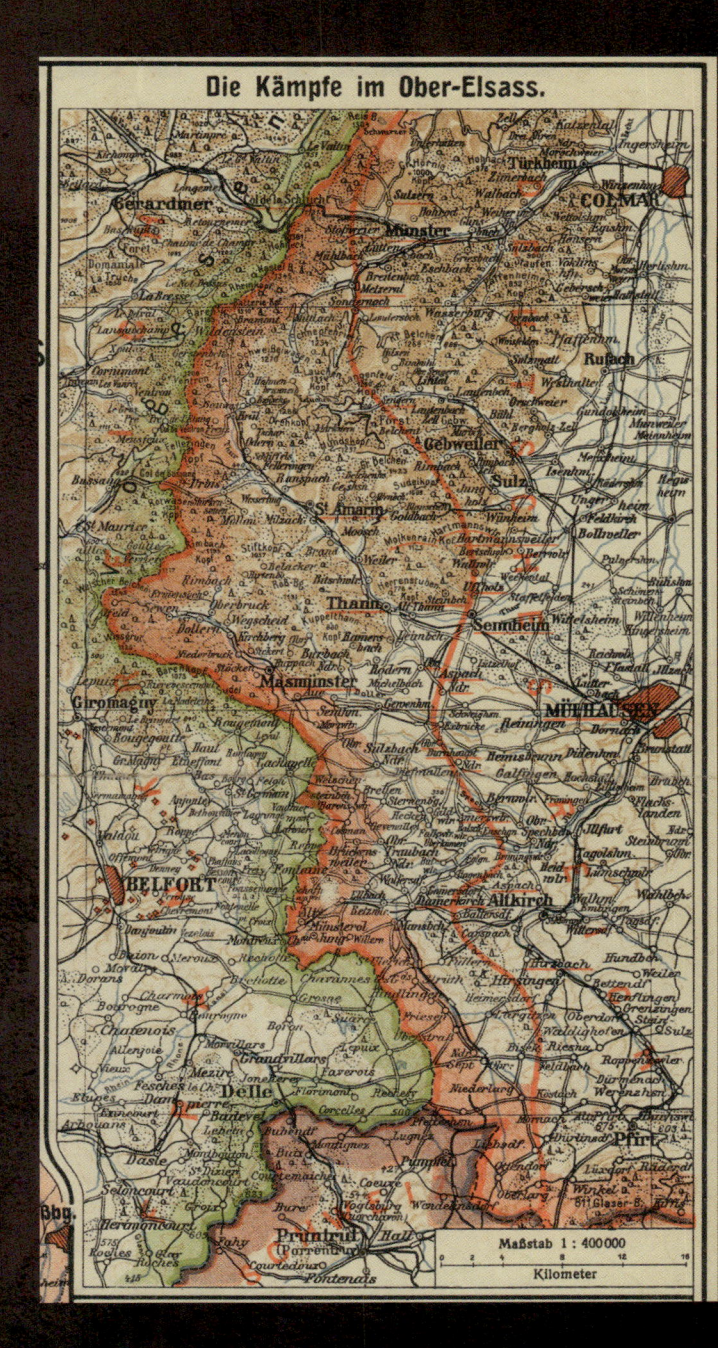

Der Hartmannsweilerkopf

Der Gipfel des Hartmannsweilerkopfes: Schlachtfeld und Gedenkstätte.

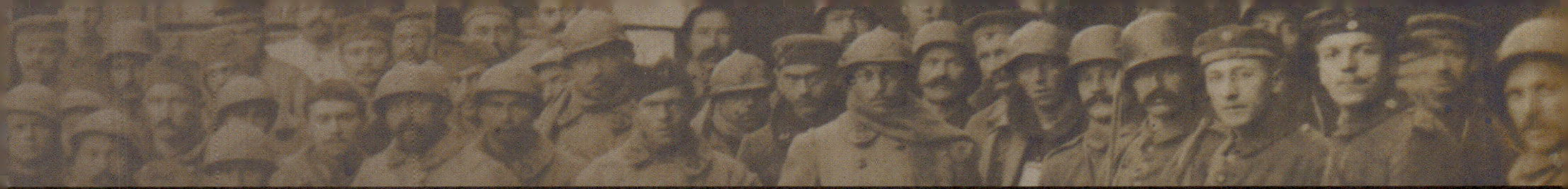

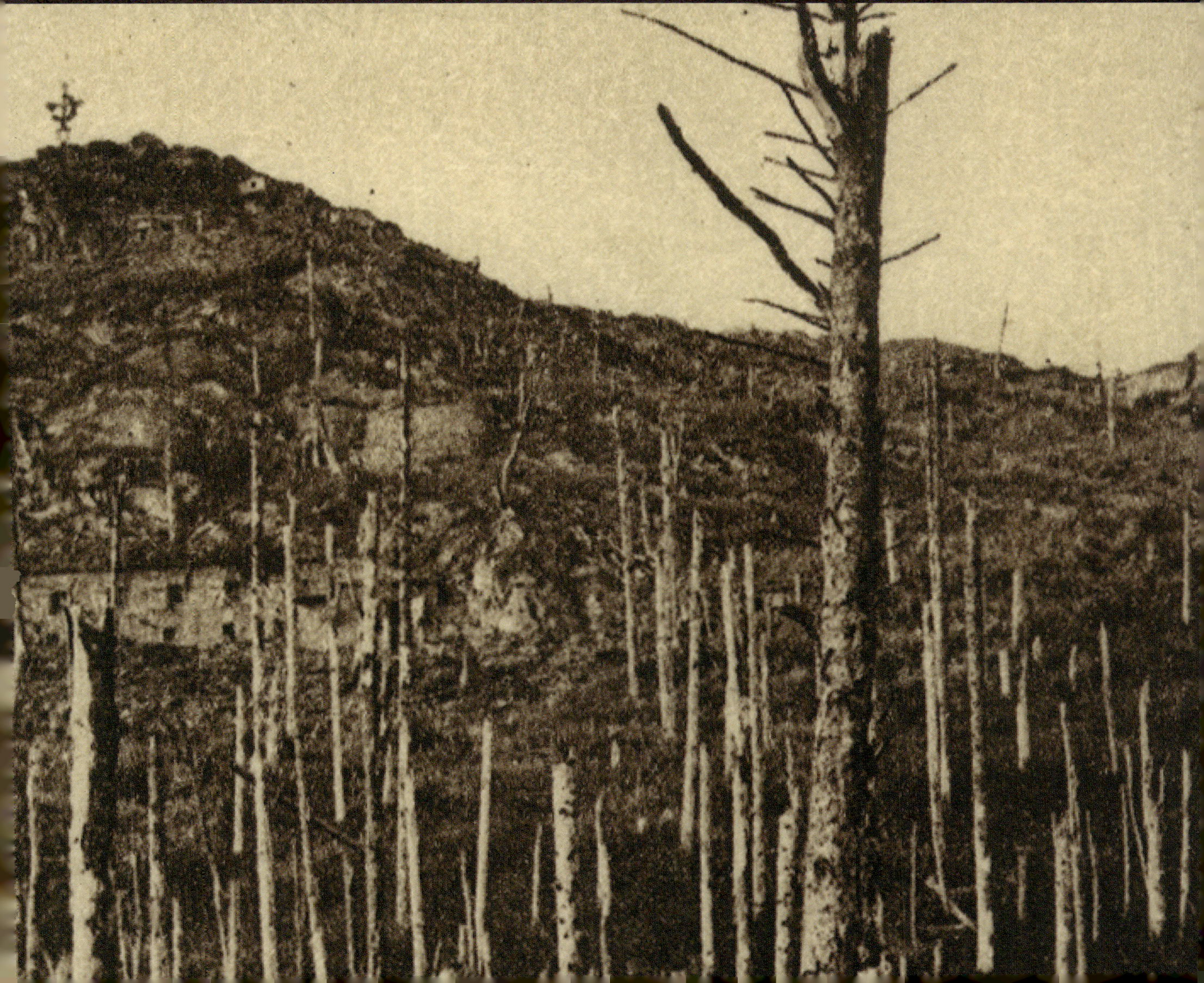

3

Für die Moral der Soldaten wichtig: Besuch Großherzog Friedrichs II. von Baden bei den Truppen der 8. Landwehr-Division in Waldighofen am 8. Juni 1916.

Soldaten

Elsass

Am 28. Juli 1914 werden die ersten deutschen Reservisten in ihre Kasernen gerufen. Drei Tage später ordnet das wilhelminische Kaiserreich den *Zustand drohender Kriegsgefahr* an, womit die normalerweise gültige Verfassung für Elsass-Lothringen, wie sie 1911 oktroyiert worden war, außer Kraft gesetzt und nach den aus dem Jahr 1851 stammenden preußischen Gesetzen der Belagerungszustand verhängt wird. Im *Reichsland* wird eine Militärdiktatur errichtet. Etwa 220.000 Elsässer und Lothringer – konkret die Jahrgänge 1869 bis 1897 – werden im August 1914 unter die deutschen Fahnen gerufen. Auch wenn diese Mobilmachung insgesamt reibungslos abläuft, ist dennoch zu bemerken, dass der deutsche Generalstab große Befürchtungen hinsichtlich der Elsass-Lothringer hegt, von denen einige vor dem Krieg mehr Freiheitsrechte und Autonomie verlangten hatten. Ihre Forderungen sorgten dafür, dass sich die Region hinsichtlich der nationalen Zuverlässigkeit seiner Bevölkerung schwerwiegenden Verdächtigungen ausgesetzt sieht. Zudem gibt es im deutschen Heer eine Freischärler-Psychose in Erinnerung an die französischen Zivilisten, die am Krieg von 1870 teilgenommen hatten. In dieser angespannten Situation erhalten die Männer von mehr als 16 Regimentern bei ihrer Rheinüberquerung den Befehl: *„Ladet Eure Gewehre, ihr seid auf feindlichem Gebiet!"*

Sehr bald ereignen sich auf elsässischem Gebiet die ersten Gefechtshandlungen, und in Joncherey, einem Grenzort des Gebiets Belfort, fallen am 2. August 1914 die beiden ersten Toten des Krieges. Die französische Armee beginnt eine Großoffensive zur Eroberung der *verlorenen Provinz*. Am Abend des 8. August nehmen französische Truppen die Stadt Mulhouse ein. Am 14. August betreten französische Soldaten Colmar. Am 16. August erreichen sie Schirmeck. Infolge der Niederlagen von Sarrebourg und Morhange im annektierten Lothringen und angesichts des Durchbruchs des deutschen Heeres in Nordfrankreich ordnet der französische Generalstab jedoch den Truppenrückzug an. Dieser tritt am 23. August 1914 in Kraft. Die französischen Truppen ziehen sich an den Fluss Meurthe, den Bonhomme-Pass, auf Thann und auf Positionen 15 km südlich von Mulhouse zurück. In den Kantonen von Thann, Saint Amarin, Cernay, Masevaux, Munster, Altkirch, Dannemarie und Hirsingue bleiben 91 Gemeinden mit mehr als 62.000 Einwohnern im Herrschaftsbereich der Armee der französischen Republik. Dieses Elsass wird unter die Kontrolle der Militärverwaltung gestellt. Im September 1914 stabilisiert sich der Frontverlauf fast an der ehemaligen Grenze und verändert sich bis in den November 1918 nicht mehr. Dennoch finden zwischen Januar und Dezember 1915 äußerst heftige Kämpfe am Lingekopf, beim Tête des Faux (Buchenkopf) und auf dem Hartmannsweilerkopf statt – es geht um die Beherrschung der Berghöhen, die für die Kontrolle der Täler von Fecht und Weis notwendig sind.

Während der ersten Kampfhandlungen wird die Zivilbevölkerung zum Opfer von Übergriffen und Repressalien. Das bei Mulhouse liegende Bourtzwiller wird am 15. August von der deutschen Armee angezündet, die damit auf den den Franzosen bereiteten freundlichen Empfang reagiert, sechs Zivilisten werden hingerichtet. Ein anderes Beispiel ist Saint-Maurice im Villé-Tal: Dort nimmt das bayerische Reserve-Infanterie-Regiment 14 an, von Freischärlern angegriffen zu werden und eröffnet das Feuer auf die Ortschaft, die daraufhin teilweise in Brand gerät, mehrere Tote sind zu beklagen. Angesichts dieser Vorgehensweise

SOLDATEN

Baden

Mit der Generalmobilmachung der europäischen Großmächte Anfang August 1914 setzte sich eine quantitativ wie qualitativ bislang nicht vorstellbare Kriegsmaschinerie in Gang, die von Anfang an auf den neuen Charakter der Auseinandersetzung als Massenkrieg hindeutete. Über verschiedene Militärreformen war im Deutschen Reich wie auch in anderen Ländern eine zahlen- wie materialmäßig deutliche Aufrüstung der Landstreitkräfte erreicht worden. Zu Kriegsbeginn umfasste das deutsche Heer mit seinen aktiven Teilen, der Reserve, dem Landsturm und der Landwehr ca. 4,9 Millionen, das französische Heer ca. 3,7 Millio-

Die ersten Freiwilligen zur Befreiung des Elsass' aus deutscher Hand melden sich bei der französischen Armee, angefeuert von der Personifikation des Elsass' und Rouget de Lisle mit der Marseillaise, das Straßburger Münster als Ziel vor Augen: französische Propagandapostkarte 1914.

Elsass

und der öffentlichen Stimmung nach der Zabern-Affäre entscheiden sich einige Elsass-Lothringer zur Desertion. Bei Kriegserklärung überqueren 3.000 zur Mobilmachung einberufene Personen die Grenze und vermeiden damit das Tragen der deutschen Uniform. Ein Teil derselben tritt direkt in die französische Armee ein. Andere, die sich zwischen Frankreich und Deutschland nicht entscheiden können, wollen für sich den Krieg einfach nur rasch beenden und ihr Leben retten. Das trifft auch auf die Soldaten des deutschen Reserve-Infanterie-Regiments 99 zu, das zu 4/5 aus elsässischen Soldaten besteht: Sie laufen am 14. August 1914 in Saint-Blaise zu den französischen

Der Krieg tobt auch in der Luft: Trümmer eines beim Fliegerangriff auf Mülhausen und den Flugplatz Habsheim am 18. März 1916 abgeschossenen französischen Flugzeugs mit der Leiche von Lieutenant Floch, dem Führer der Escadrille M.F. 29 aus Belfort.

Baden

nen Mann. Diese massenhafte Rekrutierung setzte sich über die Dauer des Krieges fort. Bis Ende 1918 hatte Deutschland nahezu 13 Millionen (19% der Gesamtbevölkerung) und Frankreich etwa sieben Millionen Soldaten (18% der Gesamtbevölkerung) einberufen.

Nicht alle von ihnen fanden Verwendung bei den kämpfenden Einheiten. Denn solche Massenheere, zumal unter den Bedingungen industrieller Kriegsführung, erforderten eine ausgeklügelte militärische Organisation hinter den Frontlinien und damit bürokratische Strukturen, die – aus Sicht der Frontsoldaten – vielen *Drückebergern* ein bequemes, weil weitgehend ungefährliches Etappenleben eröffneten. Im Fokus standen dabei Vorwürfe gegen die Deutschen jüdischen Glaubens, geschürt von antisemitischen Kreisen. Die von ihnen 1916 veranlasste sogenannte *Judenzählung* im deutschen Heer, deren Ergebnisse allerdings erst 1922 publik wurden, widerlegte eindeutig die Behauptungen der völkischen Propagandisten. Tatsächlich waren proportional genauso viele Deutsche jüdischen Glaubens zum Kriegsdienst eingezogen worden und an der Front zum Einsatz gekommen bzw. gefallen wie Deutsche nicht-jüdischen Glaubens.

Zu Hunderttausenden zählten die Soldaten, die im logistisch-administrativen Bereich für den Nachschub an Menschen, Tieren, Waffen und Verpflegung zu sorgen hatten. Zu diesem Zweck wurde im Hinterland der Front wie auch in der Heimat selbst ein dichtes Netz von Hauptdepots, Lagern, Verbandsplätzen, Lazaretten, Instandhaltungseinrichtungen für Ausrüstungs- und Monturgegenstände sowie Versorgungseinrichtungen wie Feldpostämter, Feldbäckereien und -metzgereien errichtet. Das in den heimischen Garnisonen Dienst tuende Heer umfasste allein fast ein Drittel des Gesamtpersonalbestandes der Armee. Für die entsprechende Infrastruktur in Baden war das in Karlsruhe zurückbleibende Stellvertretende Generalkommando des XIV. Armeekorps zuständig.

Insofern spiegelt das bis heute präsente, durch die Schlacht um Verdun geprägte Bild des Soldaten im Ersten Weltkrieg nur einen Ausschnitt der militärischen Realität dieser Zeit wider, auch wenn es wie kein anderes als Metapher für die Grausamkeit und Sinnlosigkeit der Urkatastrophe des 20. Jahrhunderts hartnäckig Bestand hat. Allerdings waren die größten deutschen Verluste nicht im Stellungs- und Grabenkrieg zu verzeichnen, sondern im Bewegungskrieg der ersten Monate an der Westfront und an der gesamten Ostfront, die über die Dauer des Krieges kein Erstarren und kein monatelanges Eingraben ganzer Armeen kannte. Während in dieser frühen Phase die Soldaten hauptsächlich durch Treffer im Bereich des Rumpfs ums Leben kamen, wurde im späteren Grabenkrieg der Kopfschuss charakteristisch. Da sich die Armeeführung hauptsächlich für die noch einsatzfähigen Männer, nicht aber so sehr für die Toten, Verwundeten und Vermissten interessierte, sind exakte Verlustziffern oft schwierig zu belegen. Nur für das erste Kriegsjahr führt die offizielle deutsche Statistik Verluste in Höhe von ca. 665.000 Mann an. Insgesamt beklagte Deutschland über zwei Millionen und Frankreich etwa 1,4 Millionen Gefallene. Die Verluste, die die badischen Truppen auf den Schlachtfeldern erlitten, entsprachen mit 62.677 Toten bzw. 5,9% der männlichen Bevölkerung dem Reichsdurchschnitt. Die Anzahl der Verwundeten war mehr als doppelt so hoch.

SOLDATEN

Elsass

Ein kleiner Teil des Elsass' kann von französischen Truppen erobert und gehalten werden: Barrikade in Montreux-Vieux.

Truppen über, nachdem sie sich im Gefecht durch das Schwenken von weißen Taschentüchern bemerkbar gemacht haben. Ein Teil der etwa 500 *Gefangenen* verlassen die Front sogar unter Absingen der Marseillaise.

Diese Gesinnung wird durch eine große Anzahl von Zeugen bekräftigt, die in ihren Kriegstagebüchern Ende August 1914 Folgendes schreiben, wie z.B. Philippe Husser, Lehrer aus Mulhouse, unter dem Datum vom 31. August 1914: *„Aber warum hat man denn solche Angst vor den Deutschen? Dies muss an den Straßenkämpfen liegen, in deren Verlauf die deutschen Soldaten auf die Bevölkerung sehr wenig Rücksicht genommen haben. Das verstehe ich immer noch nicht. Dabei sind die Mülhausener überhaupt keine schlechten Kerle. Warum sollte also die Bevölkerung für die Verbrechen zahlen, die einige Hitzköpfe begangen haben? Elsass-Lothringen ist doch kein Feindesland! Man kann sagen, dass sich die Bevölkerung anlässlich der Mobilmachung vorbildlich verhielt. Nicht jede Form von Gewalt und drastische Maßnahme lässt sich vermeiden. Es ist aber bedauerlich, dass man allmählich die eigenen Soldaten fürchten muss. Das Standrecht wird*

Baden

Schon nach wenigen Monaten verfestigte sich im Westen der Frontverlauf so, wie er weitgehend den ganzen Krieg über Bestand haben sollte. Selbst mit hohem Materialaufwand und unter Aufbietung ganzer Armeekorps betriebene Offensiven konnten die starre Front nicht mehr aufbrechen. Der Stellungskrieg produzierte auf beiden Seiten ausgeklügelte Grabensysteme in mehreren Linien mit festen Unterständen, in denen sich das tägliche Leben der Soldaten abspielte. Auch wenn Großangriffe eher selten waren, war in der relativen Sicherheit des Schützengrabens der Tod dennoch allgegenwärtig. Selbst in vermeintlich ruhigen Zeiten machten v.a. englische Scharfschützen (Snipers) Jagd auf Unvorsichtige, die sich über die Brüstung beugten oder sich im offenen Gelände zeigten. Nachts durchquerten zahlreiche Stoßtruppunternehmen das Niemandsland zwischen den Fronten mit dem Ziel der eigenen Aufklärung und vor allem dem, die vordersten Linien des Gegners zu attackieren. Während die Engländer und Franzosen die Entwicklung von Panzerfahrzeugen vorantrieben, die die Stellungen der Deutschen durchstoßen sollten, formierten diese besonders ausgebildete und ausgerüstete Sturmbataillone, die als Eliteinfanterieeinheiten das gegnerische Grabensystem aufbrechen sollten. Von den dabei ausgefochtenen Nahkämpfen berichtete u.a. der Träger des Pour-le-Mérite-Ordens Ernst Jünger in seinem 1920 erschienenen umstrittenen autobiographischen Werk *In Stahlgewittern*. Für die extremen Kampfgebiete in den Alpen wurden spezielle Gebirgsjägertruppen aufgestellt, die ebenso wie die Sturmtruppen auch am berühmt-berüchtigten Hartmannsweilerkopf im Oberelsass zum Einsatz kamen.

Charakteristisch war, dass sich Zonen intensiver Kämpfe abwechselten mit Gegenden, an denen über Monate kein Schuss fiel, ja wie im Prinzip der kommunizierenden Röhren unausgesprochene aber informell wirksame kurzzeitige Nichtangriffsvereinbarungen existierten. Die mittleren Vogesen waren ein solches Frontgebiet, im dem kaum kriegerische Aktivitäten stattfanden. Doch auch an solchen Orten waren Vorsicht und stete Aufmerksamkeit Tugenden, die allen Frontsoldaten die Chancen aufs Überleben steigerten. Weitgehend macht los waren sie jedoch der prägenden Destruktionskraf des Weltkriegs, der Artillerie, ausgesetzt, der weit meh als die Hälfte der Menschenverluste zuzuschreiben ist Besonders gefürchtet war hierbei der Artillerievolltreffer, der vom Soldaten keine Spur zurück ließ, nicht ein mal ein Grab. Gerade das Ausgeliefertsein an anonyme Gewalten wie Granaten, Mörser und Kanonen, an Giftgas und an die sporadischen Angriffe aus der Luft, machte aus dem Töten und Sterben auf beiden Seiten der Front ein anonymes Geschehen, in dem die Soldaten eher als Opfer litten, denn sich selbst als Täter wahrnahmen. Die permanente Bedrohung, die Phasen heftiger Kämpfe mit tagelangem Artilleriebeschuss, die mit Wochen un säglicher Langeweile und Nichtstun abwechselten, das ungewohnte und ungesunde Leben in den Schützengräben und Unterständen, der glühenden Sonne, wochenlangem Regen, klirrender Kälte und den Milliarden vor Läusen nahezu schutzlos ausgeliefert, die tagelanger Gewaltmärsche sowie die prekären hygienischen und Ernährungsverhältnisse lasteten schwer auf der psychischen wie physischen Verfassung der Soldaten. De durch diese Umstände verursachte Krankenstand er reichte trotz verbesserter medizinischer Versorgung beunruhigende Dimensionen. So mussten in deutscher

Elsass

mehr oder minder streng angewandt. Auch hier fürchtet man die Deutschen sehr. Ich fühle mein Herz bluten, wenn ich ihre Geschichten höre. Ich möchte den Deutschen gerne zurufen: ‚Ihr begeht einen Fehler, indem ihr jedermann antideutscher Gefühle verdächtigt. Hört auf, die Leute zu terrorisieren'."

Die Propaganda des Deutschen Reichs stellt angesichts dieser Meinungsäußerungen die Tatsache in den Vordergrund, dass sich 8.000 Elsass-Lothringer freiwillig für den Dienst in der wilhelminischen Armee gemeldet hätten. Hinter dieser Zahl verbergen sich jedoch zwei völlig gegensätzliche Verhaltensweisen, die sich durch zwei exemplarische Fälle verdeutlichen lassen. Im Gegensatz zu Charles Rudrauf, der seinen Eltern schreibt, „*ich riskiere nicht viel, denn es ist ein Grundsatz des Bataillons, Elsässer nicht an die vorderste Front zu schicken*", lässt sich beim nachmaligen Schriftsteller Paul Ettighoffer das Porträt eines der deutschen Armee zutiefst verbundenen elsässischen Freiwilligen nachzeichnen: Der in Colmar im Jahr 1896 in einer alteingesessenen elsässischen Familie geborene Ettighoffer studiert am Jesuitenkolleg in Mons (Belgien). Er meldet sich zu Kriegsbeginn im Alter von gerade 18 Jahren als Freiwilliger, wird gegen Ende des Jahres 1914 von der französischen Artillerie – noch bevor er selbst in die Kämpfe eingreifen kann – in den hinteren deutschen Frontlinien durch einen Schuss verletzt. Im Frühjahr 1915 kehrt er an die Front zurück und bewährt sich in der ersten großen Offensive in der Champagne. Im Anschluss an eine Ausbildung zum Eliteschützen versetzt man ihn im Mai 1916 an die Ostfront. Diese Maßnahme ist die Folge einer am 15. März 1915 vom preußischen Kriegsminister getroffenen Entscheidung, sämtliche aus dem Elsass und dem Moselgebiet stammenden Soldaten an die Ostfront zu verlegen. Als Ettighofer 1917 an die französische Front zurückkehrt, kommandiert er die 7. Kompanie des Reserve-Infanterie-Regiments 258 im Abschnitt von Verdun. Nach der Beförderung zum Leutnant steigt er zum Anführer eines *Stoßtrupps* auf und erhält mehrere Auszeichnungen, wird dann aber schwer verwundet und gerät am Ende der deutschen Marne-Offensive im Sommer 1918 in Kriegsgefangenschaft.

Die diskriminierenden Sonderregelungen betreffen sämtliche mobilisierten Elsass-Lothringer, auch die Treuesten des wilhelminischen Reichs. Ab dem Jahr 1915 werden den aus den militärischen Operationsgebieten stammenden Soldaten – dies betrifft also fast das gesamte Reichsland – die Genehmigung von Urlaubsanträgen verweigert. Im März des selben Jahres wird zwischen dem Elsass und der Schweiz eine drei Meter hohe, unter Hochspannung stehende Stacheldrahtgrenze angelegt, die Fluchtbewegungen verhindern soll, und man setzt einen ersten vertraulichen Bericht des Generals von Mandel in die Praxis um, der folgende Überschrift trägt: "*Die Entfernung politisch zweifelhafter Elsässer und Lothringer aus den im Westen stationierten Truppen.*" Die zunehmende Zahl von Desertionen und individuellen oder kollektiven Gehorsamsverweigerungen verhindert man damit nicht. Der aus Straßburg stammende Charles Voegele beispielsweise, Maat auf dem kaiserlichen Unterseeboot U 20, verweigert am 7. Mai 1915 die Weitergabe des Befehls zur Versenkung des britischen Passagierdampfers Lusitania und weist darauf hin, dass es ein Passagierschiff ist. Nachdem er von seinen Funktionen entbunden wurde, führt man den Befehl dennoch aus und mehr als tausend Passagiere sterben beim Untergang des Schiffes. Charles Voegele wird wegen seines Verhaltens zu drei Jahren Fes-

SOLDATEN

Baden

Für den Stellungskrieg werden neue Waffen benötigt: Übung mit verschiedenen Typen von Flammenwerfern am 22. Juni 1916 bei Largitzen.

Elsass

tungshaft verurteilt. In größerem Maßstab sind es mehrere tausend Elsass-Lothringer, die am 13. Mai 1918 im belgischen Lager Beverloo – nach ihrem Abzug von der russischen Front in der Folge des Friedens von Brest-Litowsk und vor ihrer erneuten Verlegung an die Frankreichfront – die Befehle verweigern. Die französischen Militärbehörden profitieren von diesen Desertionen und begünstigen sie. In diesem Zusammenhang wurde bereits am 5. August 1914 ein Gesetz beschlossen, das sämtlichen Elsass-Lothringern durch Eintritt in die französische Armee automatisch die französische Staatsbürgerschaft ermöglicht. 17.650 Elsass-Lothringer treffen diese Entscheidung, darunter 1.650 Kriegsgefangene und Deserteure, die zuvor in deutscher Uniform gedient haben. Außerdem wird etwa 20.000 elsässisch-lothringischen Kriegsgefangenen in den Lagern von Saint Rambert, Lourdes und Monistrol eine Vorzugsbehandlung zuteil: Sie dienen auf diese Weise der Propaganda für ein Elsass-Lothringen, das nur darauf wartet, wieder französisch zu werden.

Bis zum Ende des Ersten Weltkriegs finden von den insgesamt 350.000 von der deutschen Armee mobilisierten Elsass-Lothringern 50.000 den Tod, 150.000 werden verwundet, darunter sind 25.000 spätere Kriegsinvaliden. Neben dieser katastrophalen Bilanz im Hinblick auf die Menschenleben sind zudem zahlreiche materielle Schäden in einer Region zu beklagen, die mehr als vier Jahre an der militärischen Frontlinie lag: Man registrierte im Elsass 77.000 Hektar verwüstetes Land und mehr als 18.000 zerstörte Häuser.

Philippe Tomasetti

Nicht nur die Menschen, sondern auch Millionen Pferde sowie Hunde und Brieftauben kommen zum Kriegseinsatz: Einige werden jedoch bei der Meldehundestaffel in Wasenweiler im Juni 1918 glücklicherweise für *unbrauchbar* erklärt.

Baden

Kriegslazaretten annähernd gleichviele Magen-Darm-Erkrankungen behandelt werden wie kriegsbedingte Verwundungen und rund ein Sechstel der in der deutschen Armee gestorbenen Soldaten fiel einer Krankheit zum Opfer. Durch das häufige Verschieben von Einheiten, dem Austausch ganzer Armeen und durch den Wechsel von Fronteinsatz, Reserve- und Ruhestellung suchten alle Heeresleitungen, den Truppen die nötigen Erholungsphasen zu gewähren und zugleich einer ungesunden Routine und dem *Schlendrian* entgegen zu wirken. Die Lage der deutschen Armee war dabei besonders prekär, da sie mit wechselnden Schwerpunkten einen Zwei-Fronten-Krieg im Westen und Osten zugleich führen musste.

Keinen ließen diese neuen Erfahrungen unberührt. Das permanente Leben am Rande des Grabes förderte eine neue Religiosität zu Tage, die sogleich als zivilisationskritische Legitimation des Krieges im Sinne einer *Reinigung des Volkskörpers* instrumentalisiert wurde. In zahlreichen der etwa 28,7 Milliarden allein in Deutschland beförderten Feldpostbriefe und Karten, die durchaus als authentische Zeugnisse von Kriegsalltag und Kriegserfahrungen gelten können, kommt diese neue Innerlichkeit zum Ausdruck. Weit stärker wuchsen jedoch auf der anderen Seite mit den Kriegserlebnissen, mit der gleichsam unendlichen Dauer des Krieges, der Wunsch nach Frieden gleich welcher Art, aber auch die Unzufriedenheit mit den Kriegsverantwortlichen und den *Kriegsgewinnlern*, für die Tausende täglich an den Fronten verbluteten. Dass die Soldaten dennoch aushielten, dass Befehlsverweigerung, Meuterei und Fahnenflucht zahlenmäßig kaum ins Gewicht fielen, mag an den durch die Kriegsmaschinerie verwüsteten und zerstörten Landstrichen, Städten und Dörfern liegen. Ein ähnliches Schicksal ihrer Heimat, ihren Familien und Angehörigen zu ersparen, dürfte wohl für viele Soldaten das wichtigste Motiv für ihr Ausharren und ihre Widerstandsfähigkeit geliefert haben. Zum offen Aufstand und zur Revolution kam es erst, als sich im November 1918 die durch jahrelanges Warten demoralisierten Matrosen der Hochseeflotte weigerten, einen letzten selbstmörderischen Einsatz gegen England durchzuführen.

Als die Soldaten 1918 geschlagen in die Heimat zurückkehrten, waren sie in erster Linie natürlich froh, der neuen Gewalt des industriellen Krieges annähernd heil entkommen zu sein. Hunderttausende waren jedoch traumatisiert von der erfahrenen menschenverachtenden Gewaltbereitschaft, die in gewisser Weise die Gewaltbereitschaft bei den kommenden politischen Auseinandersetzungen vorwegnahm.

Kurt Hochstuhl

31. Januar

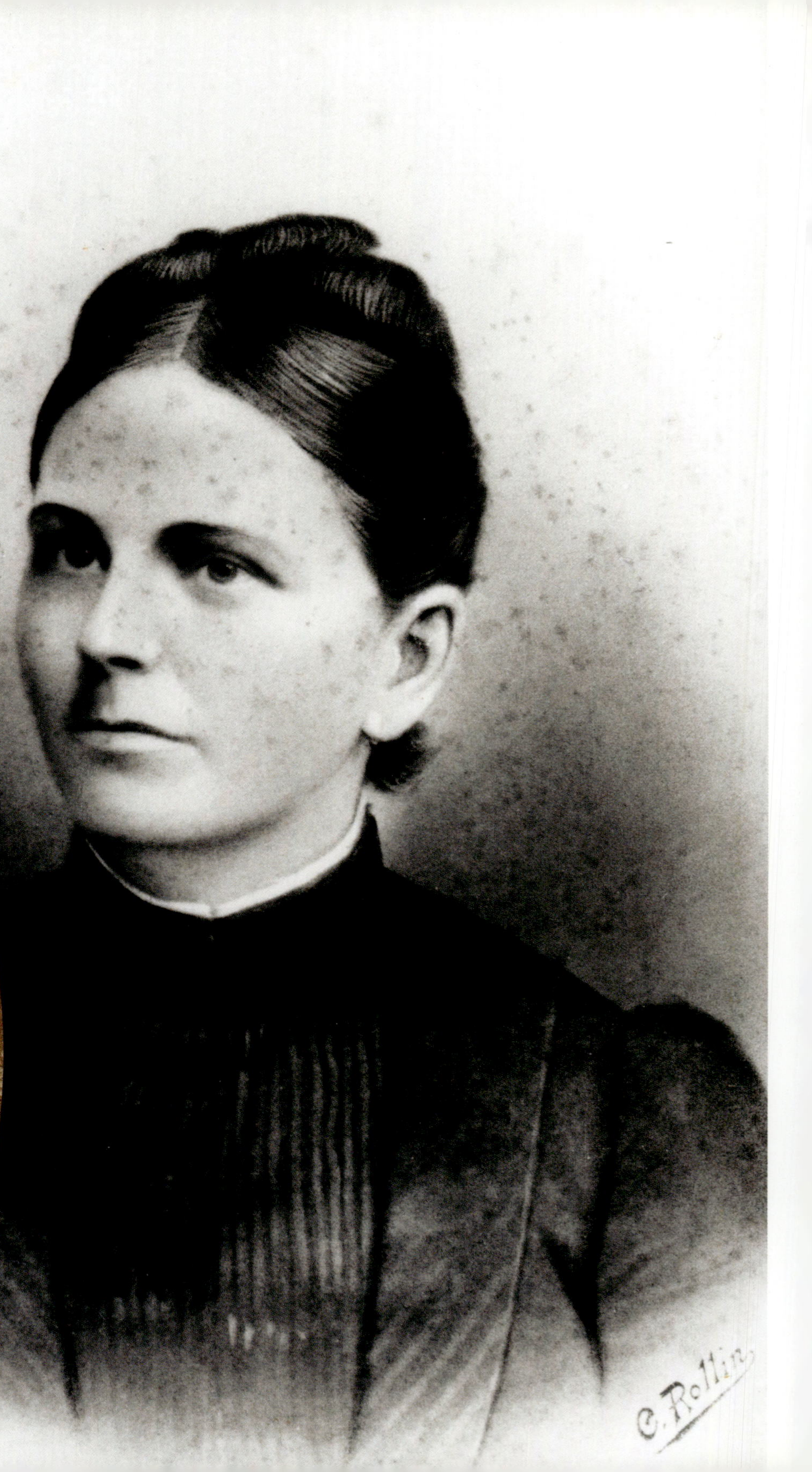
C. Rollin

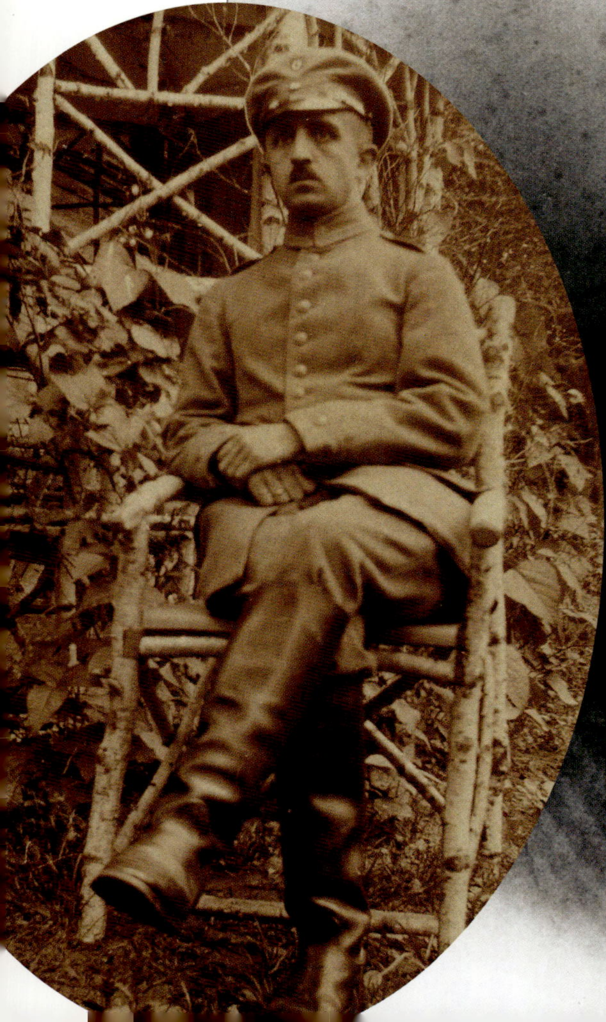

SOLDATEN

Mutter und Sohn

Marie und Henri Eschbach
Mutter und Verwaltungsbeamter
23.2.1856 – 4.10.1931 und 22.1.1885 – 18.9.1972

„Im Falle meines Todes bitte ich, dieses Buch an die Witwe von Ig. Eschbach in Ingersheim, Oberelsass, als letzte Erinnerung an die Liebe eines Sohnes zu übergeben."

(Eintrag in Französisch, Deutsch und Englisch auf der ersten Seite des Kriegstagebuchs von Henri Eschbach)

Die Mutter Marie Eschbach führte ein detailliertes Kriegstagebuch, in dem sie die Namen der in ihrem Haus einquartierten Soldaten, Informationen über Gefechte und Verluste an Menschenleben notierte.
Der Sohn Henri Eschbach schrieb von der Ostfront zahllose Briefe an seine Familie

Nach dem Studium der Rechtswissenschaften in Straßburg wurde Henri Eschbach 1913 Notar in Colmar. 1914 wurde er zum ersten Mal als Soldat eingezogen, erhielt jedoch eine medizinisch begründete Freistellung. Trotzdem wurde er 1915 als ziviler Verwaltungsfachmann an die russische Front versetzt, von wo er im November 1918 ins Elsass heimkehrte. Während dieser ganzen Zeit unterhielt er eine sehr regelmäßige Korrespondenz mit seiner Familie, besonders aber mit seiner Mutter. In seinen von den Militärbehörden vorschriftsmäßig *geprüften* Briefen beriet Henri u.a. seine Mutter in Steuerangelegenheiten, berichtete über den Besuch eines Freundes und über ihre gemeinsamen touristischen Unternehmungen in Russland. Er schickte ihr und seiner Schwester Léna Geschenke: Teller und Geschirrtücher mit russischen Motiven. Sie versorgten ihn mit Lebensmitteln, Schokolade, Bonbons und Büchern.

Nach dem Krieg wurde Henri Präsident des Verwaltungsgerichtshofes von Elsass-Lothringen. Er kümmerte sich um die Einführung des französischen Rechts und nahm an einer Kommission zur Rechtsvereinheitlichung teil. 1933 wurde er zum Ritter, 1947 zum Offizier der Ehrenlegion ernannt. Als guter Freund von Robert Schuman half er ihm 1942 bei seiner Flucht aus deutscher Gefangenschaft. Während der Besatzungszeit war er seines Amtes enthoben, kehrte jedoch von 1945 bis 1953 auf seinen Posten beim Verwaltungsgerichtshof in Straßburg zurück und stieg bis zum Staatsrat auf.

LBW

Das zivile Krankenhaus von Kobryn (Weißrussland), in dem sich Henri 1916 aufhielt.

Kobryner Skandal-

Illustr. Soldatenblatt

§ 11

Sylvester Nummer

Verantwortl. Schriftleiter:

Montag, den 31. Janu[ar]

Henri schickte viele Dokumente an seine Familie (die Soldatenzeitung von Kobryn, Konzertprogramme, an denen er manchmal teilnahm), um ihr zu beweisen, dass „*Kobryn nicht am Ende der Welt liegt.*"

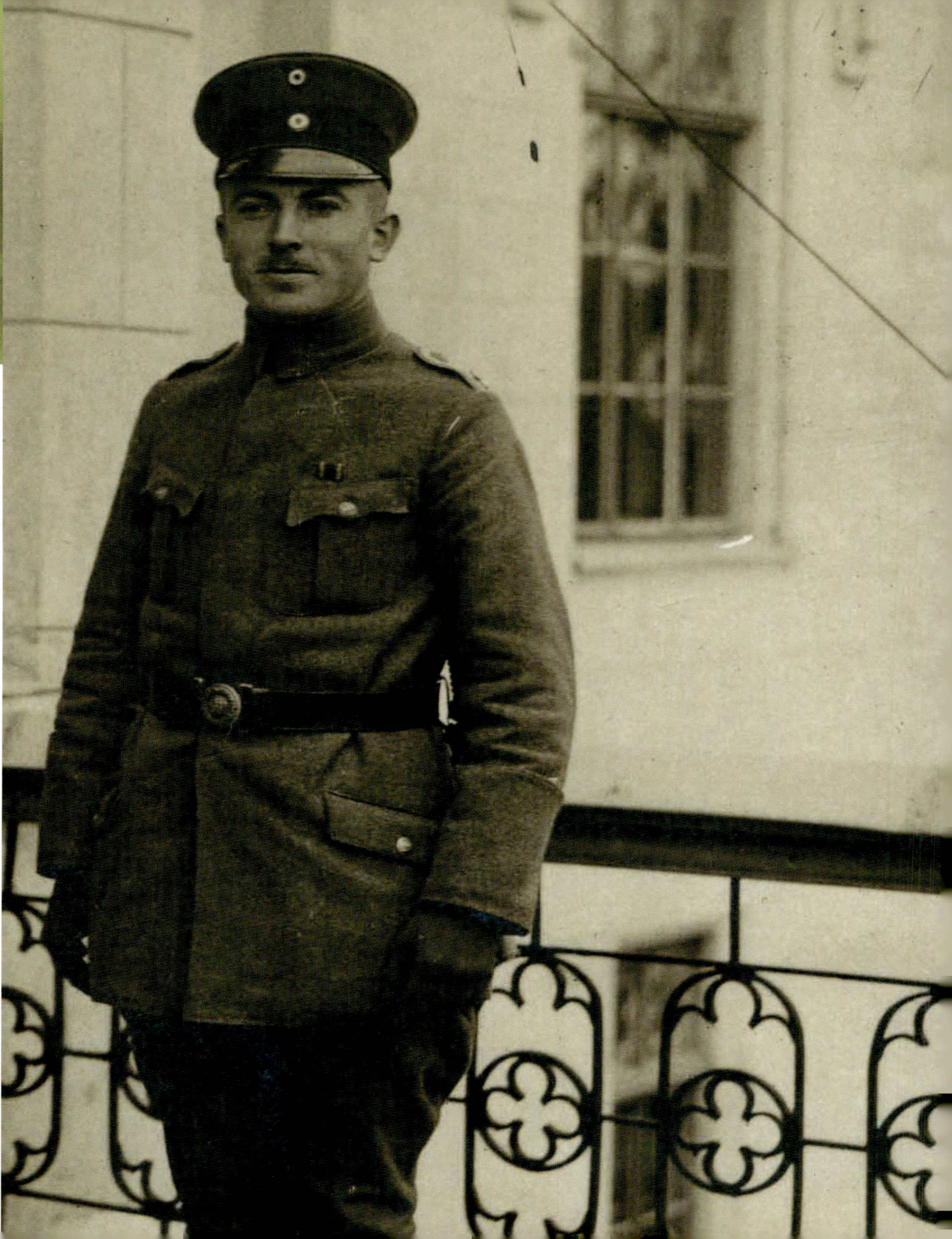

SOLDATEN

Desertieren

Xaver Franz Strauß
Fliegeroffizier
Geboren am 13.7.1894

„Er [Strauß] sagte zu mir, ich solle jetzt das Tor aufmachen, damit er rauskönne. Ich tat dies, und als der Offizier draußen war, sagte er: Danke."

(Aussage von Landsturmmann Theodor May über die Geschehnisse am Feldtor zwischen Wenzweiler und Schönbuchmühle bei Basel am 12./13. August 1918 zwischen 12 und 1 Uhr nachts)

An das Armeeoberkommando B am 11. September 1918 übersandtes Foto zur Identifikation von Strauß nach seiner Ankunft in der Schweiz.

Der in Heimsbrunn geborene deutsche Fliegeroffizier Xaver Franz Strauß war im August 1914 zunächst zur Festungskompanie 112 eingezogen worden. Während der folgenden vier Jahre übernahm er verschiedene Posten und war im August 1918 an der Fliegerschießschule von Asch in Belgien tätig. Auf seinem Heimaturlaub vom 23. Juli bis 1. August 1918 hatte er seine Familienangehörigen in Mülhausen besucht, die dort als Flüchtlinge lebten. Am 13. August präsentierte er sich jedoch bei der schweizer Grenzwache in Schönenbuch und erklärte, er sei mit dem Fahrrad von Mülhausen gekommen und wolle zum französischen Konsulat gebracht werden, um in die französische Armee eintreten zu können. Nach den Gründen für seine Desertion befragt, betonte Strauß gegenüber den schweizer Behörden seine Abscheu vor dem Krieg. Der von seinen Vorgesetzten ebenfalls befragte deutsche Grenzposten Theodor May berichtete, wie er in der Nacht vom 12. zum 13. August einen Offizier habe passieren lassen, ohne ihn weiter zu überprüfen, da dieser sich als zur Kompanie gehörend dargestellt habe und die Wachtposten kontrollieren wollte. Schon während seines Aufenthalts in Mülhausen hatte Strauß seinen Wunsch geäußert, nicht mehr an die Front zurück zu müssen, ohne allerdings ausdrücklich von Fahnenflucht zu sprechen.

Zusammen mit anderen Deserteuren wurde er in der Schweiz zunächst nach Bern, dann nach Fribourg überstellt. Von der deutschen Armee zum Spion erklärt, ist sein weiteres Schicksal nicht bekannt.

LBW

Grenzzaun zwischen dem Oberelsass und der Schweiz. Nach seinem Vorbild errichtete die deutsche Armee einen 300 km langen Hochspannungszaun zwischen dem besetzten Belgien und dem neutralen Holland.

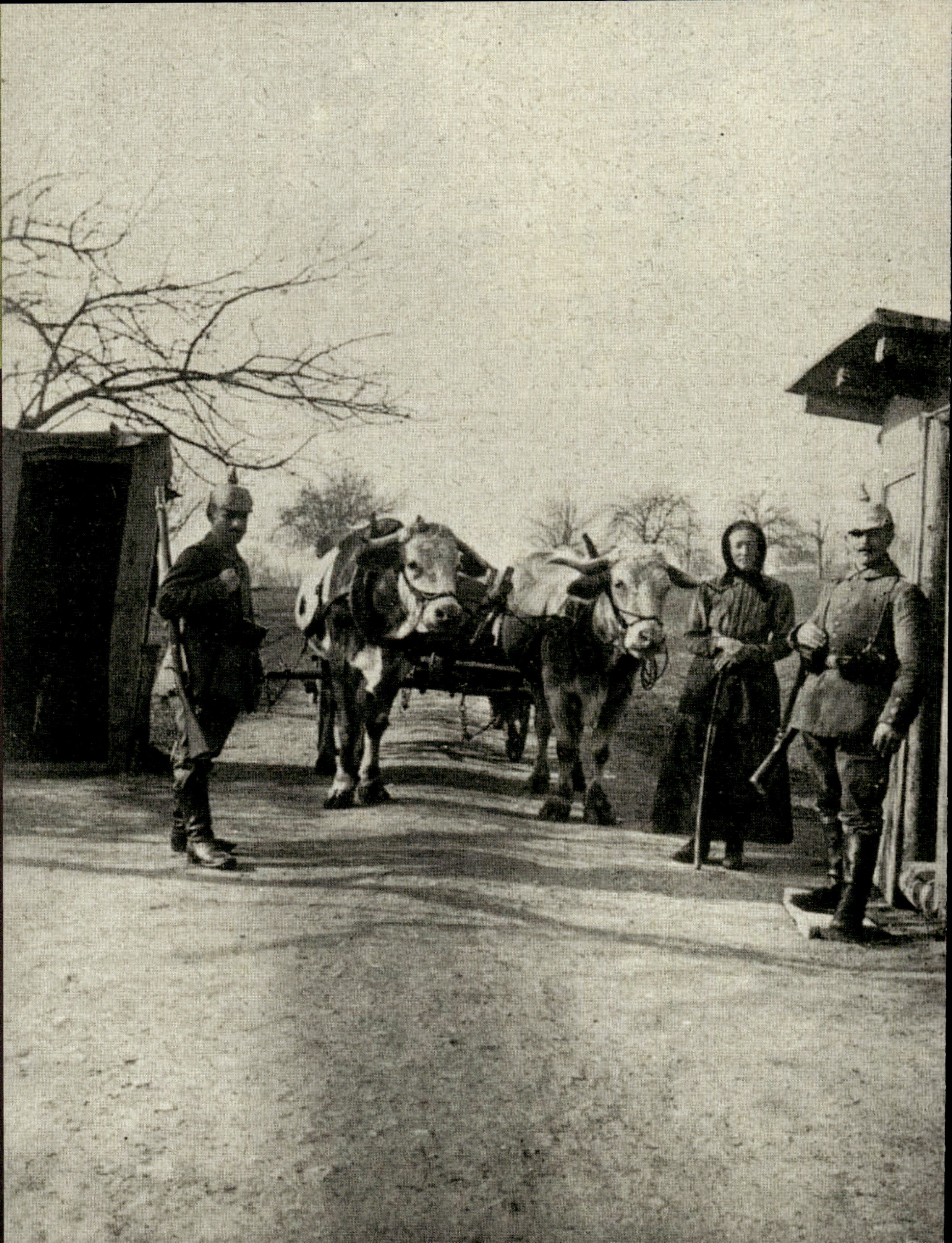

SOLDATEN

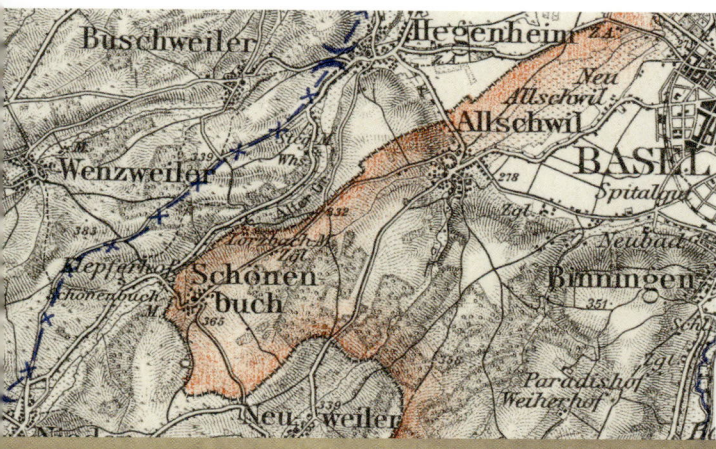

Deutscher Wachtposten an einer Grenzstraße bei Neuweiler.

Lageplan des südlichen elektrischen Grenzzauns zur Schweiz zwischen Wenzweiler und Schönenbuch 1915: Er sollte die Desertion von Elsässern, den Schmuggel und das Eindringen von Spionen verhindern.

Bereits vor dem Krieg hatten die deutschen Behörden die Abriegelung des Oberelsass gegen die Schweiz vorbereitet: Hier eine geplante Automobilsperre bei Pfirt am 17. November 1913.

112

113

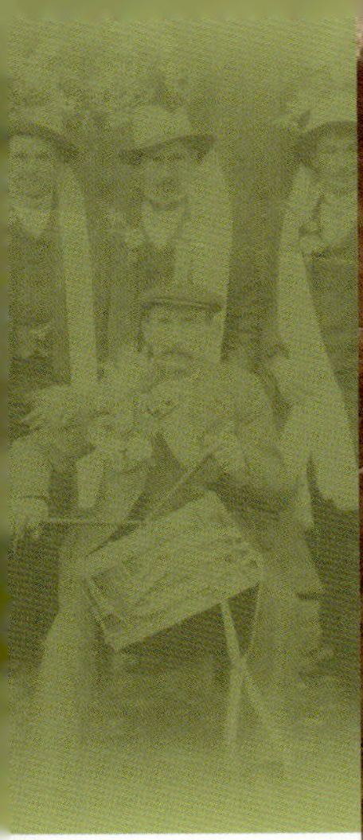
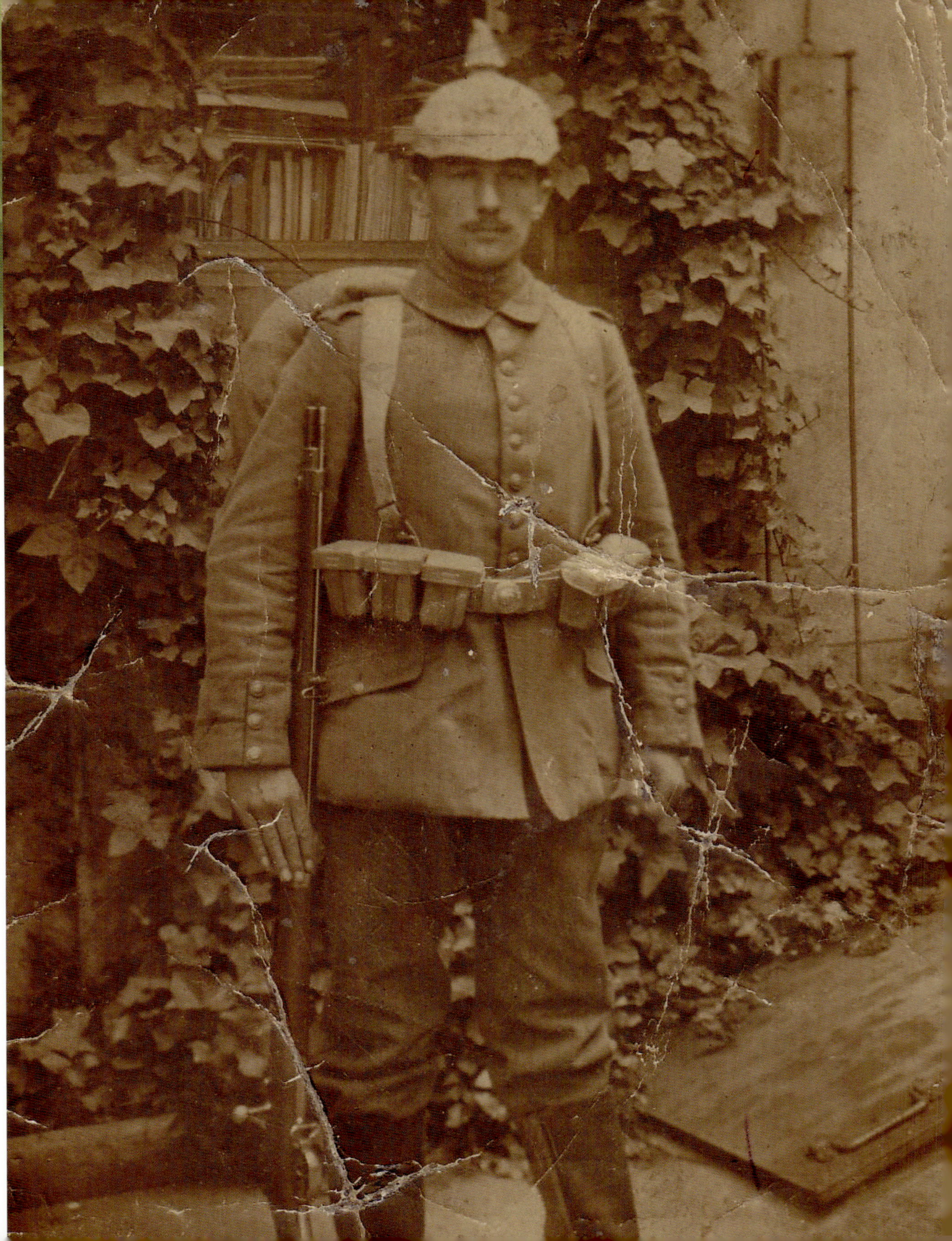

An allen Fronten

Dominik Richert
Soldat
4.5.1893 – 28.3.1977

„Plötzlich war jedes Lachen, jeder Humor wie weggeblasen, denn keiner glaubte, die heutige Nacht zu erleben, und von der in patriotischen Schriften so oft gerühmten Kampfbegeisterung und dem Draufgängertum sah man herzlich wenig."

(Beginn der Schlacht bei Mülhausen, 9. August 1914)

Als Soldat 1913: *„Nach etwa einem halben Jahre waren wir Rekruten durch den in der deutschen Armee üblichen Drill zu kriegstüchtigen Soldaten ausgebildet."*

Als Bauer nach 1918: Dominik Richert kehrte am 25. Januar 1919 in sein Dorf heim – fünfeinhalb Jahre nachdem er es verlassen hatte.

Dominik Richert ist in Saint-Ulrich im Elsass geboren worden. 1913 wurde er zur deutschen Armee, dem Infanterie-Regiment 112, eingezogen. Er kämpfte an der Westfront im Elsass, in Lothringen und Nordfrankreich. Ab April 1915 wurde er an die Ostfront, in die Karpaten, nach Galizien und Polen sowie ins Baltikum geschickt. Sein Heimatort befand sich seit Anfang des Krieges in der von französischen Truppen zurückeroberten Zone, so dass er keine Erlaubnis erhalten konnte, seine Familie wiederzusehen. Immerhin durfte er verwundete Kameraden aus dem Elsass besuchen. Nachdem er im Frühling 1918 als Unteroffizier wieder an die Westfront versetzt worden war, lief er im Juli zu den französischen Truppen über. Anschließend arbeitete er auf einem Bauernhof bei Saint-Etienne und kehrte im Januar 1919 nach Saint-Ulrich heim.

Durch seine Erlebnisse gezeichnet, schrieb er nach dem Krieg neun Hefte mit seinen Erinnerungen voll. In ihnen ist die Gewalt des Krieges überall präsent: Die Toten und Verwundeten, das Bombardement und die Waffen haben ihn tief beeindruckt. Der Krieg, das war Dreck, Kälte, Angst, Müdigkeit und Hunger. Er beklagte das Verhalten der Soldaten, die die Dörfer plünderten und die Tiere schlachteten. Als Pazifist hat Richert einige Anordnungen nicht ausgeführt und seine Wut über die absurden Befehle unerfahrener Offiziere ausgedrückt. An den direkten Kämpfen hat er so wenig wie möglich teilgenommen und sich vor allem um verwundete Soldaten, Deutsche oder Franzosen, gekümmert. Am Ende des Krieges war er froh, dass das Elsass wieder französisch wurde: Denn das war die Voraussetzung, dass er in seine Heimat zurückkehren konnte.

LBW

SOLDATEN

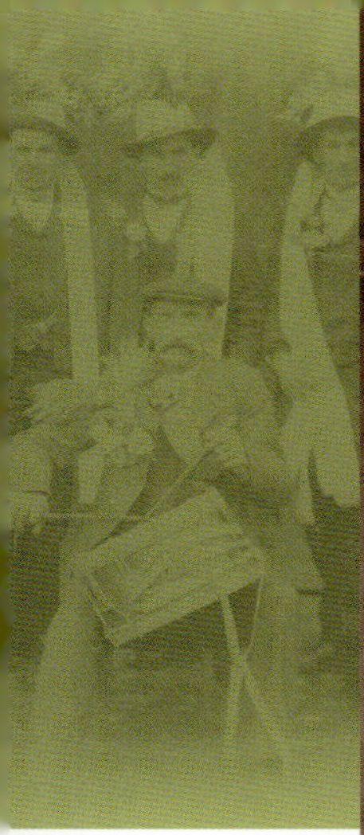
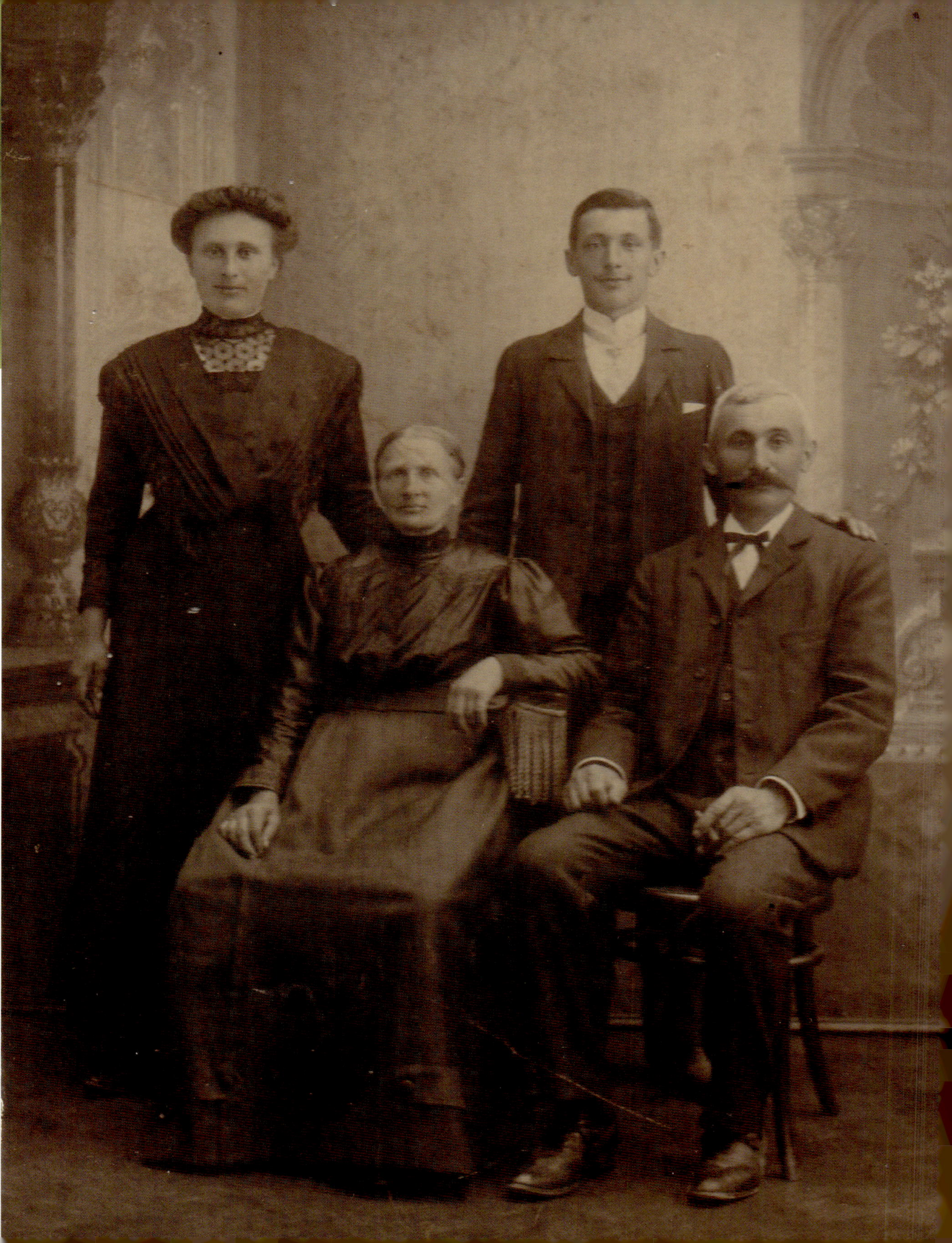

SOLDATEN

Dominik Richert verließ seine Familie 1913 nur mit Bedauern.

Rekruten von 1913: Wie so oft bei den Elsass-Lothringern und auch bei diesen Männern aus Saint-Ulrich, so verbrachte Dominik Richert den größten Teil des Krieges an der fernen Ostfront.

An der russischen Front: Um zu vermeiden, sich in vorderster Linie wiederzufinden, meldete sich Richert (in der Mitte hinten) freiwillig zur Ausbildung am Maschinengewehr.

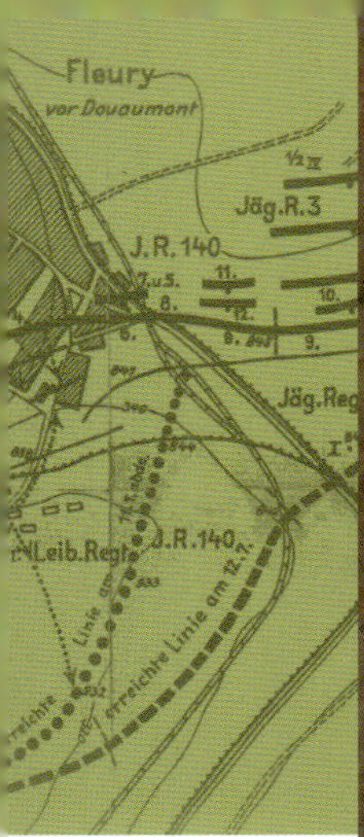
Fleury
vor Douaumont
Jäg.R.3
J.R.140
J.R.140

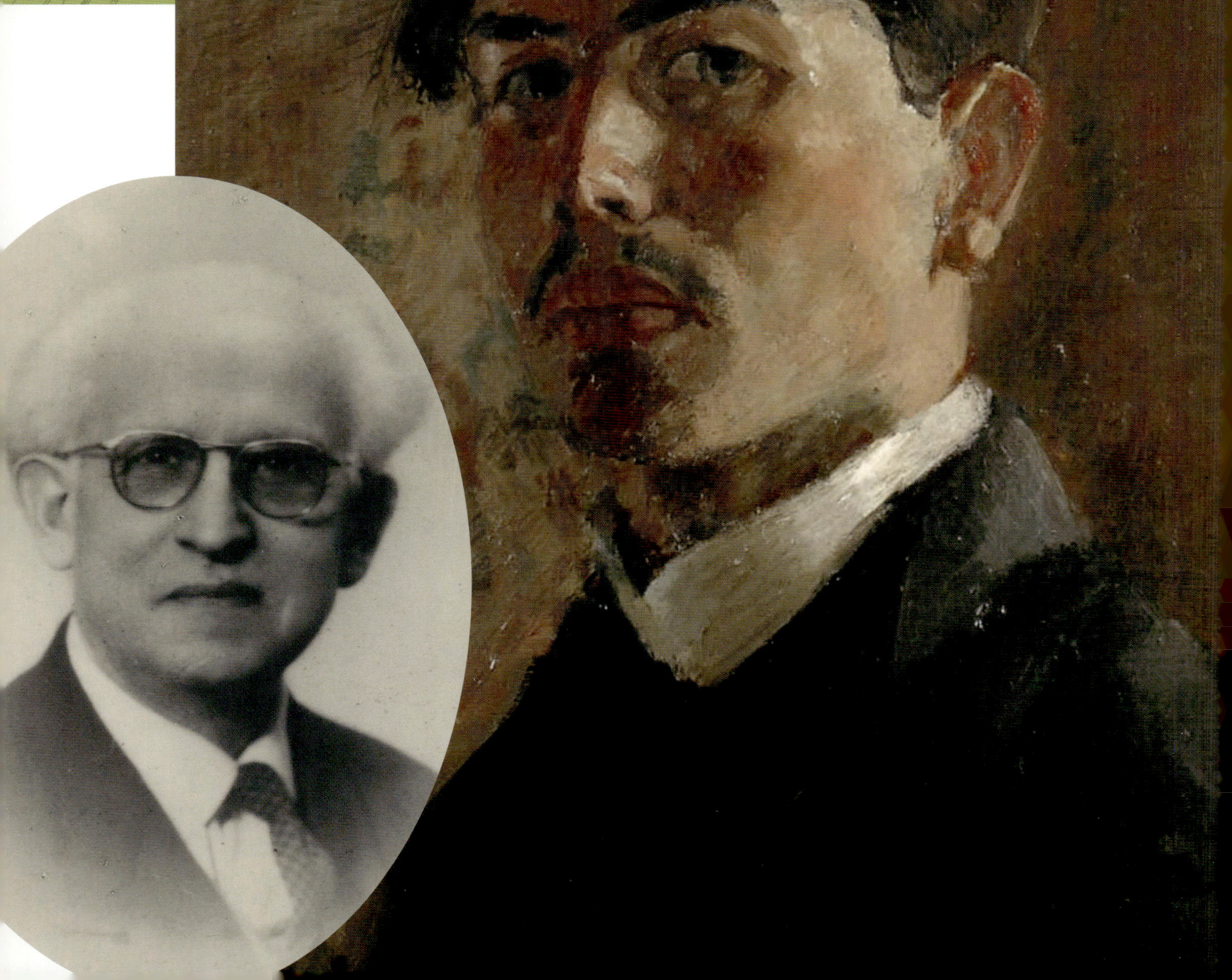

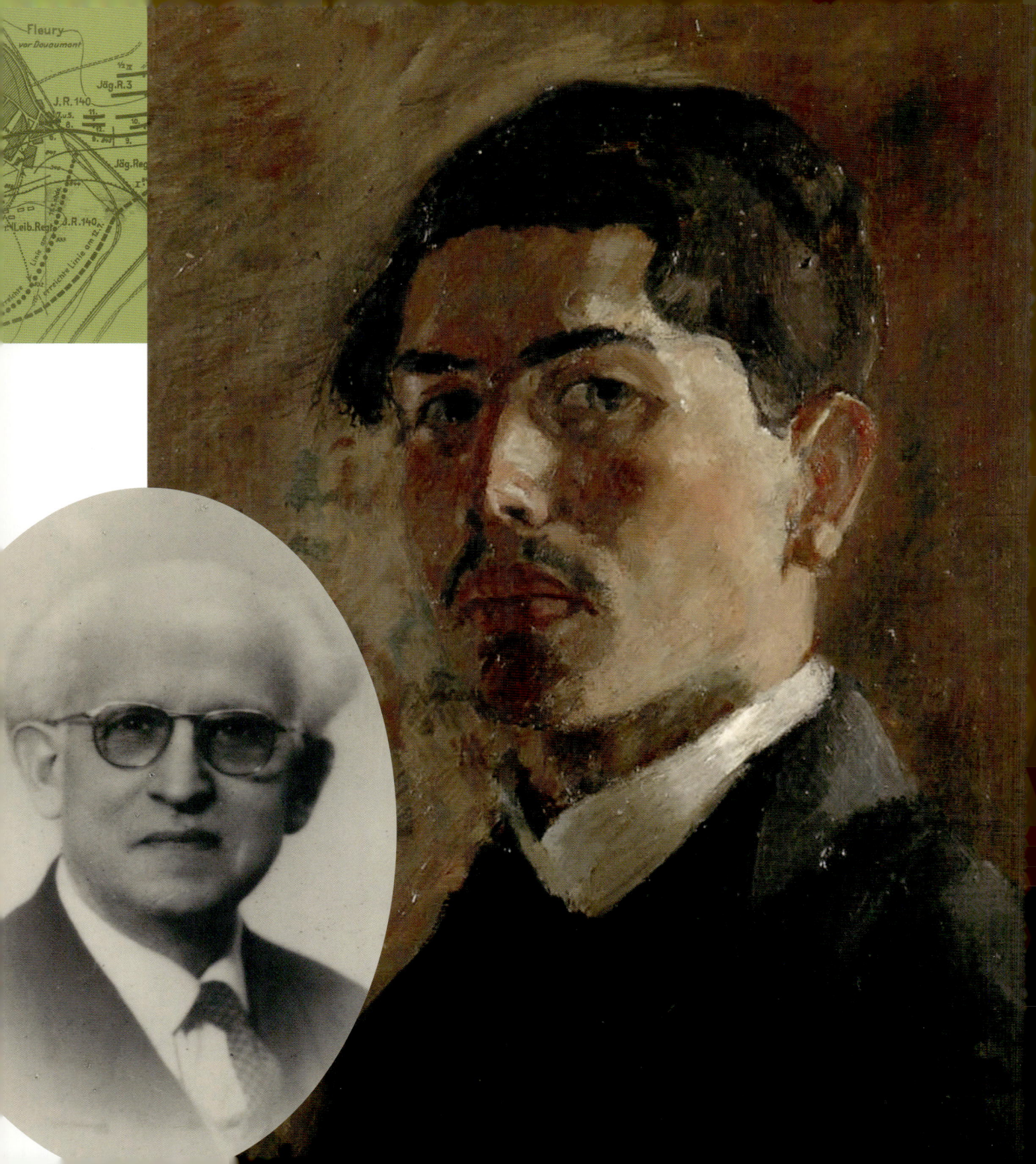

Zwei Brüder

Lucien und Charles Rudrauf
Soldaten
8.1.1890 – 2.2.1968 und 23.12.1896 – 3.8.1916

„Wenn wir plötzlich in Stellung rücken sollten, und Ihr einige Zeit ohne Nachricht von mir bleibt, sagt Euch, dass alles gut geht. Von einem außergewöhnlichen Pech einmal abgesehen, werde ich die Sache schon schaffen."

(Charles Rudrauf an seine Eltern, Villiers les Mangiennes, 30. Juni 1916)

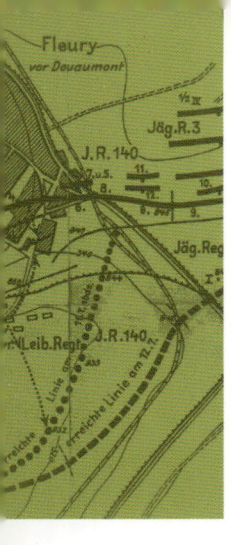

Einer Familie aus Graffenstaden entstammend, waren Charles und Lucien in einem sehr frankophilen Klima aufgewachsen. Lucien, der seit 1912 in Paris lebte, trat bereits im Juli 1914 in die französische Armee ein und diente im Infanterie-Regiment 133 bis 1916 als Telegraphist. Charles verkehrte in Pariser und Elsässer Künstlerkreisen und studierte die Schönen Künste. Am 1. Juli 1915 wurde er zur deutschen Armee eingezogen. Seine Ausbildung als Einjährig-Freiwilliger und Offiziersanwärter absolvierte er bei den Gardegrenadieren in Berlin-Moabit. Im September wurde er zur weiteren Ausbildung zu einer Kompanie Gebirgsjäger nach Hirschberg in Schlesien abgeordnet. Er kam im April 1916 durch die Vogesen, bevor er weiter nach Verdun geschickt wurde. Mit dem Willen zur Desertion verschwand er während einer Nachtpatrouille am 10. Juli und geriet in feindliches Feuer. Der durch Granatensplitter Verletzte wurde zwar von einer deutschen Einheit wieder aufgefunden, doch erlag er später seinen Verletzungen.

Lucien hingegen marschierte 1918 mit der Fahne seines Regiments in der Hand als französischer Leutnant, dekoriert mit dem *Croix de Guerre* mit Palme und sechs Sternen, in Straßburg ein. Nach dem Krieg wurde Lucien Bibliothekar und unterrichte Literatur am französischen Institut in Tartu, Estland. Er wurde in die Ehrenlegion aufgenommen und publizierte 1924 den Briefwechsel seines Bruders aus der Militärzeit. Erneut zur französischen Armee im Zweiten Weltkrieg eingezogen, war er nach 1945 Forscher für Kunstgeschichte an der Universität Straßburg, dann Forschungsdirektor am Centre National de la Recherche Scientifique (CNRS). In dieser Funktion publizierte er 1966 ein neues Buch über seinen Bruder, das eine Biographie und ein Werkkatalog zugleich ist.

LBW

Sammelpunkt für Verwundete: Der Hauptverbandsplatz in Wavrille bei Verdun im Mai 1917.

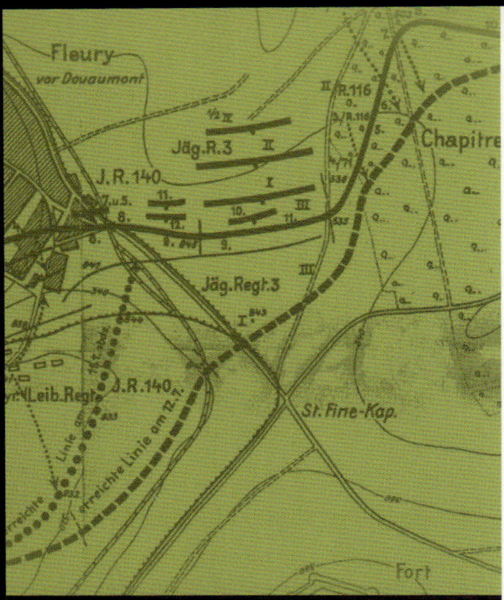
Fleury
vor Douaumont
R.116
Chapitre
Jäg.R.3
J.R.140
Jäg.Regt.3
J.R.140
St. Fine-Kap.
Fort

A. REICH-
MANN

Ein zum Alpenkorps gehörender Soldat des Jäger-Regiments 3, in dem Charles Rudrauf diente (Zeichnung von Alfred Reich, 1881-1942).

Angriffsplan des Jäger-Regiments 3 am Tag von Charles Rudraufs Desertion.

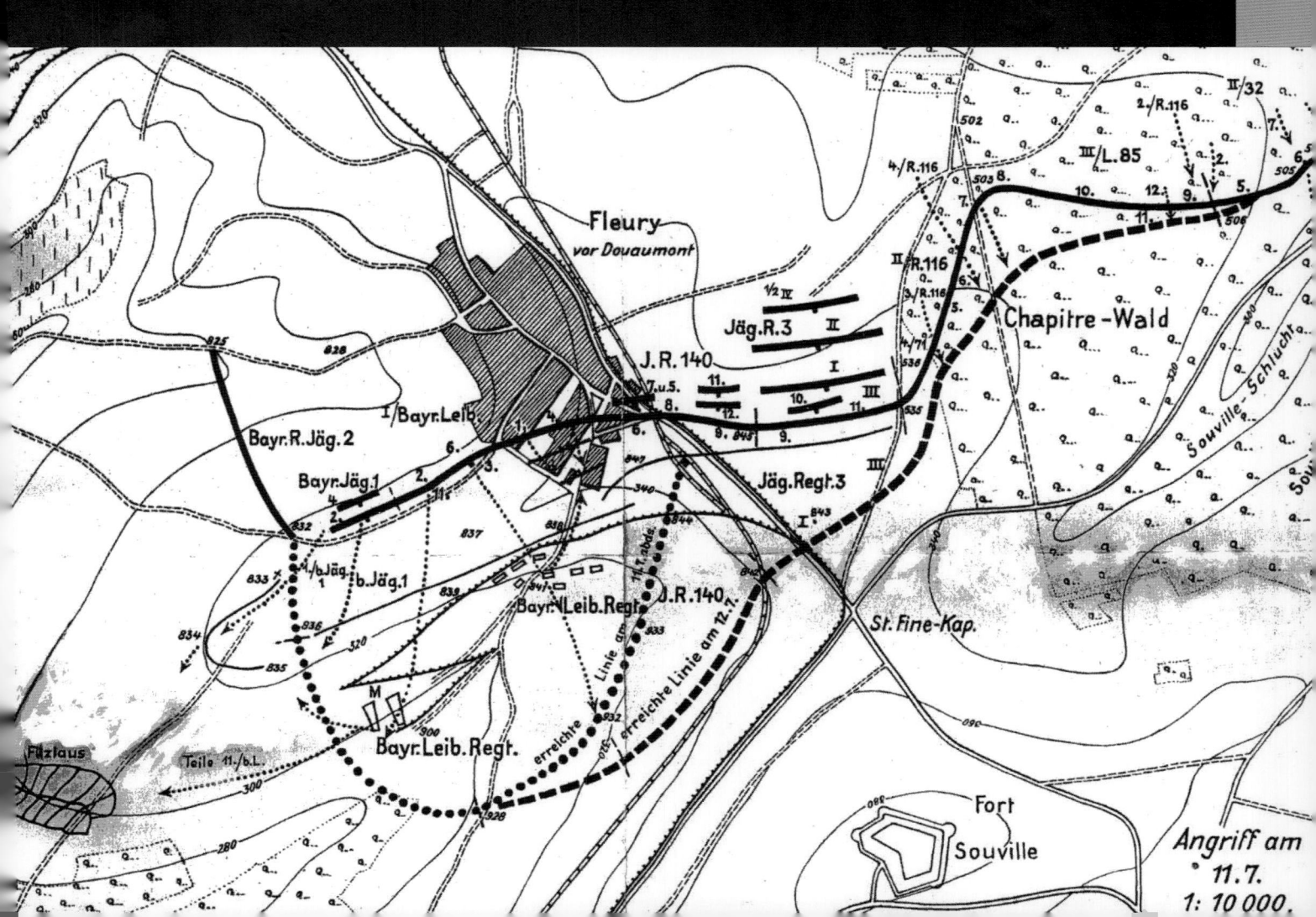

4

Aus der zivilen Welt herausgerissen: Der zum Militärdienst eingezogene Wilhelm Hartmann aus Weingarten im Kreis seiner Familie und Angestellten.

Zivilisten

Elsass

„Das Hinterland wird halten" – diese lautstark vorgetragene Beteuerung, zweifellos eine unbewusste Beschwörungsformel, gilt sowohl für Frankreich als auch für Deutschland und damit auch für das Elsass. Sie führt uns in neue Zusammenhänge, die sich im Ersten Weltkrieg entwickeln. Zum Merkmal des lange andauernden totalen Krieges gehört sicherlich die Frontlinie mit ihren vielen Gefallenen. Der Krieg verlangt jedoch auch von der hinter der Front lebenden Zivilbevölkerung tagtäglich Opfer, wie z.B. bei der eingeschränkten Lebensmittelversorgung. Die alltäglichen Schwierigkeiten, im Zusammenhang mit deutlich begrenzten Freiheitsrechten, und der Tod von Soldaten an der Front lassen im Elsass die Feindseligkeit gegen Deutschland anwachsen und verstärken gleichzeitig die Sympathien für Frankreich.

Beginnen wir mit der Darstellung der untrennbar zum Weltkrieg gehörenden Rationierungen. *„Die Nahrungsmittel sind teuer und man findet sie selten. Alles wird konfisziert und existiert daher gewissermaßen nicht. Die Butter kostete 3 Mark das Pfund, bevor dann die Regierung Höchstpreise festsetzt und soll 2 Mark kosten (es gibt sie aber nicht!), das Öl 4 Mark pro Liter"*, beschwert sich am 10. Dezember 1915 mit bitteren Worten Emile Hugel, ein frankophiler und französischsprachiger Winzer aus Riquewihr. Hugel verweist auf eine beeindruckende Liste fehlender Waren: Für die Suppe fehlt das Mehl, es gibt kein Essen, das diese Bezeichnung verdient, weder Getreide noch Milch, Kaffee oder Zucker, also alles Waren, die unbedingt benötigt werden. Später berichtet der mit Frankreich ebenfalls sympathisierende Maurice Higelin aus Altkirch, was sich am 26. Oktober 1915 auf dem örtlichen Markt zuträgt: *„Zwei Mädchen, die gemeinsam sechs Pfund Butter und vier Dutzend Eier haben, provozieren einen kleinen Aufstand, weil sie ihre Ware zuerst nicht zum Festpreis abgeben wollen und weil dann eine Frau für sich alleine vier Pfund erwerben möchte."* In dieser Anekdote werden, wie bei allen länger andauernden Kriegen, die Schwierigkeiten bei der Versorgung mit Lebensmitteln und die für sie geltenden drakonischen Verkaufsbestimmungen deutlich. Die offiziellen Warenbestandsaufnahmen betreffen Getreide, Kartoffeln, Vieh, Kaffee und sogar Tee – die Betroffenen sind mit diesen Maßnahmen unzufrieden. Es ist zudem die Zeit der Verordnungen, die *„sich alle acht Tage ändern"*, wie Emile Hugel etwas übertreibend berichtet. Der Staat droht denjenigen Personen mit Strafen, die – aus Unachtsamkeit oder mit Absicht – keine Auskunft über ihre gesamten Warenbestände geben. Die staatlichen Rationierungen – die konkret den Einsatz von Bezugsmarken einschließen – und ihr Papierkrieg gehen mit teilweise sehr energisch durchgeführten amtlichen Beschlagnahmungen einher. Greifen wir erneut auf ein Zeugnis von Emile Hugel zurück, das das Datum vom 8. März 1917 trägt: *„Man hat hier einige Maßnahmen ergriffen, um Kartoffeln ausfindig zu machen. Das erbärmliche Ergebnis: davon gibt es kaum noch welche. Die Erzeuger und Landwirte dürfen davon wöchentlich nur noch 7 Pfund essen und die anderen Personen nur 2 bis 3 Pfund pro Kopf – damit wird man nicht fett. Die Soldaten mit Urlaubsgenehmigung befinden sich in einem erbärmlichen körperlichen Zustand. Man gibt ihnen einfach nichts, außer einigen Rüben ohne Fett … In Ribeauvillé wurde alles konfisziert und über den Rhein gebracht. Empörend ist, dass der Eigentümer der beschlagnahmten – oder besser gesagt gestohlenen – Waren nicht weiß, was man ihm als Entschädigung bietet."*

Baden

Die klassische Unterscheidung zwischen Kombattanten und Nicht-Kombattanten, zwischen Soldaten und Zivilisten, war in der Vorstellungswelt der Menschen im Jahr 1914 fest verankert. Es zeigte sich aber sehr bald, dass die Idee eines vom Völkerrecht domestizierten Krieges, der als *Fortsetzung der Politik mit anderen Mitteln* die Kämpfe unter allseits akzeptierten Regeln zwischen disziplinierten Armeen austrägt, nur ein Mythos war, um das Grauen kalkulierbar und damit akzeptabel erscheinen zu lassen.

Die Masse der Soldaten marschierte unter dem Jubel vieler, jedoch nicht aller Beteiligten aus. Die Kämpfe fanden größtenteils jenseits der deutschen Grenzen statt. Doch die Spielregeln eines angeblichen *sauberen Krieges* versagten gleich zu Anfang. Die Erinnerung an die französischen Freischärler, die Francs-Tireurs von 1870/71, beunruhigte die Soldaten und peitschte die deutschen Verbände auf. Als Akt der Barbarei wurde nicht nur von den Kriegsgegnern der deutsche Beschuss der Kathedrale von Reims, der Krönungskirche Frankreichs, empfunden. Vor allem in Belgien

Die Feldpost verbindet die Soldaten mit ihren Familien: Poststation in Munster 1914.

ZIVILISTEN

Elsass

Ein Parlament ohne Befugnisse: Kriegstagung der II. Kammer des Badischen Landtags am 4. Februar 1915 in Karlsruhe.

Konzentrieren wir uns einen Augenblick auf den Wein: „*Es handelt sich um die schlechteste Ernte seit Menschengedenken, in der Folge von Regenwetter, das von Mai bis Juli ununterbrochen anhält*", sagt man im Jahr 1914 in Mittelbergheim. „*Das Jahr war ein wenig trocken und die Reben trugen für die Ernte zu wenig. Die Würmer vernichteten alles, und uns blieb wenig*", notiert der Winzer Alphonse Jenny aus Ammerschwihr, der hinzufügt: „*Am 15. Oktober verkaufte ich 20 Maß zu 80 Mark. Das liegt an der diesjährigen Ernte, die sehr schlecht war. Der Wein war so sauer, dass man ihn nicht trinken konnte. Es fehlte uns auch der Zucker, die Regierung gab den Winzern

Baden

veranlasste die Furcht vor Partisanen das deutsche Militär in den Städten Dinant und Löwen zu brutalem Vorgehen und Massakern unter der Zivilbevölkerung. Die in der internationalen Öffentlichkeit gegen Deutschland erhobenen schweren Vorwürfe wurden von seinen Intellektuellen jedoch energisch zurückgewiesen. Der von 93 Wissenschaftlern, Künstlern und Schriftstellern im September 1914 unterzeichnete *Aufruf an die Kulturwelt* bestritt nicht nur mit einem trotzigen „*Es ist nicht wahr*" die Kriegsgräuel in Belgien, sondern warb im Gegenteil um Solidarität mit dem deutschen Volk, das als Kulturnation den „*höchsten Besitz der Menschheit*" hüte. Auch der Chemiker Fritz Haber, der später den Einsatz von Giftgas organisierte, setzte seinen Namen darunter. Im Anschluss daran unterschrieb der Heidelberger Historiker Karl Hampe im Oktober zusammen mit über 3.000 Kollegen, d.h. fast allen Dozenten der 53 deutschen Hochschulen, die *Erklärung der Hochschullehrer des Deutschen Reiches*, in der jeder Gegensatz zwischen der deutschen Wissenschaft und dem angeblichen preußischen Militarismus bestritten wurde. Hampe selbst lieferte der politisch-militärischen Führung historisch legitimierte Annexionspläne für Belgien nach.

Die akademische Elite stellte sich fast geschlossen in den Dienst des *totalen Volkskrieges*. In den beiden christlichen Kirchen rüsteten Bischöfe wie Feldgeistliche zum *Seelenkrieg* auf und trugen mit Predigten und Feldgottesdiensten dazu bei, die Menschenopfer zu legitimieren und die Soldaten wie auch ihre Angehörigen moralisch zu rüsten. Einigen Wissenschaftszweigen bot der Krieg ganz neue Erkenntnismöglichkeiten: Mussten bis dahin Anthropologen wie Eugen Fischer aus Freiburg in ferne Gegenden reisen, um die dortigen *Eingeborenen* zu erforschen, so boten ihnen die großen Gefangenenlager mit Soldaten aus aller Welt nun die einzigartige Möglichkeit, unter Laborbedingungen ihre *rassekundlichen* Theorien weiter zu entwickeln.

In der deutschen Öffentlichkeit hatte das politische Leben im Zeichen des propagierten *Burgfriedens* vorerst geruht. Dieser Scheinfriede bröckelte in Baden aber bereits 1914. Die *Tendenz zum Heraustreten* aus dem parteiübergreifenden Schulterschluss trat bei einer Landtagsnachwahl im Wahlkreis Donaueschingen-Engen offen zutage, nachdem der nationalliberale Abgeordnete Max Wagner im Oktober gefallen war. Bei der Nachwahl im Dezember 1914 brach das Zentrum den parlamentarischen Konsens, der einen Kandidatenverzicht gefordert hätte, und stellte als Reflex auf die seit 1905 dominierende Großblockpolitik von SPD und Nationalliberaler Partei nun einen eigenen Bewerber auf, der letztlich beim Urnengang unterlag. Danach versuchten alle Parteien den Friedensbruch zu kitten und einigten sich auf ein Kriegswahlabkommen auf dem Vorkriegsstand, das – reichsweit einzigartig – tatsächlich bis Kriegsende hielt. Von besonderer Bedeutung war dabei der außerordentliche Landtag vom Februar 1915: Gerade weil die badische Regierung und das Parlament gegenüber Reichsleitung und Militärverwaltung über keine reale Macht mehr verfügten, kam der Veranstaltung ein hoher symbolischer Stellenwert zu. Ablauf und Inhalt waren zwischen der Regierung und den Parteien im Voraus detailliert abgesprochen worden, um ein Zeichen der unbedingten Einigkeit zu setzen. Selbst die ehemals *vaterlandslosen Gesellen* waren jetzt integriert: Die Abgeordneten der SPD

Elsass

aber eine genügende Menge. Am 19. Januar 1916 verkaufte ich Wein für 110 Mark. Niemals zuvor zahlte man einen derartigen Preis für einen so schwachen Wein, da aber Krieg herrscht, steigen alle Preise an." Im Jahr 1917 verkauft man in Mittelbergheim nach der Weinernte erstmals überhaupt keinen Wein mehr. Der Ertrag für das ganze Elsass belief sich auf 4 hl pro Hektar. Nach Kriegsende 1918 traten weitere Schwierigkeiten auf: „Aufgrund der ständig unterbrochenen Zugverbindungen in Richtung Württemberg kamen die leeren Fässer nicht an ihrem Bestimmungsort an, später verfügten die Banken dann über kein Geld, sodass man die verkauften Weine nicht transportieren konnte." Fassen wir diese Äußerungen zusammen: Der Alltag reduziert sich rasch auf das Wesentliche, nämlich genug zum Essen zu haben. Und bei dieser besonderen Herausforderung gelang es der Landbevölkerung, wie dies oftmals der Fall ist, trotz aller erdenklichen Schwierigkeiten etwas besser, ihre Probleme zu lösen, als dies der städtischen Bevölkerung möglich war.

Beginnen wir unseren Blick auf die öffentliche Meinung mit einem Kommentar des elsässischen Lehrers Philippe Husser, der deutschsprachig und gegenüber den Deutschen freundlich eingestellt ist. Am 16. August 1914 vermerkt er folgende Überlegungen: „Hoffen wir, dass die deutschen Truppen ihren Siegeszug fortsetzen. Nicht aus Hass gegen Frankreich, sondern aus Liebe zum Vaterland, das nicht verdient, zerstört zu werden". Sechs Wochen später, am 29. September, präzisiert er seine Gedanken: „Der Elsässer liebt Deutschland und kann Frankreich nicht hassen. Er fühlt wie ein Kind, das seine zwei Elternteile liebt, und er leidet darunter, wenn sie sich nicht verstehen. Der Vergleich dürfte geeignet sein, die Seele des elsässischen Volkes zu beschreiben. Damit will ich nicht sagen, dass die Mehrheit der Elsässer eine Rückkehr nach Frankreich wünschte. Selbst wenn es noch Kreise gibt, in denen man für Frankreich betet, und auch Unentschiedene, für die jede Lösung gleichwertig ist, so ist das elsässische Volk insgesamt nicht ihrer Ansicht."

Hier die Stellungnahme des Straßburgers Jean Lechner, der tendenziell die gleiche Meinung wie Philippe Husser vertritt. Er spricht ebenfalls Deutsch und ist gegenüber den Deutschen freundlich gesinnt. Am 27. August 1914 schreibt er: „Ich erfahre von meinen Eltern, dass einige Elsässer desertiert sind. Sie haben sich nach Frankreich zurückgezogen, um die Deutschen in französischer Uniform zu bekämpfen. Was bedeutet also dieser Krieg, wenn unsere eigenen Freunde wegziehen, um in feindlicher Uniform gegen uns zu kämpfen? Mein Vater, ein gebürtiger Franzose, wurde 1871 Deutscher. Er ist ein glühender Katholik aus Straßburg, ein Gegner der Annexion und des ‚Kulturkampfes'. Dies hinderte ihn nicht, meine Mutter zu heiraten, eine Deutsche aus Düsseldorf. Die meisten seiner sehr geschätzten Freunde gehören zu diesen Familien des protestantischen Bürgertums, dem hauptsächlich Liberale angehören, die sich für das nationale Interesse des Elsass' einsetzen. Und trotzdem verstehen wir uns gut, Protestanten und Katholiken, Deutsche und Franzosen. Mit einigen sprechen wir Französisch, mit anderen den Dialekt. Die meiste Zeit schreiben wir Deutsch."

Im Gegensatz zu Husser und Lechner steht die Meinung von Charles Spindler, der seine Erinnerungen in Französisch schreibt und in Bœrsch seine frankophilen Gefühle nicht verschweigt. Am 15. August 1914, anlässlich Maria Himmelfahrt, kommen ihm folgende Gedanken: „An die-

ZIVILISTEN

Baden

wurden bei Hofe empfangen, der Erzbischof von Freiburg trat in der Ersten Kammer auf. Aber auch wenn der Burgfriede offiziell wieder geschlossen wurde, wies der Vorfall in Donaueschingen auf Risse in der Einheitsfassade hin, die sich in der Frage der Kriegskredite 1916, der Kriegszieldiskussion 1917 und im Ringen um innenpolitische Reformen 1917/18 weiter vertieften, ehe die politischen und gesellschaftlichen Gräben im November 1918 nicht mehr überwunden werden konnten. Deutschland blieb im Krieg eine Klassengesellschaft.

Das Thema, das die Zeitgenossen sogleich elektrisierte, war die Diskussion um die eigentlichen Kriegsziele, die sich parteiübergreifend durch alle sozialen Lager zog. In badischen Regierungskreisen wurde nochmals ernsthaft erörtert, ob das Elsass nicht doch unter Bayern und Baden aufgeteilt werden sollte, während Preußen Lothringen und Württemberg das ehemalige Mömpelgard (Montbéliard) bekommen könnten. Stand anfangs ein Sieg- oder Annexionsfriede hoch im Kurs, den selbst der badische SPD-Führer Wilhelm Kolb favorisierte, mehrten sich angesichts des Kriegsverlaufs jedoch bald die Stimmen für einen Ausgleichsfrieden.

Das Verhältnis von Militär und Zivilgesellschaft blieb während des gesamten Kriegs ambivalent. Einerseits zog die dritte Oberste Heeresleitung (OHL) unter Paul von Hindenburg und Erich Ludendorff seit August 1916 alle Regierungsgewalt an sich und griff immer unmittelbarer auf die

Eine Familie ohne Macht: Großherzog Friedrich II. von Baden und seine Frau Hilda an ihrem 30. Hochzeitstag, dem 20. September 1915, daneben seine Mutter Großherzogin Luise. Der Erlös aus dem Postkartenverkauf sollte zum Besten der Truppen im Feld verwendet werden.

Elsass

Mehr Demokratie wagen: Das Präsidium des Reichstags mit dem Präsidenten Constantin Fehrenbach, Zentrum (2. v. r.), und den Vizepräsidenten Philipp Scheidemann, Sozialdemokratische Partei Deutschlands (2. v. l.), Heinrich Dove, Fortschrittliche Volkspartei (l.), und Dr. Hermann Paasche, Nationalliberale Partei (r.) am 8. Juni 1918.

sem Morgen, beim Verlassen der Messe, versichert mir der Schulfreund, die Deutschen hätten die gestrige große Schlacht verloren und die Franzosen seien in Schirmeck. Seit Kriegsbeginn sind wir an französische Siege so wenig gewöhnt, dass unsere erste Reaktion in Ungläubigkeit besteht ... Die Freude, die uns die französischen Sie- ge einflößen, bringt unsere Besorgnisse zum Schweigen, und wir nehmen unsere Mahlzeit recht fröhlich gestimmt ein."

Als sich die Einschränkungen, Rationierungen und Beschlagnahmungen jedoch häufen, sorgt die Unbeliebtheit

Baden

Behörden des Reiches und der Einzelstaaten zu: Das Kaiserreich wandelte sich zur Militärdiktatur. Andererseits wuchs die Zahl der Parlamentarier, die sich gegen das Militärregime und die Annexionspläne eines Siegfriedens aussprachen. Als die OHL und die kaiserliche Marine am 1. Februar 1917 gegen die Bedenken der zivilen Reichsleitung den uneingeschränkten U-Boot-Krieg wieder aufnahmen und die USA dem Deutschen Reich am 6. April 1917 den Krieg erklärten, traten die Fortschrittliche Volkspartei, die SPD und das Zentrum noch entschiedener für eine Parlamentarisierung des Reiches ein. Von Matthias Erzberger angestoßen, legten diese Mehrheitsparteien und die Nationalliberale Partei am 19. Juli 1917 eine Friedensresolution vor, in der sie sich für einen Verständigungsfrieden *ohne Annexionen und Kontributionen* aussprachen. Ihre Friedensinitiative scheiterte freilich am Widerstand der OHL und der Deutschen Vaterlandspartei, einer von Großadmiral Alfred von Tirpitz und dem späteren Putschisten Wolfgang Kapp geführten Sammlungsbewegung der radikalen, nationalistischen und völkischen Rechten, die für einen *Hindenburgfrieden* kämpfte.

Dennoch wirkte die Initiative nach: Aus der gemeinsamen Arbeit der Mehrheitsparteien ging der Interfraktionelle Ausschuss von Zentrumsmännern, Links- und Sozialdemokraten hervor, der zum Kern der Weimarer Koalition wurde. Dieser Ausschuss, den der als Brückenbauer geschätzte, badische Zentrumspolitiker Constantin Fehrenbach seit November 1917 leitete, trieb die Parlamentarisierung des Kaiserreichs voran, die in der Oktoberreform 1918 gipfelte. Sie gestaltete das Kaiserreich in eine parlamentarische Monarchie um. Kaiser Wilhelm II. und Großherzog Friedrich II. waren zu diesem Zeitpunkt allerdings längst durch die OHL entmachtet. Bereits Fehrenbachs Wahl zum Reichstagspräsidenten am 8. Juni 1918 war als Vorbote dieses Verfassungswechsels zu verstehen. Denn *Constantin der Große* hatte schon vor dem Krieg am 3. Dezember 1913 mit einer aufsehenerregenden Reichstagsrede auf einen verhängnisvollen Konstruktionsfehler des Kaiserreichs hingewiesen: Die Zabern-Affäre hatte die Überordnung des Militärischen über das Gesetz im Verfassungsgefüge der Hohenzollernmonarchie entlarvt, hatten doch Reichskanzler von Bethmann Hollweg und der preußische Kriegsminister von Falkenhayn die Stellung des Militärs als *Staat über dem Staat* gerechtfertigt. Fehrenbach dagegen hatte in seiner Rede die Machtlosigkeit von Reichstag, Reichskanzler und Kriegsminister in Fragen der königlichen Kommandogewalt als *Militärdiktatur* gegeißelt und angesichts der fehlenden parlamentarischen Verantwortlichkeit der militärischen und der politischen Reichsleitung den Untergang prophezeit: „Auch das Militär untersteht dem Recht und Gesetz; wenn das nicht ist, dann, meine Herren, finis Germaniae." Fehrenbachs exakte Analyse der wilhelminischen Gesellschaft sollte im November 1918 Realität werden, als die verantwortlichen Militärs sich aus der Verantwortung für den Weltkrieg und die militärische Niederlage stahlen. Je länger der Krieg dauerte, umso mehr verwischten die Grenzen zwischen militärischer und bis dahin ziviler Welt. Wirtschaft und Gesellschaft wurden auf den *totalen Krieg* ausgerichtet. Der Überblick über die Verlustzahlen ist bei den Zivilisten noch schwieriger als bei den Soldaten. Für Deutschland werden etwa 700.000 Tote, für Frankreich 600.000 Tote angenommen. Die meisten Deutschen starben aufgrund der durch die Seeblockade ausgelösten Hungersnot. In Baden selbst

Elsass

des Kriegs dafür, dass sich im Meinungsbild die Waage zuungunsten Deutschlands verändert. Emile Hugel äußert im Dezember 1915 verärgert: „Kupfer, Nickel, Aluminium alles wird konfisziert ... und durch einige Papierfetzen ersetzt, Scheine, die nichts wert sind." Vor allem stößt ihm am 8. März 1917 Folgendes übel auf: „Heute versichert man mir, dass die noch vorhandenen Destillierkolben demnächst ebenfalls beschlagnahmt werden würden. Man spricht auch davon, dass der Wein konfisziert werde. Kurzgefasst, diese Lumpenbande von ‚Boches' nimmt alles an sich. Sie weiß, dass sie verloren hat, bevor sie aber stirbt, will sie dem Elsass möglichst viel Böses antun. In einigen Monaten werden wir im wörtlichen Sinne ausgeplündert und vollkommen mittellos sein." Die Konfiszierung der Kirchenglocken führt zu einer nicht gutzumachenden psychologischen Katastrophe. Wie viele seiner Mitbürger zeigt der deutschsprachige Sundgauer Eugène Birsinger, der aus dem neben Hégenheim gelegenen Neuviller stammt, wie viele seiner Landsleute Sympathien für Frankreich: „Die ‚Boches' greifen die Kirchen an. Das wird ihnen kein Glück bringen."

Die Bevölkerung bemitleidet immer stärker das Schicksal der sich in den Händen des deutschen Militärs befindlichen Gefangenen. Greifen wir nochmals auf die Notizen von Maurice Higelin zurück, der am 26. Januar 1917 in Altkirch notiert: „Tausend rumänische Gefangene, die zur Arbeit an den Befestigungen gezwungen werden, wurden nach Steinbrunn-le-Haut gebracht. Ihre Begleitmannschaft hat sie derart niederträchtig und grob behandelt, dass nicht nur die Bevölkerung, sondern sogar die in Bruebach einquartierten Bayern, denen man keine übertriebene Gefühlsduselei unterstellen kann, entrüstet gewesen seien." Higelin bringt es am 28. Januar auf den Punkt: „Besuch des Lagers der Rumänen, wo die Armen bei einer Temperatur von – 12 °C in einer Scheune und in Lagerhallen erfrieren. Die Krankenträger sind dabei, einige wegzubringen. Die Nachbarn erzählen mir eine bestürzende Geschichte vom Hunger der Gefangenen, die Wachleute prügeln sie mit Kolbenhieben, wenn sie Essensreste in den Schweintrögen und in den Fressnäpfen der Gänse suchten."

Eine weitere Geschichte über Gefangene verdient hier zitiert zu werden. Der katholische Pfarrer der Gemeinde Sand, Eugène Hauss, berichtet in seiner Pfarrchronik: „Ende Oktober 1918 kommen in Sand mehr als 300 französische Arbeiter von Hirson aus dem Département Aisne an, begleitet von 40 deutschen Soldaten und einem Leutnant. Man brachte sie in den großen Sälen der Fabrik unter." Und er fügt hinzu, dass die Bewohner sie entgegen den Vorschriften mit Essen versorgten. Als die Gefangenen am 10. November an der Messe teilnehmen dürfen, notiert der Pfarrer Hauss Folgendes: „Lange vor Beginn der Messe drängte sich eine große Menschenmenge vor der Kirche, um den Aufmarsch der Soldaten zu sehen. Der Pfarrer stieg auf die Kanzel und hielt mit Genehmigung des deutschen Offiziers in Französisch eine Predigt." Am folgenden Tag tritt der Waffenstillstand in Kraft: „Man kündigte den Gefangenen an, dass sie frei seien. Die Dorfbewohner trafen sich mit ihnen, brachten sie in ihre Wohnungen und erwiesen ihnen Gastfreundschaft." Die Freude tritt an die Stelle des Albtraums.

Claude Muller

Baden

wurden 218 zivile Opfer von Luftangriffen gezählt: Das war eine gänzlich neue Erfahrung. Zu allen Entbehrungen und Todesgefahren tauchte im Juni 1918 die sogenannte *Spanische Grippe* auf. Reichsweit erkrankten bis Frühjahr 1919 insgesamt 12 Millionen Menschen an der Pandemie. Die Krankheit untergrub nicht nur die Kampfmoral der kämpfenden Truppe, sondern auch den Durchhaltewillen der ohnehin geschwächten Bevölkerung. Weltweit forderte sie mit über 25 Millionen Toten mehr Menschenleben als der Erste Weltkrieg. Das Zahlenverhältnis zwischen toten Kombattanten und Nicht-Kombattanten sollte sich dann im Zweiten Weltkrieg umkehren. Seitdem sterben in den Konflikten der Welt mehr unbeteiligte Zivilisten als Soldaten, seien es Männer, Frauen oder Kinder.

Peter Exner

Das Elsass empfängt seine Befreier: Frauen in der Landestracht begrüßen die in Guebwiller einrückenden französischen Soldaten am 17. November 1918.

...tschlar
...r Weltk...

...Carl Becker, Paul Darmstädter...
...fe, Karl Hampe, Hans Luthe...
...hmoller, Walther Schoenborn, ...
...er, Ernst Troeltsch, Hans Aber...
...Adolf Wermuth, Ernst Zitelm...

herausgegeben von
...drich Meinecke, Hermann ...
...Hermann Schumacher

Vor der Geschichte

Karl Hampe
Historiker
3.2.1869 – 14.2.1936

„Mein Buch [‚Belgiens Vergangenheit und Gegenwart'] liegt seit gestern aus, und auch der Sammelband ‚Deutschland und der Weltkrieg' wird versandt. Er sieht doch recht stattlich aus; für die Massen natürlich viel zu schwere Kost, und wenige vielleicht lesen das Buch ganz."

(Heidelberg, 25. Juli 1915)

Von zentraler Bedeutung war für Karl Hampe das August-Erlebnis von 1914 in Heidelberg. Er glaubte, wenn jeder seine patriotische Pflicht tue, könne die Nation nicht unterliegen.

GENERALGOUVERNEMENT BELG[IEN]

tschla[nd]
r Welt[krieg]

Carl Becker, Paul Darmstädt[er,]
[Ha]nke, Karl Hampe, Hans Luthe[r,]
[S]chmoller, Walther Schoenborn, [...]
[...]ner, Ernst Troeltsch, Hans Ube[r...]
Adolf Wermuth, Ernst Zitelm[ann]

herausgegeben von

[Fri]edrich Meinecke, Hermann [...]
Hermann Schumacher

Grenzen beim Ausbruch des Krieges:
- Deutsches Reich
- Luxemburg
- Belgien
- Frankreich
- Niederlande

••• Süd-Grenze des Generalgouvernements Belgien

Gebiete der Volkssprachen in Belgien:
- Oberdeutsch
- Niederdeutsch (Vlämisch)
- Wallonisch

Inset: *Westgrenzen des Deutschen Reichs 1648 und 1789*
- Ehemals deutsch, verloren zw. 1648 u. 1789
- Ehemals deutsch, verloren zw. 1789 u. 1866
- Deutsches Gebiet von 1866–1870
- Westgrenze Deutschlands nach dem westfäl. Frieden 1648
- Westgrenze Deutschlands von 1870–1914

Redig. von J. I. Kettler.

ZIVILISTEN

Die Karte des von Deutschen besetzten Generalgouvernements Belgien zieht nicht nur eine flämisch-wallonische Sprachgrenze durch das Land, sondern bereitet mit dem Verweis auf die territorialen Entwicklungen seit dem Westfälischen Frieden (1648) die Zerschlagung des belgischen Staates vor.

Seit 1903 war der in Bremen geborene Karl Hampe in Heidelberg Professor für Mittelalterliche Geschichte und Historische Hilfswissenschaften. Nach Kriegsbeginn engagierte er sich als Sanitätshelfer beim Transport von Verwundeten und übernahm die Vertretung von einberufenen Lehrern am städtischen Gymnasium. 1916 erhielt er das Kriegsverdienstkreuz. Wie viele andere national und monarchisch gesinnte Professoren war er im *Kulturkampf* gegen die Feinde Deutschlands aktiv und arbeitete bereitwillig mit den staatlichen und militärischen Behörden zusammen. In seinen Publikationen stellte Hampe die geschichtliche und völkische Existenzberechtigung des belgischen Staates in Frage. Er rechtfertigte den Überfall auf das neutrale Belgien und beschäftigte sich mit alldeutschen Annexionsplänen für den flämischsprachigen Landesteil. Kaiser Wilhelm II. und Generalfeldmarschall Paul von Hindenburg waren für ihn die Garanten seiner Weltordnung. Sein umfangreiches Kriegstagebuch spiegelt nicht nur im Detail den Alltag seiner kinderreichen Familie und das Leben an der Universität wider, sondern zeigt vor allem einen Gelehrten, der versucht, sich selbst und die auf ihn einstürzenden Nachrichten und Ereignisse sinnvoll historisch zu verorten.

Nach dem Zusammenbruch des Kaiserreichs wandelte sich Karl Hampe zum Vernunftrepublikaner, der im Gegensatz zu vielen seiner Universitätskollegen dem aufkommenden Nationalsozialismus ablehnend gegenüberstand.

RB

Deutschland und der Weltkrieg

In Verbindung mit Carl Becker, Paul Darmstädter, Hans Delbrück, Otto Franke, Karl Hampe, Hans Luther, Erich Marcks, Gustav v. Schmoller, Walther Schoenborn, Wilhelm Solf, Friedrich Tezner, Ernst Troeltsch, Hans Übersberger, Ottocar Weber, Adolf Wermuth, Ernst Zitelmann

herausgegeben von

Otto Hintze, Friedrich Meinecke, Hermann Oncken und Hermann Schumacher

Druck und Verlag von B. G. Teubner in Leipzig und Berlin 1915

Titelblatt und Inhaltsverzeichnis von *Deutschland und der Weltkrieg* aus dem Jahre 1915. Zusammen mit herausragenden Vertretern der Wissenschaft verfasste Hampe für das Außenministerium den voluminösen Band, der die deutsche Politik legitimieren und der gegnerischen Propaganda entgegenwirken sollte.

Inhaltsübersicht.

I. Deutschlands Stellung in der Welt.

	Seite
Deutschland und das Weltstaatensystem. Von Geh. Regierungsrat Professor Dr. Otto Hintze in Berlin	3
Der Geist der deutschen Kultur. Von Geh. Regierungsrat Professor Dr. Ernst Troeltsch in Berlin	52
Deutschlands Stellung in der Weltwirtschaft. Von Professor Dr. Hermann Schumacher in Bonn	91
Die deutsche Kolonialpolitik. Von Staatssekretär Dr. Wilhelm Solf in Berlin	142
Das deutsche militärische System. Von Geh. Regierungsrat Professor Dr. Hans Delbrück in Berlin	171
Die deutschen Institutionen und der Geist des öffentlichen Lebens:	
A. Herkunft und Wesen der deutschen Institutionen. Von Wirkl. Geh. Rat Professor Dr. Gustav von Schmoller in Berlin	186
B. Das deutsche Staatsbürgertum und seine Leistungen in der Selbstverwaltung. Von Stadtrat Dr. Hans Luther in Berlin. Mit einem Nachwort von Wirkl. Geh. Rat Oberbürgermeister Adolf Wermuth in Berlin	219

II. Deutschlands Bundesgenossen.

Österreich-Ungarn:
A. Der innere Aufbau der österreichisch-ungarischen Monarchie. Von Hofrat Professor Dr. Friedrich Tezner in Wien	239
B. Die auswärtige Politik Österreich-Ungarns. Von Professor Dr. Ottocar Weber in Prag	249
Die Türkei. Von Professor Dr. Carl Becker in Bonn	270

III. Die Machtpolitik unserer Gegner.

Die Machtpolitik Englands. Von Geheimem Rat Professor Dr. Erich Marcks in München	297
Die Machtpolitik Frankreichs. Von Professor Dr. Paul Darmstädter in Göttingen	323
Belgien und die großen Mächte. Von Geh. Hofrat Professor Dr. Karl Hampe in Heidelberg	348
Rußland und der Panslawismus. Von Professor Dr. Hans Übersberger in Wien	393
Die Rolle Serbiens. Von Professor Dr. Hans Übersberger in Wien	424
Die Großmächte in Ostasien. Von Professor Dr. Otto Franke in Hamburg	435

IV. Vorgeschichte und Ausbruch des Weltkrieges.

Die Vorgeschichte des Krieges. Von Professor Dr. Hermann Oncken in Heidelberg	463
Der Ausbruch des Krieges. Von Professor Dr. Hermann Oncken in Heidelberg	536
Anhang: Die Neutralität Belgiens. Von Professor Dr. Walther Schoenborn in Heidelberg	565

V. Der Geist des Krieges.

Krieg und Menschlichkeit. Bearbeitet auf Grund amtlichen Materials	593
Kultur, Machtpolitik und Militarismus. Von Geh. Regierungsrat Professor Dr. Friedrich Meinecke in Berlin	617
Der Krieg und das Völkerrecht. Von Geh. Justizrat Professor Dr. Ernst Zitelmann in Bonn	644
Der Sinn des Krieges. Von Geh. Regierungsrat Professor Dr. Otto Hintze in Berlin	677

Die
...ther Bas...
...stardierungs...
... Menschen

...he und ethnographische...
...stardvolk in Deutsch-Süd...
... Kol... und Akademie...

ZIVILISTEN

Der Weg zur *völkischen Rassenhygiene*

Eugen Fischer
Anthropologe
5.7.1874 – 9.7.1967

„Und dass der große Völkerkampf, der ja nicht zu Ende ist, auch eine anthropologische Seite hat, nicht etwa nur, weil allerlei ‚Farbige' in der Front standen, sondern besonders deshalb, weil die Fragen des Männerverlustes, der Ausmerzung Tapferer und Gesunder, die Geburtenrückgangsfrage und andere sozial-anthropologische Fragen größte und lebenswichtigste Probleme der Kulturvölker sind."

(Vorwort in: Schwalbe: Anthropologie, 1923)

Das Kriegsgefangenenlager als anthropologisches Versuchslabor: sogenannte „*Russentypen*" im Lager Heuberg 1917.

Das *Völkerringen* wurde auch als Kampf der Kulturen interpretiert, in dem das Deutschtum genötigt war, seinen Platz in Europa gegen die *westlich-individualistische Zivilisation* und das *russische Barbarentum* zu verteidigen. Dieser Kampf wurde auf zwei Ebenen geführt: nach außen auf den Schlachtfeldern Europas, nach innen bei der *Reinigung* des von fremden Einflüssen *infizierten Volkskörpers*. Eine junge Garde von Anthropologen lieferte dafür das pseudo-wissenschaftliche Rüstzeug. An prominenter Stelle positionierte sich der Freiburger Professor Eugen Fischer, 1913 Autor einer viel beachteten Publikation über die *Rehobother Bastards*, der in der Rassenmischung die Ursachen für die Dekadenz und den *biologischen Niedergang moderner Gesellschaften* sah. Der in Karlsruhe geborene Fischer studierte in Freiburg und München Medizin und Naturwissenschaften. Sein Interesse für die genetische *Variabilität* des Menschen führte ihn schnell zur Anthropologie, die er mit einem biologistischen rassenkundlichen Theoriegebäude verknüpfte und sie auf die Nation, das Volk, fokussierte.

Nach dem Krieg erntete er die Früchte seiner Arbeit. Als Lehrstuhlinhaber in Freiburg und Berlin bot er die Sozialanthropologie als praktikables Werkzeug zur Lösung der *rassischen Durchmischung* wie auch der *Wehrhaftmachung* des Volkes an. Damit wurde er zum unmittelbaren Wegbereiter nationalsozialistischer Rassenlehren. Dem 1927 neu gegründeten Kaiser-Wilhelm-Institut für Anthropologie, menschliche Erblehre und Eugenik in Berlin stand er als Direktor bis 1942 vor. Auch nach dem Ende des Zweiten Weltkriegs wurde Fischer als bedeutender Vertreter seines Fachs hofiert und erhielt zahlreiche Auszeichnungen. Er starb 1967 in Freiburg.

KH

ZIVILISTEN

Freiburg i/B den 2. Juni 1908.

An die hohe medizinische Facultät
   der Albert Ludwigs Universität Freiburg i/B.
z. Hd. Sr. Spectabilität des Herrn Dekans, Prof. Dr. Straub.

Eine hohe Facultät bitte ich sehr ergebenst, mir zur Ausführung einer anthropologischen Studienreise nach Deutsch-Südwest-Afrika Urlaub bei hohem vorgesetzten Ministerium gütigst erwirken zu wollen für die letzten zwei Wochen des laufenden Sommersemesters, also vom 18. Juli an und für die ersten Wochen des folgenden Wintersemesters, also etwa bis 18. November 1908. — Ich werde die dadurch ausfallenden Collegstunden grossentheils durch eingeschobene Stunden ersetzen.

Einer hohen Facultät
   sehr ergebener
      Prof. Dr. E. Fischer

1913: 2411

Die
Rehobother Bastards
und das Bastardierungsproblem beim Menschen

Anthropologische und ethnographische Studien
am Rehobother Bastardvolk in Deutsch-Südwest-Afrika

ausgeführt mit Unterstützung der Kgl. preuß. Akademie der Wissenschaften

von

Dr. Eugen Fischer
Professor an der Universität Freiburg i. Br.

Mit 19 Tafeln, 23 Stammbäumen, 36 Abbildungen im Text und vielen Tabellen

Jena
Verlag von Gustav Fischer
1913

Urlaubsantrag Fischers für Feldforschungen in Deutsch-Südwest Afrika 1908.

Eugen Fischer: Die Rehobother Bastards, Jena 1913: Ein Nachdruck erschien noch 1961.

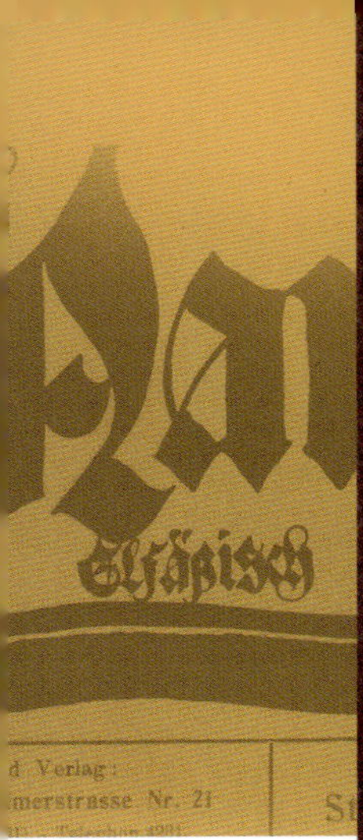
Elsässisch
d Verlag:
merstrasse Nr. 21

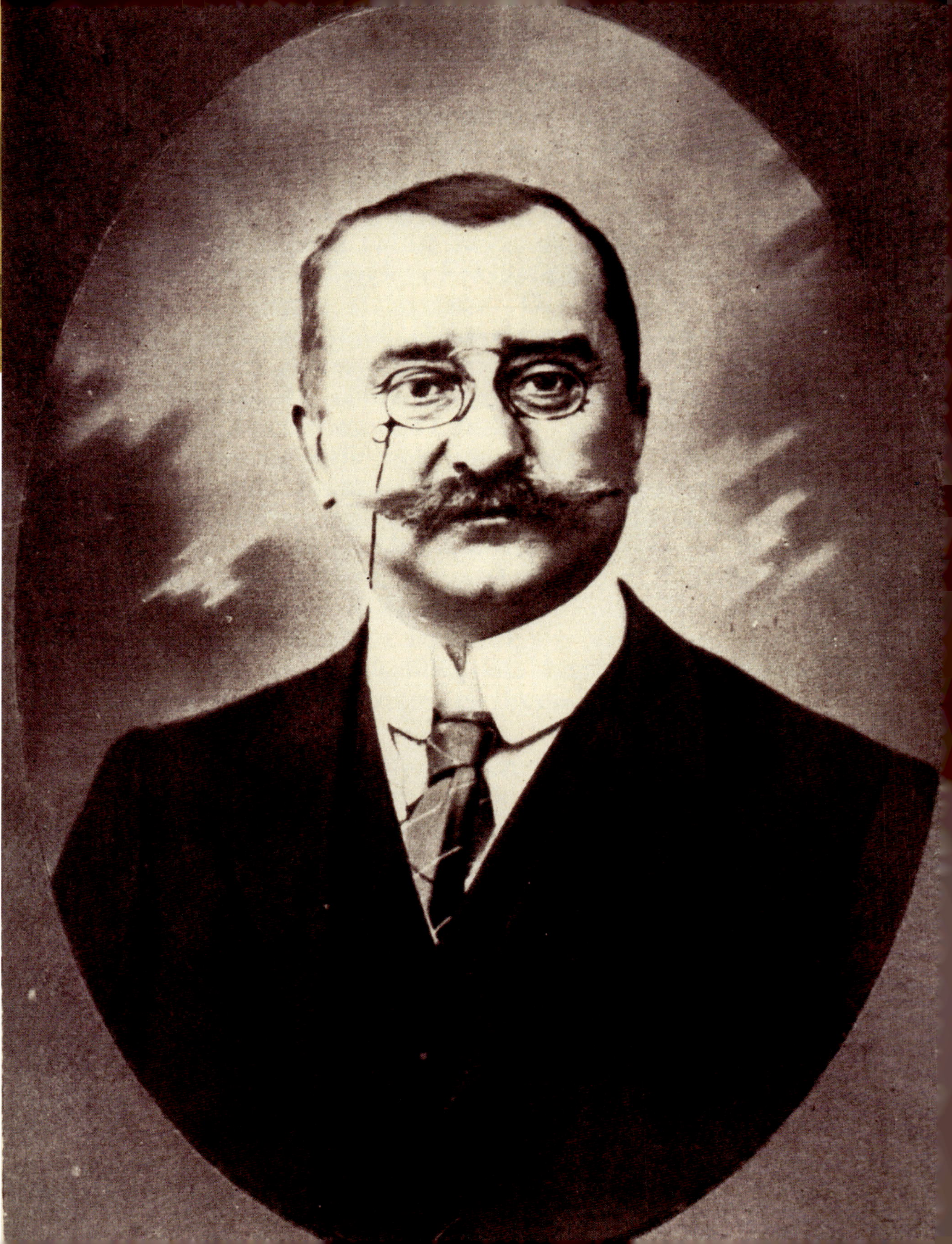

ZIVILISTEN

Für ein autonomes Elsass

Eugen Ricklin
Politiker
12.5.1862 – 4.9.1935

„Ich bin entschlossen, falls es nötig werden sollte, diesen Kampf für unser Elsässertum, wie es meinem Ideal entspricht, mit derselben Ausdauer und derselben Hingabe auch gegen eine andere Front zu kämpfen."

(Schreiben an Alexandre Millerand, General-Kommissar von Elsass und Lothringen, 29. Oktober 1919)

Eugen Ricklin als Präsident der Zweiten Kammer des Landtags von Elsass-Lothringen

Ricklin wurde als deutschlandfreundlich angegriffen. Dies belegen die von Hansi gestalteten Postkarten, die ihm seine Gegner ins Gefängnis schickten, oder dieses gefälschte Plakat.

Deutsche Els De

Wir können heute

Wir werden den Hergelau deutsches Elsass gehört.

„Was deutsch war

Eugen Ricklin hatte in Deutschland Medizin studiert und sich 1889 in seinem Heimatort Dammerkirch (Dannemarie) als Bezirksarzt für Arbeitsmedizin niedergelassen. Zunächst Gemeinderat, dann Bürgermeister von Dammerkirch bis 1902, setzte er sich für die Anerkennung des Reichslandes Elsass-Lothringen als gleichberechtigten Bundesstaat innerhalb des Deutschen Reiches ein. Als Reichstagsabgeordneter von 1903 bis 1918 und als Präsident des Landtags von Elsass-Lothringen 1911 kämpfte er für die Autonomie des Elsass. Im Februar 1915 wurde er in Soultz (Oberelsass) zum Militärarzt berufen, dann auf die anderen Schlachtfelder der Westfront geschickt. 1917 wurde er Präsident des Bezirkstages des Oberelsass und setzte seinen Kampf für einen Bundesstaat Elsass fort. Am 11. November 1918 nahm er an der Proklamation des bisherigen Landtages zum neuen Nationalrat von Elsass-Lothringen teil.

Als das Elsass aber wieder französisch geworden war, wurde er nach Deutschland ausgewiesen, wo er sich erneut ins politische Leben einbrachte und der Bewegung *Die Zukunft* anschloss. Nach Ricklins Rückkehr nach Frankreich wurde er 1925 von der Ärztevereinigung von Mülhausen und Umgebung ausgeschlossen, konnte aber als Mediziner für die örtliche Krankenkasse des Bezirks Dannemarie arbeiten. Im Jahr 1928 wurden die Autonomisten im sogenannten Prozess von Colmar der Verschwörung gegen die Sicherheit des Staates angeklagt: Dr. Ricklin wurde zu einem Jahr Gefängnis und fünf Jahren Verbannung verurteilt. Er beendete seine politischen Aktivitäten 1934, nachdem seine Wahlerfolge mehrfach für ungültig erklärt worden waren.

LBW

asser
Sieg ist unser
sprechen wie wir wollen
enen Erbfeinden zeigen, wem unser

muss deutsch bleiben!"
räsidenten von Hindenburg
erden uns unsere deutschen
och unsere deutsche Heimat
Dr RICKLIN.

Das Narrenschiff
Elsässisch satirisches Wochenblatt

Redaktion und Verlag:
STRASSBURG, Hönheimerstrasse Nr. 21
(21, Rue Charles Appell) - Telephon 4231.

Nr. 19
Strassburg, den 10. Mai 1930
Postscheck - Konto 1294.

Abonnement im Inland: 1 Vierteljahr **6 frs.**, 6 Monate **12 frs.** und 1 Jahr **24 frs.** Man abonniert bei der Post oder direkt beim Verlag.
Für das Ausland: 1 Vierteljahr **9 frs.**, 6 Monate **17.50 frs.**, 1 Jahr **35 franz. Franken.** — Der Betrag ist mit der Bestellung einzusenden.

Strassburg als Grosstadt.
Die Lösung der Verkehrsfrage.

Die Präfektur hat in der Münstergasse den « Sens Unique » eingeführt. Ausserdem gibt sie bekannt:

« Das Stationieren der Fuhrwerke und Autos ist obligatorisch an den ungeraden Daten auf der Seite der ungeraden Häusernummern und an geraden Daten auf der Seite der geraden Häusernummern. »

Diese Bestimmung ist dermassen kompliziert, dass wir vorschlagen, sie folgendermassen zu vereinfachen.

Das Stationieren der Fuhrwerke und Autos ist obligatorisch auf der Seite der ungeraden Häusernummern an den Tagen an denen der Kalenderheilige mit einem ungeraden Buchstaben des Alphabets (a, c, e usw.) beginnt, wenn der Lenker des Autos an einem ungeraden Monat geboren ist und die Quernummer seines Geburts-, Tauf- und Heiratsdatums addiert zur Zahl der Knöpfe an seiner Weste und der Anzahl der Pferdekräfte des Automobilmotors, durch 3 teilbar ist, erfolgt das Halten in umgekehrter Weise.

Nach diesen ebenso einfachen als klaren Verordnungen, dürfte das Verkehrsproblem in Strassburg musterhaft gelöst sein!
Ringelnatter.

Vorgeböjt.

Mamme: «Was, am viere hesch d'Schüele üs ghett unn jetzt isch siwe durch, wo hesch Dich so lang erumgetriewe, elender Lüser, ass de bisch?»

Schorschel: «Ich hab mich nit erumgetriwe, Mamme. Ich hab mich bloss im Office d'habitation à bon marché fier e billige Wohnung vormerke lonn, dass ich e mol in e Stüecker zwanzig Johr dran kumm, wenn ich so brüch!»

In letzter Stunde eine Katastrophe verhütet.

Paris, 9. Mai. — Wie uns soeben von unserem ständigem Sonderberichterstatter zugeht, hätte die Regierung Tardieu, der man bereits in der Affäre des Präfektenschubs in patriotischen Kreisen allgemein eine wenigstens in Bezug auf das Elsass unglückliche Hand nachsagt, beinahe noch einen viel schlimmern politischen Fehler begangen, wenn ihr nicht in letzter Minute durch das entschlossene Eingreifen der Herren Dr. Oberkirch und Grumbach die Augen geöffnet worden wären. Beabsichtigte doch der Ministerpräsident in voller Verkennung der Tatsachen und Auswirkungen die Präfekturen in Colmar und Strassburg mit richtigen Elsässern, die im Lande geboren und aufgewachsen sind und bis auf wenige Studienjahre immer im Elsass gelebt haben, besetzen. Zum Glück haben dieses mal die Herren Grumbach und Oberkirch von dieser hochverräterischen Absicht des Herrn Tardieu Kenntnis erhalten und ihre Verwirklichung in letzter Stunde verhindert.

Ergreifende Abschiedsfeier in Colmar

Der Abschied des Herrn Präfekten Susini von Colmar gestaltete sich besonders dadurch ergreifend, dass eine Delegation der Bande encanaillée sich einfand. Ihr Führer Dr. Ricklin überreichte dem scheidenden Präfekten eine vergoldete Handfessel zum Andenken an seine Tätigkeit im Elsass.

ZIVILISTEN

Die Wochenzeitung *Das Narrenschiff* illustrierte 1930 die Abreise des Präfekten des Oberelsass, Joseph Susini, der die Maßnahmen gegen die Autonomisten vorangetrieben hatte, besonders die Gefängnisstrafen im Prozess von Colmar.

Seit Dezember 1927 eingesperrt, gewann Ricklin die Wahl zur französischen Nationalversammlung im Stimmbezirk Altkirch im April 1928.

Das seit August 1914 von französischen Truppen besetzte Dannemarie war Kampfgebiet: hier der zerstörte Eisenbahn-Viadukt im Mai 1917.

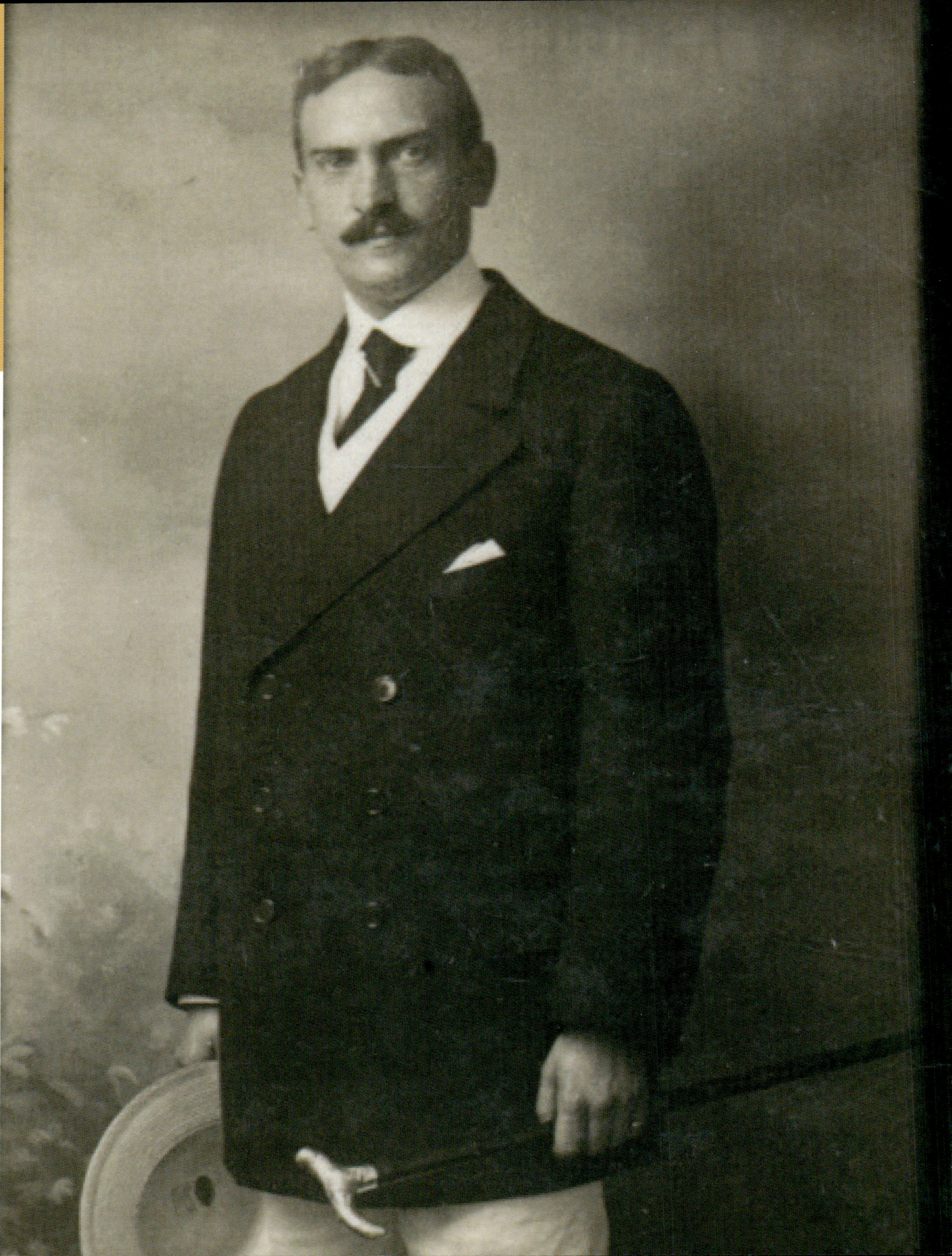

ZIVILISTEN

Zum Tode verurteilt

Alfred Meyer
Spion
23.5.1877 – 13.9.1915

„Ich bereue auf's tiefste meine Schuld. Ich erflehe Eurer Majestät allmächtige Gnade für mein Leben mit Rücksicht auf meine unschuldige Frau und meine drei unmündigen Kinder und meine 70 jährige gebrechliche Mutter."

(Telegramm an Kaiser Wilhelm II., Mülhausen, 3. September 1915)

Alfred Meyer als erfolgreicher Geschäftsmann in Mülhausen

X

ZIVILISTEN

Mit Geheimtinte beschriebenes Schriftstück: Die Worte, die über eine Flamme gehalten wurden, erscheinen, während die anderen kaum lesbar sind.

Als Mit-Geschäftsführer einer Transportfirma in Mülhausen arbeiteten Alfred Meyer und sein Partner Schauenberg für die Militärverwaltung und organisierten den Transport diverser Waren. Durch seine häufigen Reisen und seine Zugehörigkeit zu einem frankophonen bzw. frankophilen Kreis machte er sich rasch verdächtig und wurde am 28. März 1915 wegen Spionage in Lörrach verhaftet. Bei ihm wurde ein explizit deutschfeindlicher Brief gefunden, den er über die Schweiz nach Paris weiterleiten sollte. Dazu kam ein Flakon mit verdächtigem Inhalt, der mittels einer Notiz seines Neffen, eines Chemikers, identifiziert werden konnte: Es handelte sich um eine Geheimtinte und eine Gebrauchsanweisung. Eine Liste der Bestandteile für ein zweites Rezept war beigefügt. Bei der Hausdurchsuchung fanden die deutschen Behörden zwei Notizhefte bzw. Kalender, in die Meyer seine Aufenthaltsorte, die Namen seiner Kontaktpersonen und vor allem seine Eindrücke von den Kämpfen, deren Schlachtenlärm er gehört hatte, genau notiert hat. Auch tauchten Informationen, natürlich chiffriert, über die deutschen Truppenbewegungen auf.

Während seiner Untersuchungshaft in Lörrach versuchte Meyer den Gefängniswärter zu ermorden, um entfliehen zu können. Am 2. August 1915 wurde er wegen Verrats und Spionage zunächst zu lebenslanger Haft verurteilt, was aber ein Monat später in die Todesstrafe umgewandelt wurde. Trotz seines per Telegramm an den Kaiser übermittelten Gnadengesuchs wurde er am 13. September 1915 in Mülhausen erschossen. Die französische Regierung verlieh ihm 1916 posthum die Auszeichnung des *Croix de Guerre*.

LBW

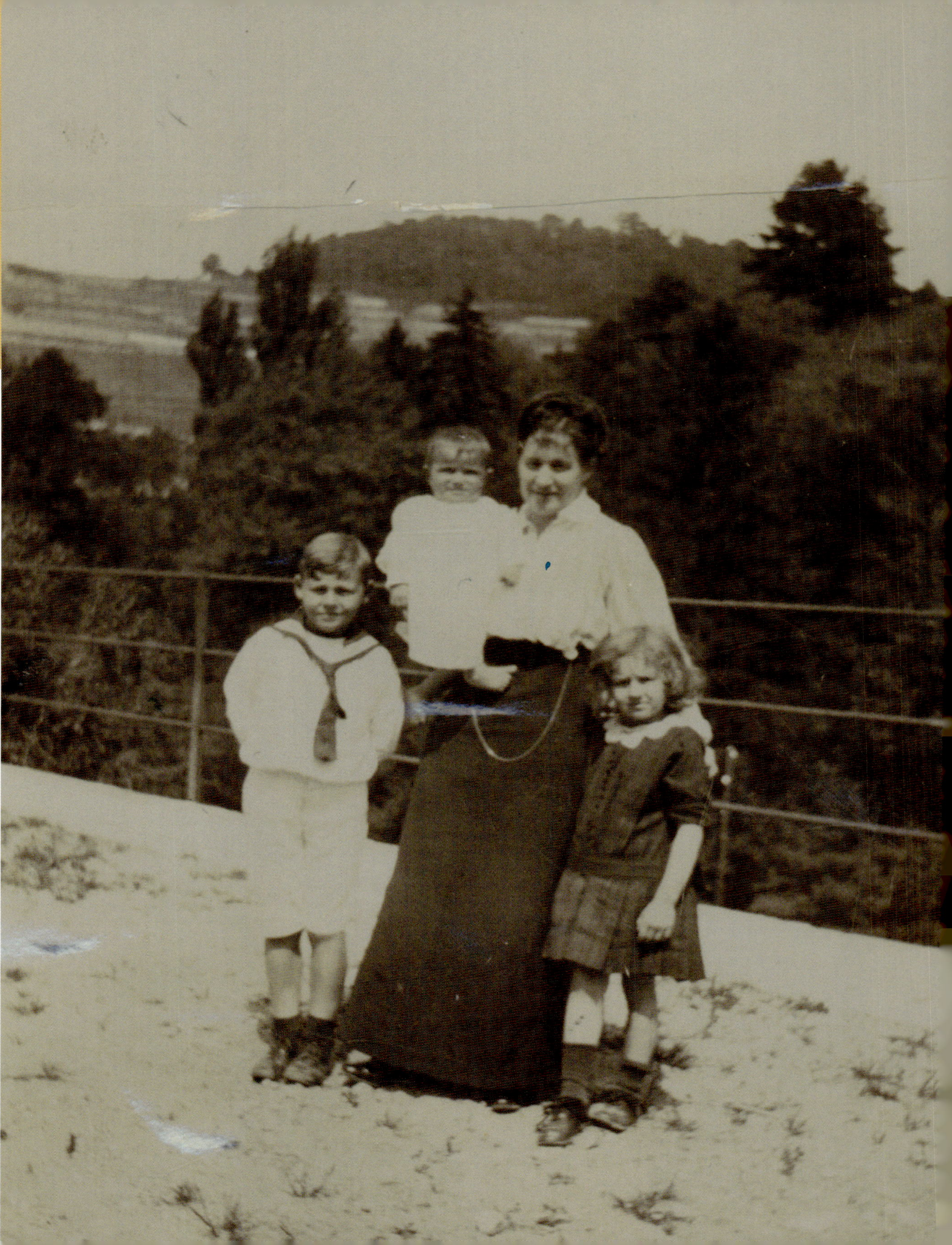

Foto von Meyers Ehefrau und seinen drei Kindern, das sie ihrem Gnadengesuch aus der Schweiz an das Gericht beilegte.

„*Wieder ein rotes Plakat!*", vertraute Elisabeth Lévy in Colmar ihrem Tagebuch am 14. September 1915 an, nachdem sie das Plakat über Alfred Meyers Hinrichtung gelesen hatte.

Erschossen

wurde heute der Spion

Alfred Meyer

Spediteur und Grosskaufmann in Mülhausen im Elsaß

Er hatte sein Vaterland an Frankreich verraten und war deswegen vom Gericht der Etappenkommandantur zum Tode verurteilt worden.

Armee-Hauptquartier, 13. Sept. 1915

Der Oberbefehlshaber.

5

Selbstbewusste Posen mit männlichem Habitus: Arbeiterinnen eines Pionierparks hinter der Front 1917/18.

Frauen und Kinder

Elsass

Elisabeth Lévy beschreibt in ihrem zwischen 1914 und 1915 lückenlos geführten Tagebuch den Alltag der Colmarer Bevölkerung und vergleicht am Jahresende 1915 die standesamtlichen Statistiken: Feierte man in Colmar im Jahr 1914 221 Hochzeiten, so waren es 1915 nur noch 122 Heiraten. Wurden 1914 860 Kinder geboren, so sind es 1915 nur noch 630. Mit dem Begriff des Krieges verbindet man spontan hauptsächlich Bilder von Soldaten, Schlachtfeldern und militärischen Auseinandersetzungen, doch stehen unversehens auch die Familien inmitten des Konflikts: Das Modell der Familie zerbricht, während es gleichzeitig zur Motivation der Truppen instrumentalisiert wird. Obwohl sie hinter der Front geblieben sind, finden sich Frauen und Kinder *in vorderster Linie* wieder.

Als die Männer an die Front ziehen, übernehmen die Frauen im Hinterland ihre Rolle. Ohne behaupten zu wollen, dass erst der Erste Weltkrieg die Frauen in die Arbeitswelt eingeführt hat, bewirkte dieser dennoch einen starken Entwicklungsschub zur Integration in eine Welt, die bisher exklusiv männlich geblieben war. In den Fabriken bzw. den landwirtschaftlichen Familienbetrieben werden die Frauen für die Wirtschaft mobilisiert und übernehmen im Krieg eine aktive Rolle. Die Waffenfabriken beschäftigen sie in großer Zahl: Die als *Munitionnettes* bezeichneten Arbeiterinnen der Rüstungsindustrie bauen Waffen und liefern die Munition für ihre Ehemänner. Ende 1918 zählt man 430.000 Frauen, aber auch 108.000 Kinder, die in den französischen Fabriken arbeiten und die Belegschaften verstärken. Die Intensivierung und die Dauer des Weltkriegs führen zu einer Weiterentwicklung der Kampftechniken: Die Risiken, denen die Arbeiterinnen ausgesetzt sind, verändern sich. Die Handhabung von chemischen Stoffen und Sprengstoff birgt neue Gefahren. In den landwirtschaftlichen Betrieben übernehmen die Frauen neue Verantwortlichkeiten, zu ihren täglichen Arbeiten kommt die Verwaltung der Höfe hinzu, deren Erträge aufgrund mangelnder Arbeitskräfte unvermeidlich sinken. Schwieriger wird auch der Alltag der in den Städten wohnenden Frauen. Sie arbeiten tagsüber in den Fabriken. Zudem müssen sie beim Einkauf von Waren – von mehr oder weniger guter Qualität – lange Stunden vor den Geschäften in der Schlange der Wartenden anstehen. Ab dem Jahr 1915 tritt in Deutschland eine gravierende Lebensmittelkrise ein: Es gibt nur noch *Kriegsbrot*, *Kriegsbier* und *Kriegskaffee*. Die Preise steigen unaufhörlich, und ab 1916 entwickelt sich der Schwarzmarkt. Die Bevölkerung steht bei der Bewältigung ihres Alltags vor immer größeren Problemen. Im September 1916 wird in Elsass-Lothringen eine Unterstützungseinrichtung für Kriegerwitwen und Waisenkinder gegründet. In Rixheim organisiert man für die Frauen sogar eine Informationsveranstaltung über die Verwendung von Lebensmitteln. 1917 wird die tägliche Lebensmittelration für Frauen auf 1.200 Kalorien festgesetzt. Es entwickeln sich Konflikte zwischen der hungernden Zivilbevölkerung und den Händlern, denen vorgeworfen wird, privilegiert zu sein und die schwierige Lage auszunutzen.

Zudem schwächt die hohe Kindersterblichkeit die Familienstrukturen. Die schlecht ernährten Kinder erkranken leicht. Aufgrund der Armut nimmt in den Städten die Jugendkriminalität zu. Mittels der staat-

FRAUEN UND KINDER

Baden

Bei fast allen militärischen Konflikten bleiben deren unmittelbare Auswirkungen nicht auf die eigentlichen Kombattanten beschränkt. Abhängig vom Umfang und der Intensität der Kriegshandlungen, den vom Kampf betroffenen Räumen und den verwendeten Waffen können so auch erwachsene Zivilisten und Kinder zum Opfer der Kriegshandlungen werden. Hinzu kommen für diese Personengruppe auch mittelbare Auswirkungen im sozialen und ökonomischen Bereich.

Eine Definition, wann man für die Zeit des Ersten Weltkriegs das Ende des Kindesalters veranschlagen kann, fällt schwer. Zu konstatieren bleibt aber im Hinblick auf eine Reihe von Kriegsparteien, dass das Alter der eingezogenen Rekruten mit fortschreitendem Kriegsverlauf und vor dem Hintergrund der zu kompensierenden Menschenverluste immer weiter sank. Bei den erst 18jährigen oder noch jüngeren Rekruten bleibt es ins Belieben des Betrachters gestellt, noch von *halben Kindern* oder bereits von Erwachsenen zu sprechen. Verschweigen sollte man indes nicht, dass nur ein Teil von diesen gegen ihren Willen eingezogen wurde, ein anderer Teil hingegen, auf den der Krieg einen entsprechenden Reiz ausübte, sich freiwillig zu den Waffen meldete. Der 1902 geborene Ernst von Salomon, als Kadett zu Kriegsbeginn zweifellos noch ein Kind, kam zwar nicht mehr zum Fronteinsatz, war aber

Noch ist es ein Spiel: Prof. Dr. Karl Hofmann und die 16jährigen Jungen der 4. Kompanie der Jugendwehr Karlsruhe bei einer paramilitärischen Übung im Mai 1915. Schützengraben, Feldtelefon und Handgranaten gehören dazu.

Elsass

Kindliche Darstellung eines *Heldengrabs* 1914/15.

lichen Erziehung hofft man, auffällig gewordene Jugendliche wieder auf den rechten Weg zu bringen: Der Schulunterricht und seine Inhalte werden entsprechend umorganisiert. In den Geschichtsbüchern, die Hansi für die Schulkinder zeichnet, werden die Kinder karikiert: Kleine Elsässer in traditioneller Kleidung werden kleinen pausbäckigen Deutschen gegenübergestellt. Auch der Gesamtzusammenhang wird karikiert: Der preußische Schulmeister trichtert ihnen patriotische Lektionen ein, während der französische Lehrer idealisiert dargestellt wird. In den befreiten Gebieten des Sundgaus werden 1914 die französischen Unterrichtsmethoden eingeführt. Man diskutiert die zu benutzenden Unterrichtsmodelle sehr intensiv: Im Gegensatz zur indirekten Unterrichtsmethode, die auf der systematischen Übersetzung des Deutschen ins Französische basiert, zielt die direkte Methode darauf, die Schüler in eine frankophone Umgebung hinein zu versetzen. Der Klassenraum ist mit französischsprachigen Karten und Bildern geschmückt und die Konversation wird bevorzugt. Die erste in Masevaux im März 1915 in Französisch erteilte Unterrichtsstunde ist ein großes Ereignis. Die Kinder tragen Sonntagskleider, ihre Eltern sind im hinteren Klassenraum anwesend und nehmen am Unterricht teil, der von einem französischen Lehrer, der zugleich Soldat ist, erteilt wird – in Anwesenheit des deutschen Lehrers. Das Unterrichtsthema klingt wie eine Bestäti-

Baden

vorbehaltlos kriegsbegeistert und bereit, auf dem Schlachtfeld sein Leben zu lassen. Von den insgesamt 16.136 Schülern an den höheren Schulen Badens traten bei Kriegsausbruch 874 sogleich ins Heer ein. Davon waren 16jährig und jünger 18%, 17-18jährig 64%, 19-20jährig und älter 18%. Allein von den Oberprimanern waren 58% direkt zu den Fahnen geeilt. Bis Juni 1915 hatte sich die Anzahl der Kriegsdienst leistenden Schüler auf insgesamt 1.225 erhöht, von denen zu diesem Zeitpunkt aber bereits 166 gefallen waren. Gleichzeitig waren von ihren 1.564 Lehrern 693 ins Feld gerückt und 75 schon tot. Die alsbald in vielen Orten von Lehrern und Offizieren aufgestellten freiwilligen Jugendwehren bereiteten die Jungen mit militärischen *Geländespielen*, an denen allein in Karlsruhe 1917 etwa 400 sogenannte Jungmannen teilnahmen, auf ihren baldigen Kriegseinsatz vor. Der Unterricht wurde reduziert, viele Schulen wurden geschlossen und in Lazarette umgewandelt.

Beim Blick über die Grauzone von Jugend und Heranwachsendenalter hinaus auf Kinder im eigentlichen Sinne muss von diesen allerdings zweifellos als Opfer gesprochen werden. In den vom Krieg verwüsteten Gebieten Nordostfrankreichs wurden durch den deutschen Einmarsch etwa drei Millionen Personen vertrieben, darunter viele Kinder. Schlimmstenfalls verloren diese nicht nur die vertraute Umgebung, sondern sogar ihr Leben. Erhebliche Auswirkungen hatte der Erste Weltkrieg auch auf die familiären Strukturen in den kriegführenden Ländern. Die Kämpfe an allen Fronten hinterließen ein Millionenheer von Kriegswaisen, die neben den Vätern auch zahlreiche andere männliche Verwandte verloren hatten. Vergli-

chen mit den im Zweiten Weltkrieg getöteten Kindern – vor allem im Rahmen des von Deutschland verüb ten Völkermords aber auch des Luftkriegs – war de ren Zahl zwischen 1914 und 1918 sicherlich deutlich geringer. Aber auch im Oberrheingebiet gab es seh junge Opfer. In diesem Zusammenhang sind etwa französische Luftangriffe auf Karlsruhe und Freiburg zu erwähnen. Beim schwersten Angriff auf die badi sche Hauptstadt am 22. Juni 1916 trafen Bomben ein Zirkuszelt, wobei 120 Menschen, darunter 71 Kinder getötet und 167 verletzt wurden. Bombentreffer im Freiburger Stadtteil Stühlinger töteten 1915 eine Rei he von Kindern, die dort nichtsahnend gespielt hat ten.

Hinsichtlich der Millionen Frauen, die von den Kämp fen im Ersten Weltkrieg unmittelbar oder mittelba betroffen waren, verbietet sich angesichts der Viel gestaltigkeit der Einzelschicksale eine generalisie rende Bilanz, und so können nur einzelne Aspekt Erwähnung finden. Zu den ersten zivilen Opfern de Krieges an der deutschen Westfront zählten Frauen die bei Übergriffen der deutschen Streitkräfte auf di Zivilbevölkerung wie etwa Geiselerschießungen ge tötet oder deportiert und in Deutschland festgesetz wurden. Die deutsche Seite verschleppte im weitere Kriegsverlauf zudem eine Vielzahl von Belgierinne und Französinnen zur Zwangsarbeit nach Deutsch land. Alsbald zeitigte der Krieg für die Frauen in de betroffenen Ländern auch Auswirkungen in mate rieller Hinsicht. In Millionen von Haushalten fiel m der Einberufung der Ehemänner die Hauptverdiens quelle weg. Allein in Deutschland erhielten Ende 191 etwa vier Millionen Familien eine staatliche Unte

Elsass

gung des Sieges und betont insgesamt die Ausrichtung der Schule auf Frankreich: *„Frankreich ist unser Vaterland, Vive la France."* Den Kindern wird patriotische Pflichterfüllung intensiv vermittelt. In anderen elsässischen Regionen marschieren die in Schulbataillonen der *Jugendwehr* organisierten Kinder regelmäßig uniformiert durch die Städte und identifizieren sich mit den Soldaten. In Deutschland, wie auch in Frankreich, zeigen ihnen die Spielzeuge, wie man Krieg führt. Die Jugendliteratur verherrlicht den Mut und den Patriotismus legendärer Kinder, die Helden sein sollen. Dennoch gibt es wenige direkt an Gefechten beteiligte Kinder, wie etwa Gustave Chatain, der fünfzehnjährige *„jüngste Caporal der französischen Armee."*

Die Symbolfiguren des jeweiligen Vaterlands, Marianne und Germania, verkörpern das Modell der idealisierten Frau, die die Truppen moralisch bestärkt und motiviert. Frauen erscheinen auf Propaganda-Plakaten und illustrierten Postkarten, die zwischen den Soldaten und ihren Familien ausgetauscht werden. In Form von Fotografien oder Zeichnungen erinnern sie den Soldaten an die Frau, die er verlassen musste und die seine Rückkehr erwartet. Mittels verführerischen Augenzwinkerns lassen diese Frauen den Wunsch nach einem Wiedersehen aufkeimen oder übermitteln Liebesbotschaften. Sie feuern die Truppen zum Kampf und für den Sieg an. Die Rolle der Frau ist von so zentraler Bedeutung, dass die deutsche Heeresleitung den Klerus in den schwierigsten Stunden bittet, sie zur Ordnung zu rufen: Trotz ihrer Unruhe und ihrer Ermattung sollen die Ehefrauen, Verlobten oder Soldatenmütter in ihren brieflichen Mitteilungen darauf achten, die Truppen nicht zu demoralisieren. Als Krankenschwestern des Roten Kreuzes, als Kantinenbeschäftigte oder Nonnen im Dienst der Soldaten sind sie trotzdem oftmals Zeuginnen grausamer Kämpfe. Im Rahmen patriotischer Vereinigungen und karitativer Einrichtungen, zu denen oftmals Frauen des Bürgertums zählen, bieten die Frauen den Soldaten moralischen Halt. Ebenso wie Elisabeth Lévy im Militärkrankenhaus von Colmar wechseln sie einige Worte mit Gefangenen oder Verwundeten und überbringen ihnen Pakete.

Die Frau wird aufgrund dieses Einflusses, den sie auf die Truppe ausübt, in vielfacher Weise aber auch als verdächtig eingeschätzt. Die Verführung stellt eine Waffe derjenigen Frauen dar, die Spioninnen werden bzw. sich mit dem Feind verbrüdern. Frauen, die es sogar wagen, Beziehungen zu feindlichen Soldaten zu knüpfen, beschuldigt man des Verrats. In Deutschland verurteilt die Gesetzgebung zuerst die französischen Kriegsgefangenen: Diejenigen Soldaten, die Beziehungen zu deutschen Frauen haben, können mit bis zu drei Jahren Gefängnis bestraft werden. Zivilisten, deren Patriotismus in Frage gestellt wird, riskieren ein Jahr Gefängnis. Dennoch können die Behörden niemals verhindern, dass sich private Kontakte entwickeln. Die Kinder, die während des Weltkriegs nach außerehelichen Beziehungen, als Folge von Vergewaltigungen oder Prostitution, das Licht der Welt erblicken, sind zahlreich und werden gesellschaftlich ausgegrenzt. Man kann der Frau – oder seiner eigenen Frau – nicht mehr vertrauen, man fürchtet einen möglichen Ehebruch oder gar die Prostitution, der nicht wenige Frauen nachgehen, um ihre Kinder zu ernähren, und es droht die Übertragung von Geschlechtskrankheiten. Die Prostituierten beschuldigt man, im Heer die

FRAUEN UND KINDER

Baden

stützung, die die entsprechenden Einbußen lindern sollte. Der Erste Weltkrieg machte zudem hunderttausende von Frauen in den betroffenen Ländern zu Kriegerwitwen. Negative Konsequenzen ergaben sich aus dem Verlust des Ehepartners dabei nicht nur im eher emotional-privaten Bereich. Die wirtschaftliche Lage der Hinterbliebenen war angesichts ungenügend hoher Witwenrenten, die sich häufig am militä-

Frankreich kehrt in die Schule zurück: Programm einer Schulfeier in Mittlach 1916.

Elsass

Syphilis zu übertragen und die Truppen zu schwächen. Sie werden in Deutschland wegen Verrats angeklagt. Frankreich hingegen entschließt sich im März 1918 zur gesetzlichen Regelung der Prostitution. Generell versucht man, die Prostitution einzugrenzen: Die kirchlichen Einrichtungen mahnen zur Wahrung der guten Sitten und die Aufrechterhaltung des traditionellen Familienmodell. Indem man im Rahmen ehelicher Beziehungen viele Kinder zeugt, unterstützt man ja zugleich das Vaterland. In den Fabriken wird die Frauenarbeit gefördert, für junge Müller werden Krippen und Stillräume eingerichtet. Ab dem Jahr 1915 korrespondieren sogenannte *Soldaten-Patinnen* mit den Soldaten, die alle Familienangehörigen verloren haben.

Von den nach Hause zurückkehrenden Soldaten sind viele kriegsversehrt, traumatisiert und aufgrund der jahrelangen Kriegserfahrungen ermattet. Erwerbstätige Frauen werden bei Kriegsende brutal aus den Fabriken entlassen. Jede betroffene Person sucht ihren Platz in der Gesellschaft, und das familiäre Gleichgewicht lässt sich schwer wieder ins Lot bringen. Der französische Staat beginnt ab dem Jahr 1917 die Aufgaben derjenigen Organisationen zu übernehmen, die gegründet worden waren, um die Kriegswaisen oder diejenigen Kinder, die von ihren Eltern nicht mehr erzogen werden können, zu betreuen. Dank nationaler Spen-

CHER DRAPEAU !
_Tu portes le drapeau du pays que j'adore
Et mon cœur, pour cela, te chérit plus encore.

Das Elsass liebt seinen französischen Befreier: Propagandapostkarte vom Beginn des Krieges.

FRAUEN UND KINDER

Baden

rischen Dienstgrad des Gefallenen und nicht an dessen früherem Einkommen orientierten, überaus prekär. Im weiteren Kriegsverlauf machte sich etwa in Deutschland zudem eine zunehmende Verknappung von Nahrungsmitteln und Verbrauchsgütern bemerkbar. Diese Mangelwirtschaft spürten insbesondere die mit der Versorgung der Familie betrauten Frauen unmittelbar. Als Folge kam es in deutschen Städten zu Hungerunruhen unter wesentlicher Beteiligung von Frauen.

Eine direkte Konsequenz des Kriegsbeginns war für viele Frauen der Verlust ihres Arbeitsplatzes, da zahllose Betriebe mit der Einberufung der Männer zum Kriegsdienst schließen mussten. In Deutschland bot der Nationale Frauendienst, ein Zusammenschluss von Frauenvereinen sowie kirchlichen, gewerkschaftlichen und sozialdemokratischen Frauenorganisationen Informationen über bestehende Hilfsangebote an. Er half zudem in den Bereichen Arbeitsvermittlung, Lebensmittelversorgung und Kriegsfürsorge für Not leidende Familien die entstandenen sozialen Probleme abzufedern und die zivile – und damit auch weibliche – Mobilmachung voranzutreiben. Die Mittel der zumeist lokal organisierten Kriegsfürsorge entstammten Spenden und Zuschüssen der Städte und Kommunen. Im Verlauf des Ersten Weltkriegs stieg in den betroffenen Ländern die Frauenerwerbsquote wieder an. Den durch Einberufungen bedingten Arbeitskräftemangel versuchte man etwa in Deutschland nicht nur durch den Einsatz von Kriegsgefangenen, sondern auch durch die Beschäftigung von Frauen in bis dahin von Männern dominierten Tätigkeitsfeldern zu kompensieren. Statt traditionell allein oder in der Gruppe für die Soldaten zu nähen, besetzten nun Frauen entsprechende Stellen in Büros und Fabriken, erschienen gar im öffentlichen Raum als Straßenbahnschaffnerinnen und Straßenkehrerinnen. Dies führte für nunmehr alleinerziehende Frauen mit Kindern unweigerlich zu Zielkonflikten und stellte auch für potentielle Mütter ein Hindernis dar. Die Geburtenzahl sank in den kriegführenden Ländern rapide. Attraktiv waren Tätigkeiten in der Industrie hingegen für Landarbeiterinnen und Dienstmädchen, die zu Friedenszeiten besonders unter schlechten Arbeitsbedingungen und unzureichender Bezahlung zu leiden gehabt hatten.

Derartige materielle Sorgen kannte etwa Charlotte Herder nicht. Sie verkörpert eher den Typus der gebildet-wohlhabenden Bürgerfrau, die beim Kriegsausbruch von dem Wunsch beseelt war, sich im Rahmen der Kriegsmaschinerie und der allgemeinen Mobilmachung in wie auch immer gearteter Weise nützlich zu machen. Zu Friedenszeiten hätte man ihr als Frau im Wilhelminischen Deutschland wahrscheinlich nie die Kompetenz zugebilligt, eine Einrichtung wie das private Herdersche Lazarett einzurichten und als Vorsteherin zu leiten, eine Aufgabe, die sie unter schwierigen Bedingungen mit Bravour meisterte. Über die Grenzen ihrer Autorität sollte man sich indessen keine falschen Vorstellungen machen. Gerade die Lazarette wurden zumeist von patriarchalischen Ärzten beherrscht, die die Frauen im Vorstand derartiger Einrichtungen als mehr oder weniger unmündige Befehlsempfängerinnen behandelten – von den Krankenschwestern ganz zu schweigen. Der Befund einer auch im Krieg fortbestehenden männlichen Do-

Elsass

densammlungen werden diese Kinder ernährt und unterrichtet, auch bietet man ihnen diverse Freizeitgestaltungen in Ferienkolonien an. Die Familien sind zerstört, keine, die nicht ein Familienmitglied verloren hat. Die *schlechten* Französinnen, die dem Besatzer nachgegeben oder in Elsass-Lothringen offensichtlich mit Deutschen sympathisiert haben, werden stigmatisiert. Eine auf Geburtensteigerung zielende Politik soll das demographische Defizit der Jahre zwischen 1914 und 1918 überwinden. Die Zahl der Scheidungen steigt jedoch in den 1920er Jahren, insbesondere aufgrund der Scheidungsanträge von Frauen, an. Die französischen Kriegerwitwen erhalten ab dem Jahr 1919 Pensionszahlungen. 1922 wird der Muttertag eingeführt.

Am 4. Oktober 1921 schreibt der Lehrer von Muespach-le-Haut in den Schulchroniken seinen letzten Eintrag: *„Zu Schulbeginn zählt die Jungenschule 42 Schüler und die Mädchenschule 40 Schülerinnen. Diese Zahl wird nunmehr sinken, denn die Kriegsfolgen sind bereits jetzt spürbar."*

Laëtitia Brasseur-Wild

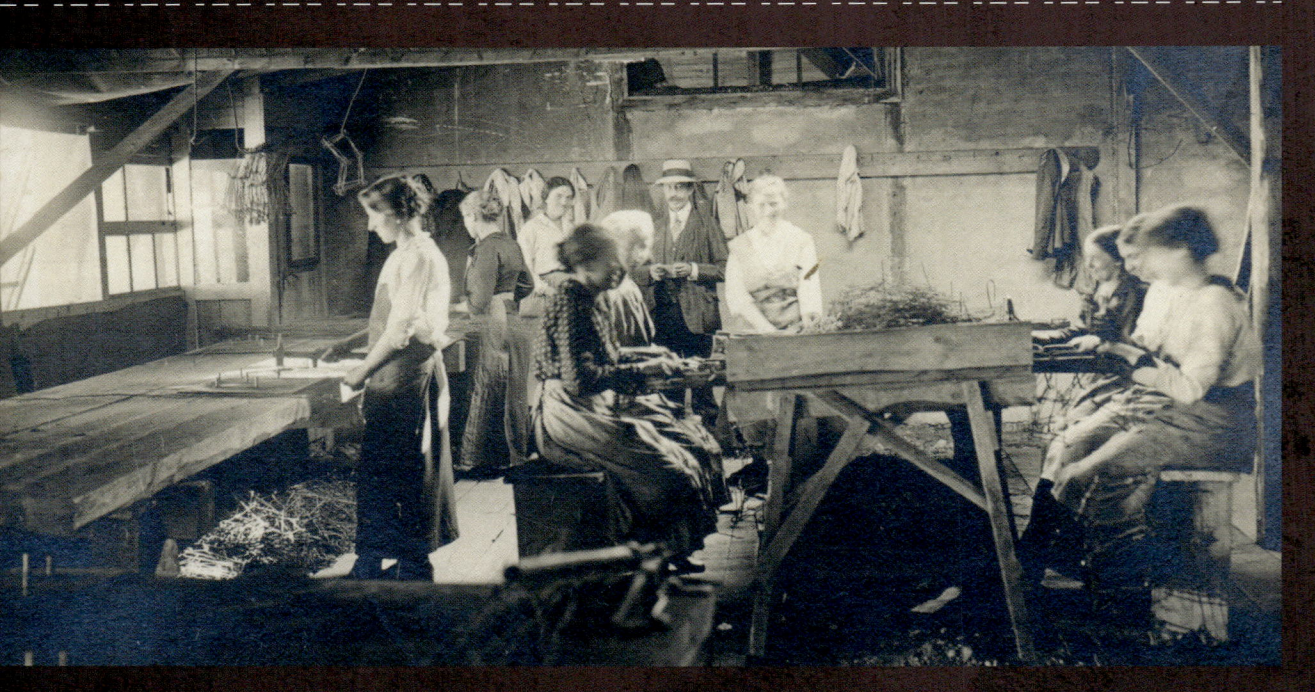

Ohne die Schwerstarbeit der Frauen in der Rüstungsindustrie kann der Krieg nicht geführt werden: Herstellung von Eisenarmierungen für die Betonsteinfabrikation in Mülhausen 1917/18.

Baden

minanz in den Spitzenstellungen der Verwaltung der deutschen Heimatfront erhärtet sich dabei auch über das Lazarettwesen hinaus.

Etappenhelferinnen und Krankenschwestern waren – neben ortsansässigen Einwohnerinnen – diejenigen Frauen, die räumlich der Front am nächsten kamen. Etappenhelferinnen wurden zu Tausenden als Zivilistinnen hinter den Linien bei Küchen- und Schreibarbeiten eingesetzt, um so die Zahl der für die Front verfügbaren Männer zu erhöhen. Ihre Arbeit rief in den Heimatländern durchaus Protest hervor, da man die traditionelle Geschlechterordnung bedroht glaubte. Unverzichtbar waren bei allen Kriegsparteien die zahllosen Krankenschwestern, von denen etliche, wie etwa die badische Rotkreuzschwester Pauline Winkler, auch in Frontnähe arbeiteten, um Verwundete mittels Eisenbahntransporten in rückwärtige Gebiete zu verbringen. Gänzlich ungefährlich war diese Tätigkeit nicht, wie ein Vorfall aus dem Sommer 1915 beweist, wo Winklers Lazarettzug in Lothringen unter Artilleriefeuer geriet.

Die kriegsbedingte Mittellosigkeit konnte für Frauen aber auch zum Abrutschen in die Prostitution führen. Sexuelle Aktivitäten der Soldaten erregten indessen weitaus weniger die Gemüter: In den rückwärtigen Gebieten bestanden jeweils auf beiden Seiten der Front vom Militär betriebene Bordelle. Durch diese Form der organisierten Sexualität mit ärztlich kontrollierten Prostituierten hoffte man, die Verbreitung von Geschlechtskrankheiten einzudämmen, die zu Ausfällen an der Front führen konnten. Das Sexualverhalten der in der Heimat verbliebenen Soldatenfrauen unterlag hingegen einer größeren Sozialkontrolle. Untreue – so fürchtete man – könne die Kampfmoral der Männer an der Front untergraben, und so mussten betroffene Frauen neben sozialen, bisweilen auch mit finanziellen staatlichen Sanktionen rechnen.

Fortschritte im Bereich der Frauenemanzipation erbrachte der Erste Weltkrieg ungeachtet der vielfältigen weiblichen Kriegsanstrengungen indes nur punktuell. So wurde z.B. in Deutschland 1919 das Frauenwahlrecht eingeführt. Von einem umwälzenden und allerorten nachhaltigen Mehr an politischer und gesellschaftlicher Partizipation kann allerdings nicht gesprochen werden.

Christof Strauß

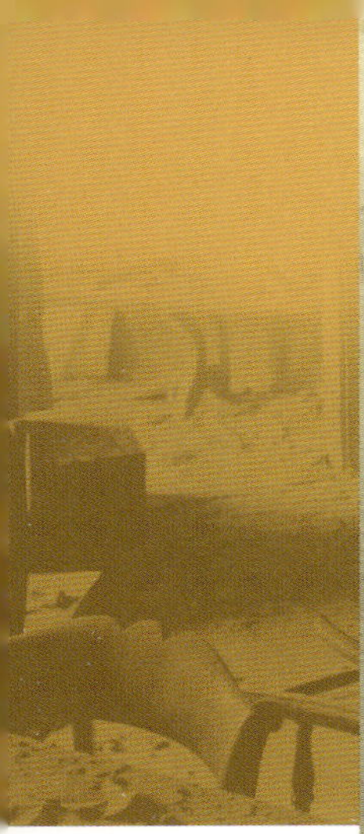

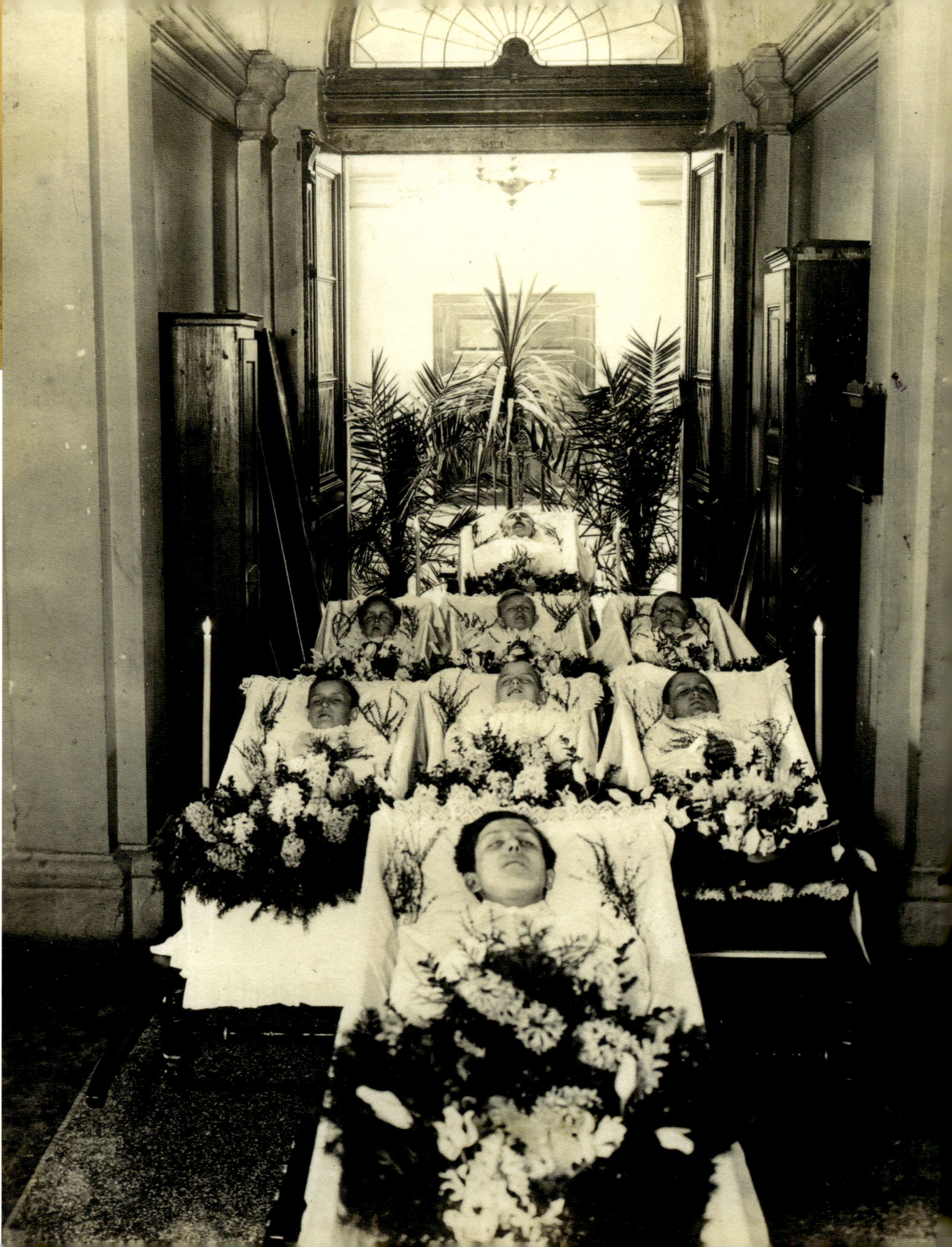

FRAUEN UND KINDER

Der Tod fiel vom Himmel

Sieben Kinder und ein Erwachsener
Opfer des Luftangriffs auf Freiburg am 15. April 1915

Das Gesuch der Familie des 9-jährigen Friedrich Lais um Unterstützung schlug das Bezirksamt Freiburg 1919 ab, „da der getötete Junge, falls er noch am Leben wäre, infolge seines jugendlichen Alters noch nicht in nennenswertem Maße zum Unterhalt der Familie beitragen könnte, eine etwaige wirtschaftliche Schädigung also erst später hervortreten würde."

(Freiburg, 21. Juli 1919)

Gemeinsame Beisetzung auf dem Hauptfriedhof: Julius Albert Hessler (*8.8.1899), Friedrich Lais (*11.7.1905), Alfred Wirbser (*2.3.1909), Hans Deufel (*10.7.1905), Karl Weinmann (*8.7.1906), Fritz Trescher (11.2.1909) und Franz Josef Kiffer (*12.2.1860), Ludwig Maier (*24.8.1906) erlag am 23. April 1915 seinen Verletzungen

Der Krieg bricht in das bürgerliche Heim ein: zerstörte Wohnung der Familie Blankenhorn-Wechsler in Müllheim am 13. Juli 1916.

Eben waren die Sonntagsglocken der Herz-Jesu-Kirche im Freiburger Westen verklungen, da warf das wohl in Belfort aufgestiegene französische Flugzeug zwischen halb und dreiviertel zwölf Uhr seine todbringende Fracht über dem Stadtteil Stühlinger ab. Zwei Bomben detonierten zwischen der Haslacher Straße und der Dreisam, zwei weitere in den Wohngebieten in Bahnhofsnähe bei der Stühlinger- und Wenzingerstraße, die letzte tötete spielende Kinder auf der Treppe vor dem Haupteingang der Herz-Jesu-Kirche. Acht Tote, sieben Kinder zwischen fünf und 15 Jahren und ein 55-jähriger Pflegling aus Belfort, sowie neun schwer und sechs leicht verwundete Kinder und Erwachsene – das war die schreckliche Bilanz des Fliegerangriffs vom 15. April 1915. Etlichen Verwundeten rissen die Bomben Beine und Arme ab. Das Bezirksamt bilanzierte den Sachschaden an 25 Gebäuden auf rund 11.000 Mark und auf etwa 1.400 Mark durch ein getötetes Pferd der Löwenbrauerei Louis Sinner.

Am 12. Mai 1919, als die Weimarer Nationalversammlung in der Aula der Berliner Universität zu einer Protestkundgebung gegen die Versailler Friedensbedingungen zusammentrat, bat der Vater des vier Jahre zuvor getöteten Friedrich Lais um finanzielle Beihilfe für seine bedürftige Familie. Die Behörden wiesen die Bitte zurück, da der an den Folgen einer Bauchverletzung durch Bombensplitter gestorbene Sohn damals nicht den *„überwiegenden Lebensunterhalt"* der Familie bestritten habe.

PE

FRAUEN UND KINDER

176

177

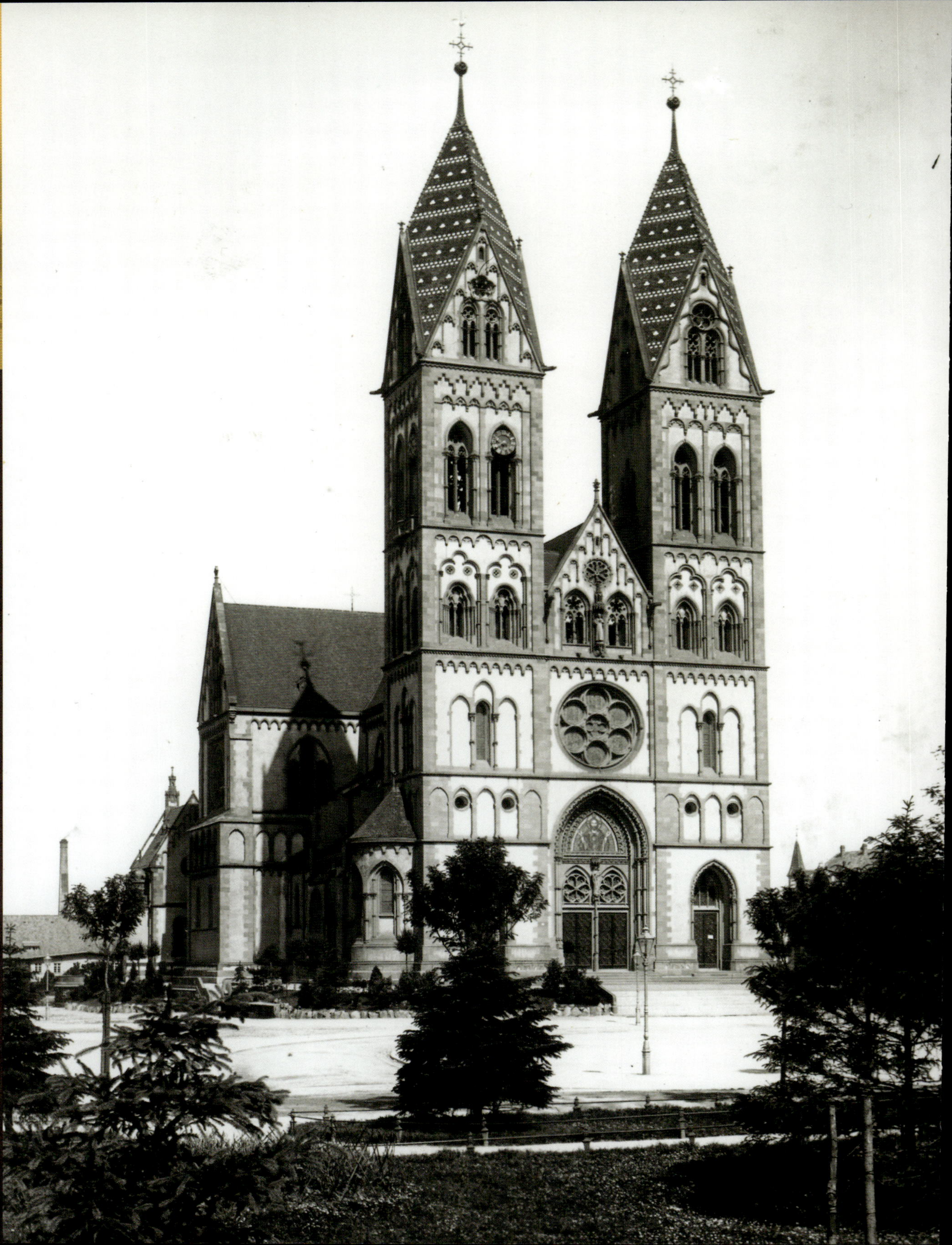

FRAUEN UND KINDER

Vor dem Gotteshaus: Der letzte Sprengkörper explodierte vor der zwischen 1893 und 1897 im Stil des Limburger Doms errichteten Herz-Jesu-Kirche.

Plan mit den Einschlagstellen der am 12. Oktober 1916 auf Freiburg abgeworfenen Bomben.

178
179

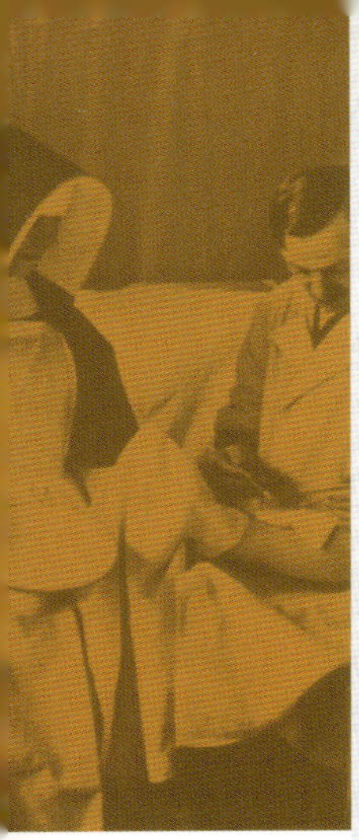
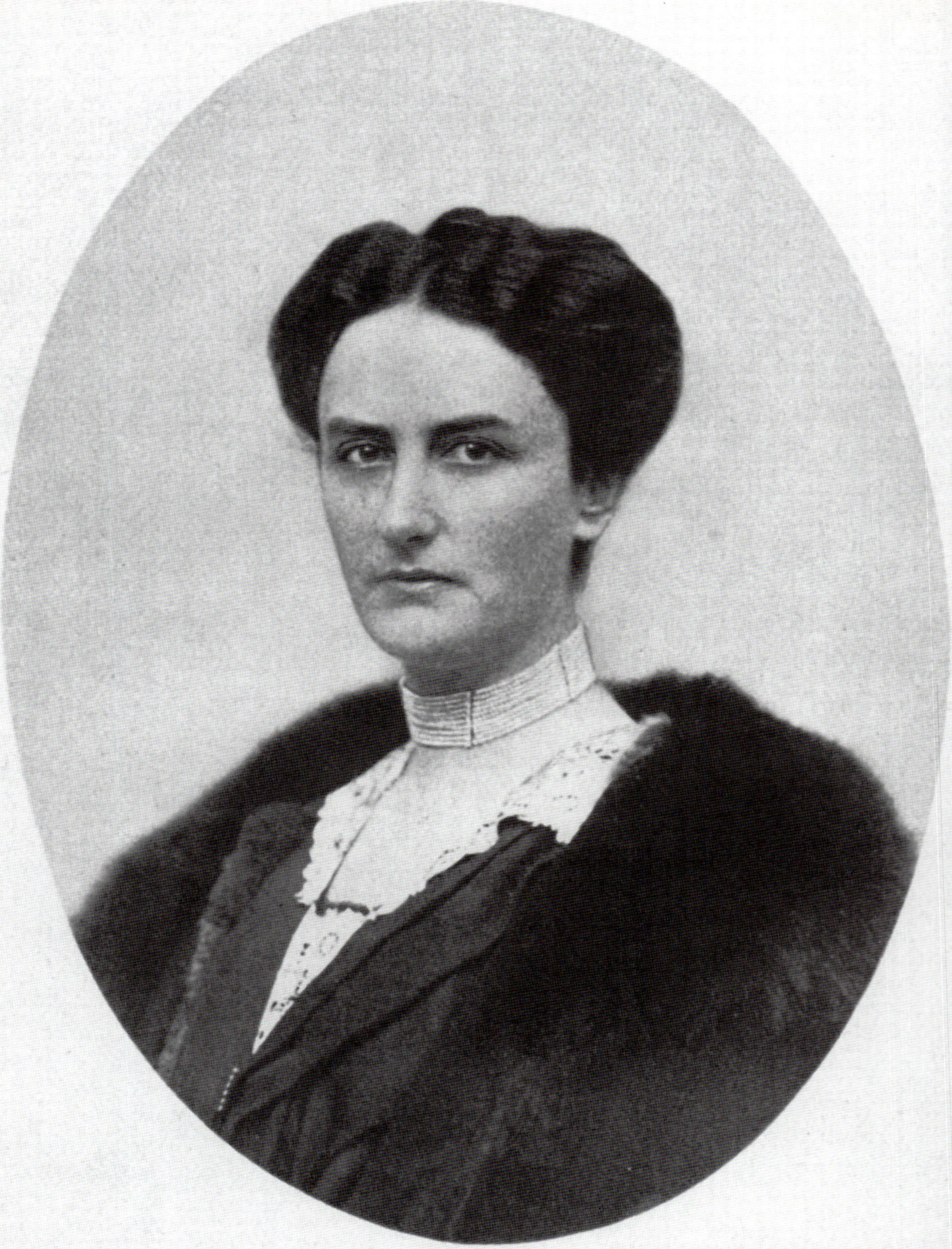

FRAUEN UND KINDER

Ein privates Lazarett

Charlotte Herder
Verlegergattin
24.3.1872 – 28.4.1959

„Schrecklich ist es auch, wie der Kanonendonner jetzt zugenommen hat. ... stunden- und stundenlang, und dann auf einmal: Stille, tiefe Stille. Da weiß man, daß draußen an der Front nun der Sturm losgeht, und dumpfes Entsetzen legt sich einem über die Seele."

(Freiburg, 6. September 1915)

Porträtfoto von Charlotte Herder, das ihr als Soldat eingezogener Ehemann Hermann während des Krieges stets bei sich trug.

Beinoperation unter Narkose im Lazarett Herder, rechts vorne stehend: Charlotte Herder.

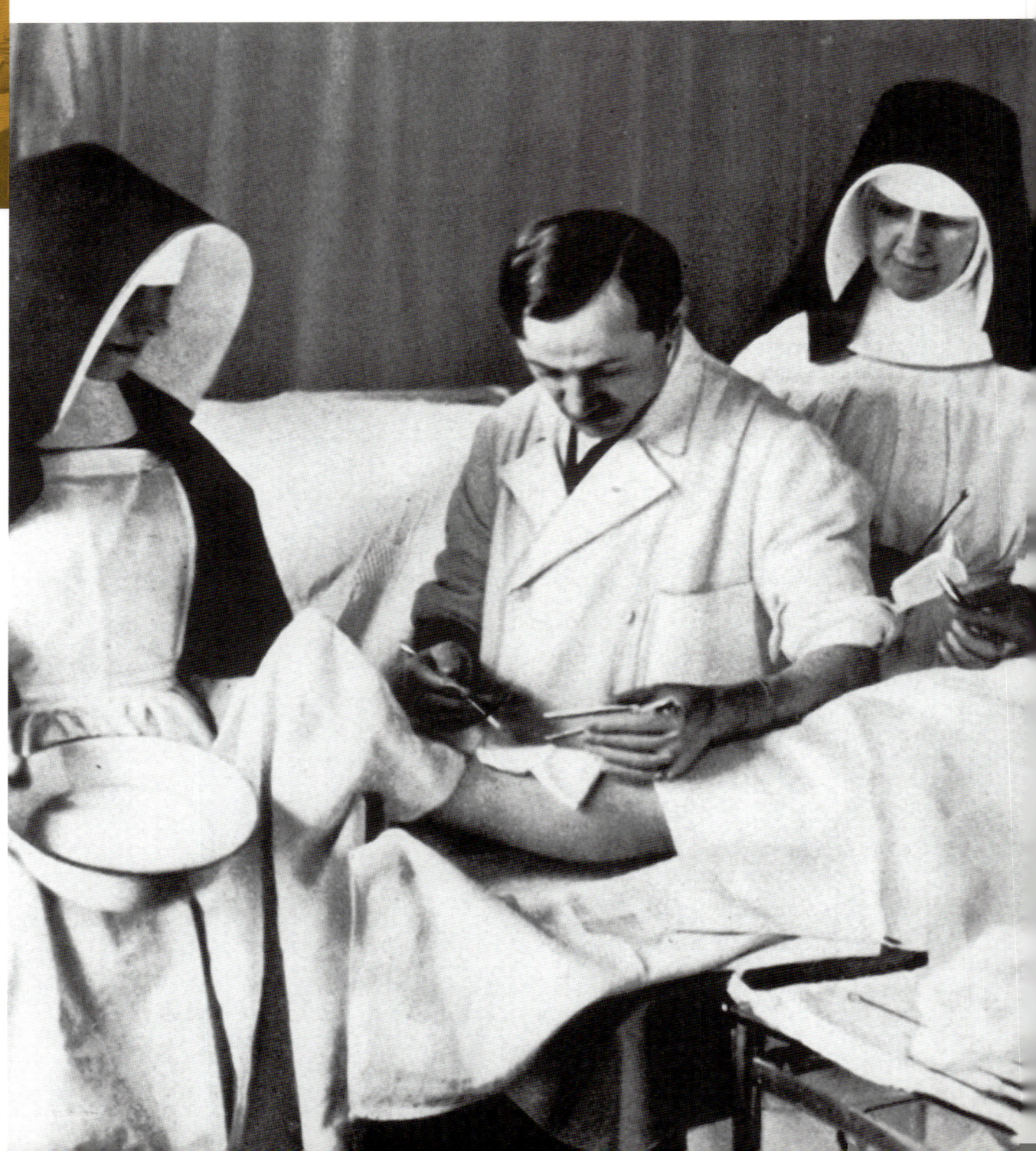

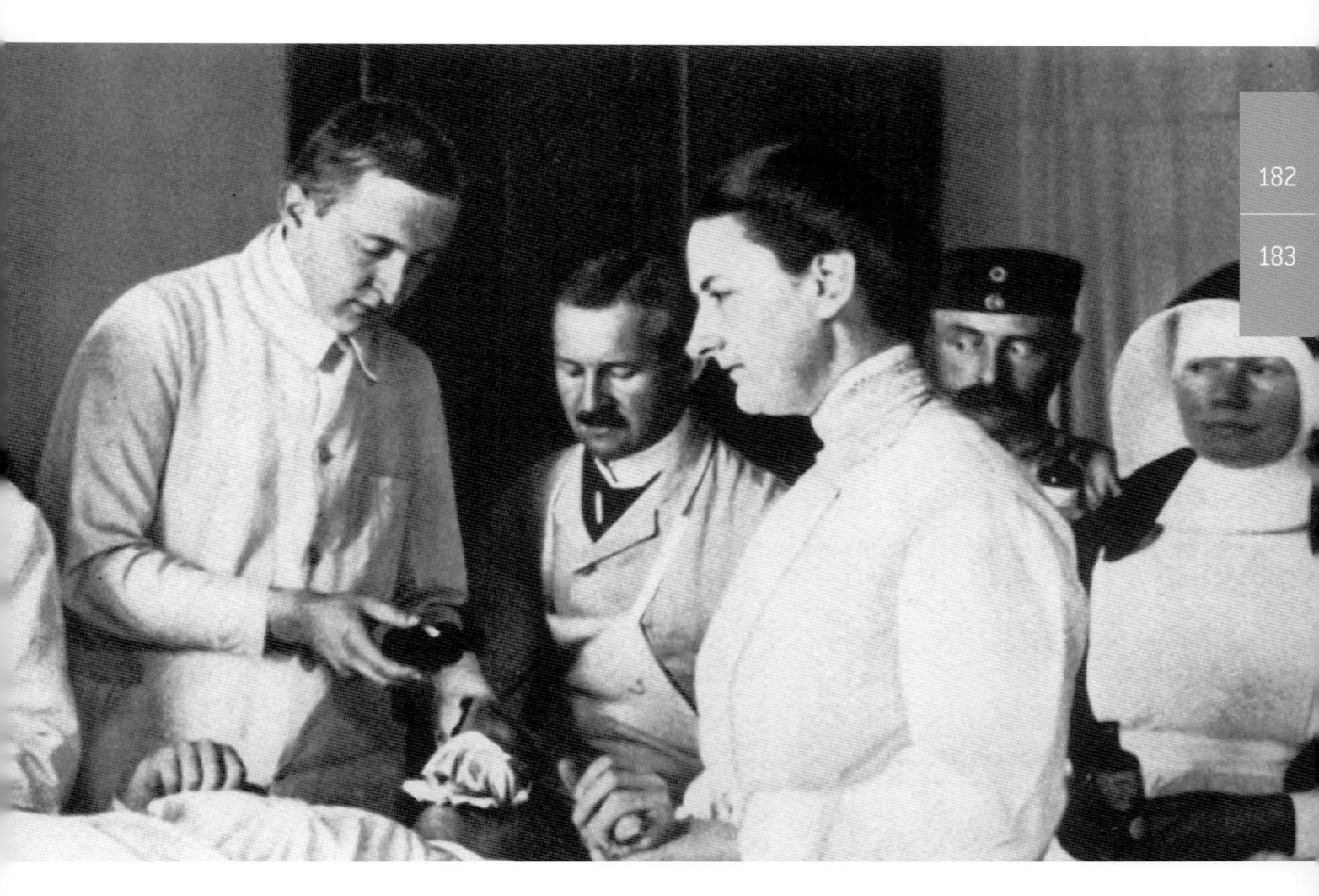

Schon früh reifte in Charlotte Herder, Tochter des in Prag lehrenden Pädagogik- und Philosophieprofessors Otto Willmann und seit 1900 Ehefrau des katholischen Freiburger Verlegers Hermann Herder (1864-1937), der Wunsch, Krankenpflegerin zu werden. So trat sie 1896 in das Carolahaus in Dresden ein, wo sich sogenannte freiwillige Schwestern über mehrere Monate zu Pflegerinnen für einen möglichen Krieg ausbilden lassen konnten. Die wohlhabende und gebildete Verlegergattin sah es folglich als Demütigung an, inmitten des allgemeinen patriotischen Treibens bei Kriegsausbruch keine Aufgabe zu haben. Die Eröffnung eines privaten sogenannten Vereinslazaretts mit 60 Betten im erst 1912 erstellten Herder-Verlagshaus unter ihrer Leitung im August 1914 brachte ihr dann aber die ersehnte, erfüllende Aufgabe. Charlotte Herders Haltung zum Kriegsgeschehen schwankte. Patriotische Bekundungen nach Siegesmeldungen finden sich in ihren Aufzeichnungen ebenso, wie Zeugnisse verzweifelt-pessimistischer Stimmungen und düster anmutende Vorahnungen zum weiteren Kriegsverlauf. Neben der Furcht vor Fliegerangriffen wurde sie vor allem von der Angst um ihren an der Front stehenden Mann beherrscht. Die Anforderungen des Alltags und ihre Tätigkeit im Lazarett forderten indessen ihren Tribut: „Was ich im Anfang nie für möglich gehalten hätte – man gewöhnte sich an den Krieg."

Charlotte Herder erlebte auch den Zweiten Weltkrieg in Freiburg. Am 27. November 1944 wurden ihre lang gehegten Ängste Realität: Britische Bomber legten große Teile der Stadt, darunter auch das alte Wohnhaus der Familie Herder, in Schutt und Asche. Das Verlagshaus brannte aus.

CS

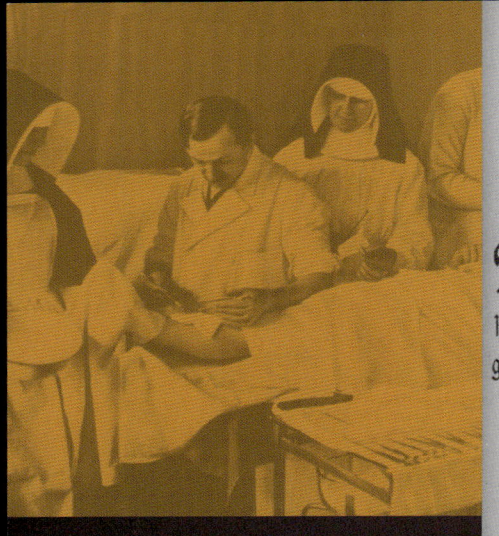

3. Vereinslazarett Herder
(Zähringerstraße 16).

Das Vereinslazarett Herder ist im Gegensatz zu den übrigen Freiburger Lazaretten in einem gewerblichen Bau untergebracht, und zwar in der 1912 erstellten Herderschen Verlagshandlung, einem Neubau, der allen heutigen gesundheitlichen Anforderungen in hervorragender Weise Rechnung trägt.

Vereinslazarett Herder.

Infolge der durch die Einberufung verursachten Verminderung der Arbeitskräfte wurden einige der schönen Arbeitsräume frei, aus denen dann eine zusammenhängende, für die Zwecke eines Lazaretts besonders geeignete Gruppe von Frau Kommerzienrat Herder dem Roten Kreuz zur Verfügung gestellt wurde. Es sind das die Räume des Erdgeschosses und des ersten Stockwerks im Nordostflügel, anstoßend an den der Zähringerstraße entlangziehenden zugehörigen prächtigen alten Park.

Um einen großen Krankensaal im ersten Stock mit 30, später 50 und dann 60 Betten lagern sich die verschiedensten Hilfsräume: nach Süden Ärztezimmer und großer Tagesraum, nach Norden und Westen, in den Hauptsaal mündend und nur durch Vorhänge abgeschlossen, Operations-, Bade- und Wasch-

FRAUEN UND KINDER

Vereinslazarett Herder. Innenhof.

Beschreibung des Lazaretts Herder in der Schrift *Die Freiburger Lazarette im Völkerkrieg* (1915) von Caritas-Präsident Lorenz Werthmann, die die Gesamtsituation des Freiburger Lazarettwesens wohl tendenziell beschönigend darstellt.

Blick in einen als Krankensaal eingerichteten Raum des 1912 eingeweihten Herder-Verlagshauses, das von 1914 bis 1918 das Vereinslazarett Herder beherbergte.

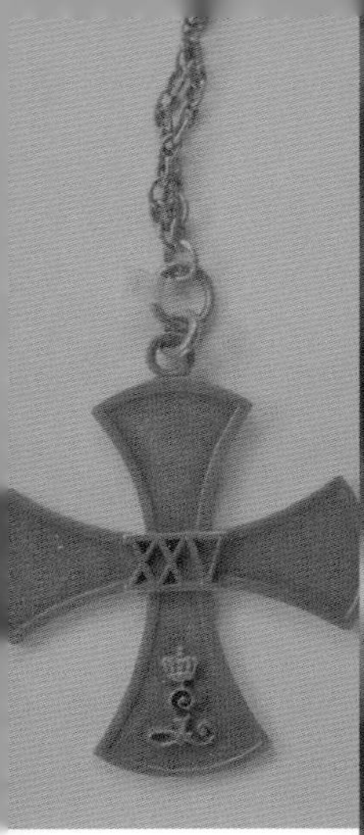
XXV

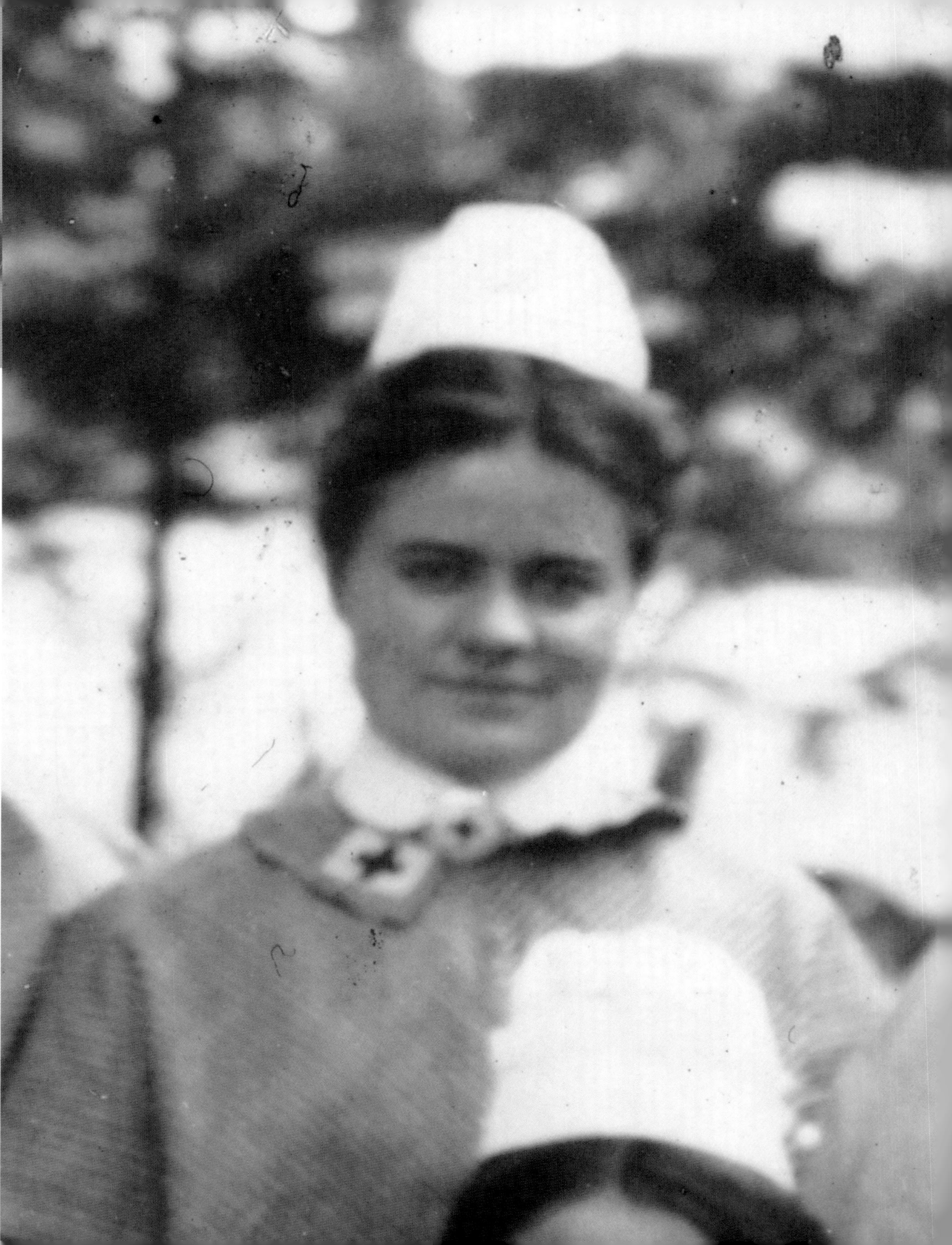

FRAUEN UND KINDER

Einsatz in zwei Weltkriegen

Pauline Winkler
Krankenschwester
18.6.1885 – 10.3.1951

„Wir luden ein, die Verwundeten direkt vom Schlachtfeld, bis morgens 7 Uhr. ... Unter furchtbaren Schmerzen kamen sie an."

(Vigneulles, 20./21. Februar 1915)

Pauline Winkler als Rotkreuzschwester im August 1914. Die straff organisierte Schwesternschaft war im Kriegsfall sofort einsatzbereit.

Pauline Winkler (hinten 4. v.r.) und ihre Mitschwestern unter Oberin Auguste von Rautter beim Ausbruch des Ersten Weltkrieges.

In ihren knappen und nüchternen tagebuchartigen Aufzeichnungen schildert die 1885 in Brunntal bei Tauberbischofsheim geborene Krankenschwester Pauline Winkler nicht nur das Leid der Verwundeten an der Westfront und die Kriegslogistik im Zeitalter der Massenheere. Auffällig ist vielmehr auch das kontrastreiche Nebeneinander von Kriegsimpressionen und friedlich-idyllisch anmutenden Szenen im Hinterland der Front und in Deutschland. Die ehemalige Hausangestellte Winkler wurde 1907 zur Lernschwester ernannt und zwei Jahre später bei den badischen Rotkreuzschwestern angenommen.

Seit Herbst 1914 fuhr sie auf einem Eisenbahn-Lazarett-Zug mit, der deutsche und auch französische Verwundete an verschiedenen Orten westlich von Metz aufnahm und in Lazarette in Baden, Württemberg, Bayern und der Pfalz brachte. Dabei notierte Winkler nicht nur die Routen und Stationen ihres Zuges, sondern auch die scheinbar widersprüchlichen Eindrücke aus den rückwärtigen Gebieten der Front: So mischen sich kurze Notizen über zerschossene französische Ortschaften mit Bemerkungen über die Schönheit der Kirchen in der Festungsstadt Metz. Schilderungen von Waffen, die den Schwestern von deutschen Soldaten vorgeführt wurden, wechseln sich ab mit Einträgen über den Besuch von katholischen Gottesdiensten und die Verteilung von Gebetbüchern und Rosenkränzen an die Truppe. Auf Stadtbesichtigungen und Museumsbesuche der Schwestern in Nürnberg und München folgen Notizen über den bedrohlichen Kanonendonner und die Beerdigung Gefallener. Im Oktober 1914 notierte Pauline Winkler in Konstanz: „Nach dem Essen gingen wir alle an den wunderschönen Bodensee ... Es war eine herrliche Fahrt" – um bereits am nächsten Tag wieder in Richtung der nicht allzu weit entfernten Front aufzubrechen. Winkler erlebte als Schwester auch den Zweiten Weltkrieg. Nach etlichen Dienstauszeichnungen wurde sie 1950 in den Ruhestand versetzt und starb bereits ein Jahr später.

CS

Name: (Famil.- u. Vorname)	Winkler Pauline L. † 10.03.1951		Geburts-Ort	Brunntal A./Tauberbischofsh.	Tag: 18.6.1885 Rel.: kath.
Staatsangehörigkeit Baden	Schulbildung: Volks- schule	Vorbildung:	Beruf: Hausangestellte		Bes. Bemerkungen 1940 Treudienst-Ehrenz. f. 25 Jahre. 2.4.42 Medaille f. deut. Volkspfl.

Eintritt:
als ~~Vorkursschülerin~~ in Heidelberg am: 2. April 1907
  „ Krankenpflegerin in am:
  „ Wirtschafterin in am:
  „ Probeschwester in am:

1.8.50 Versetz. i. d. Ruhestand.
10.3.51. gestorb.

Staatliche Prüfung in Heidelberg, (anerkannt) am: 26. Juli 1907

Zur Lehrschwester ernannt am: 1. Oktober 1907   In den Verband aufgenommen am: 30. April 1909

Fach- oder Sonderausbildungen in:
Laboratoriumsschwester

Dienstauszeichnung: 7. Juni 1918 10 Jahre
                    25. Mai 1928   20 Jahre
                    17. Mai 1933   25 Jahre
                    12. Mai 1938   30 Jahre
                        Mai 1942   35 Jahre
                    24. Mai 1949   40 Jahre

Gehaltsstufe:
Mitglied der Invaliden-Versicherung Karte Nr. 521 / 1937
         „   Angestellten   „   „ a. 1.1.38

FRAUEN UND KINDER

Ein Leben als Krankenschwester: Personalblatt von Pauline Winkler.

Gruppenbild mit verletzten Soldaten in einem Heidelberger Lazarett.

Ehrenabzeichen Pauline Winklers zu ihrem 25-jährigen Dienstjubiläum als Krankenschwester 1933.

Gruppenbild mit Sanitätspersonal im Bahnhof von Baroncourt.

190
191

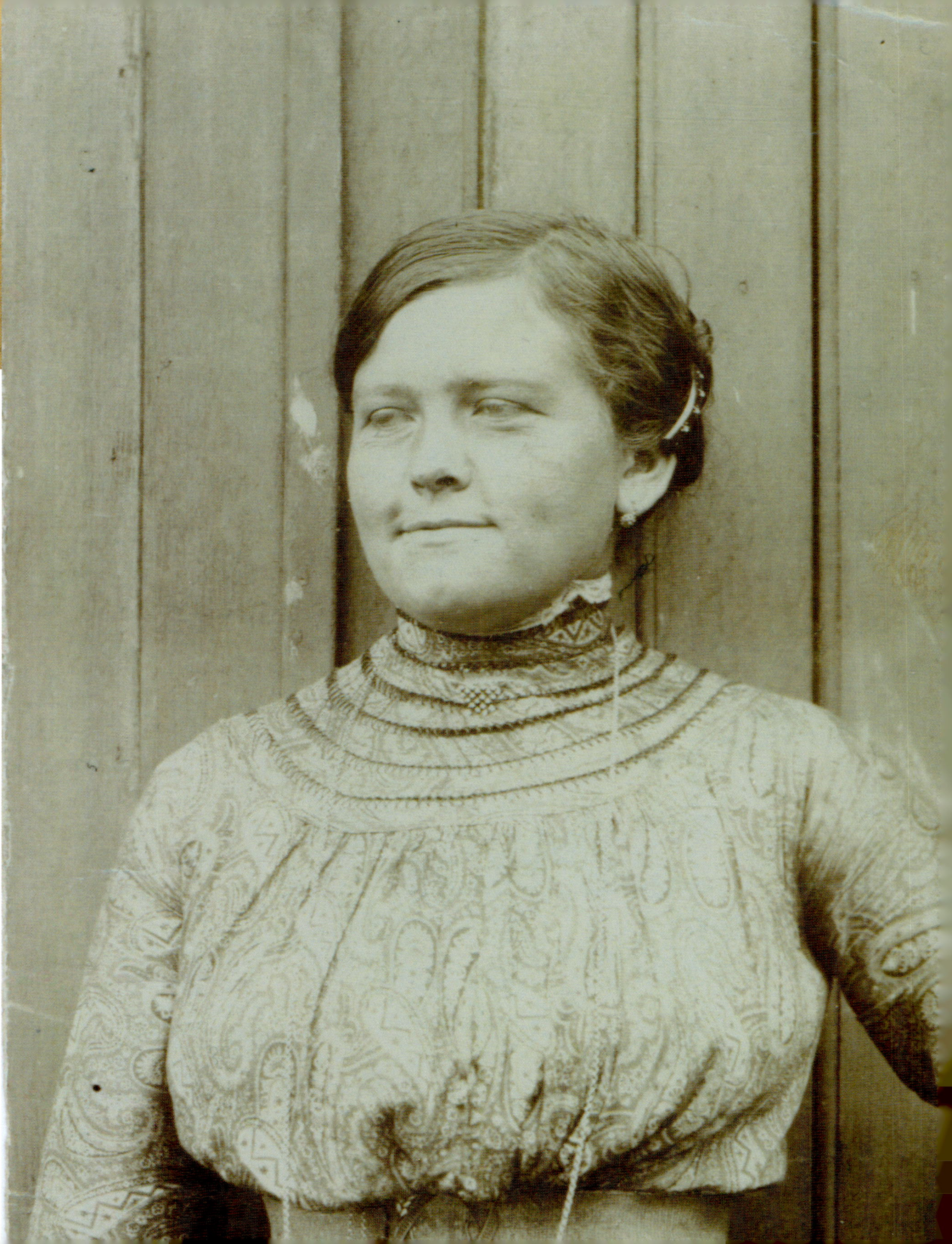

FRAUEN UND KINDER

Im Elend

Alphonsine Lichtle
Prostituierte
Geboren am 16.2.1892

„Ich finde weder als Stundenfrau, noch in irgend einer Fabrik lohnende Beschäftigung und will das Gewerbe als Dirne ausüben."

(Mülhausen, 28. Mai 1915)

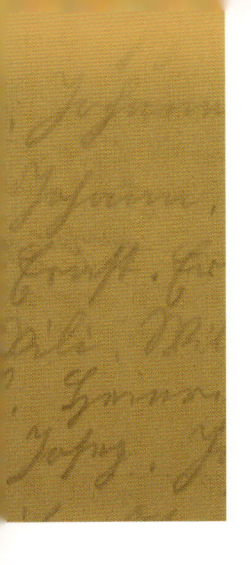

Nachdem ihr Ehemann als Soldat an die Front geschickt worden war, zog Alphonsine Lichtle ihre beiden Kinder, René und Joseph, nahe bei Mülhausen mit Mühe auf. Zweimal wegen Prostitution verurteilt, erklärte sie, in großer Armut zu leben. Ihre einzigen Einkünfte bestanden aus der staatlichen Kriegsunterstützung und der Sozialhilfe. Sie gab zu, regelmäßig in ihrer Wohnung Besuch von Soldaten empfangen zu haben, die ihr Ohrringe und Wäsche anboten oder sie ins Wirtshaus einluden, bestritt aber die Anschuldigung, sie habe ihre Kinder vernachlässigt, von denen das jüngste im Alter von sechs Monaten mit Tuberkulose ins Krankenhaus Hasenrain gebracht worden war. Dort starben beide Kinder im April 1915. Ihr Mann, der sich zur Genesung in einem Karlsruher Lazarett befand, verlangte, als er vom Schicksal seiner Kinder hörte, von den Militärbehörden, man möge seiner Frau jegliche Unterstützung entziehen.

Im Lauf des Jahres 1915 wurde die mit Syphilis infizierte Alphonsine Lichtle mehrfach ins Krankenhaus gebracht und schließlich im Arbeitshaus in Hagenau interniert. Dort verblieb sie in *Schutzhaft* bis Januar 1917. Die Behörden waren der Ansicht, sie bedeute mit ihren Geschlechtskrankheiten *„eine Gefahr für die Sicherheit des Heeres und damit auch indirekt eine Gefahr für die Sicherheit des Reiches."* Anschließend wurde sie in ein Gefangenenlager nach Niedersachsen geschickt. Im April 1918 frei gelassen, fand sie in der dortigen Umgebung eine Arbeit. Sie kehrte nach Frankreich zurück, dort verliert sich ihre Spur im Jahr 1922.

LBW

FRAUEN UND KINDER

194
195

Frauen und Kinder als Zivilgefangene im Lager Holzminden, Niedersachsen, in dem auch Alphonsine Lichtle interniert war.

Oto Carl Johann,
Johann, Johann, Johann,
Johann, Johann, Otwin,
August, Ernst, Ernst, Willi,
Willi, Willi, Willi, Jobo,
Heinrich, Heinrich, Heinrich,
Heinrich, Jahn, Jahn, Jahn,
Fritz, Fritz, Oto, Oto,
Franz, Lorenz, Emil, Emil,
Mary, Bert, Carl,
Heinrich, Artur, Artur, Artur,
Lorenz, Schwalow, Oto,
Oto, John, Karol, Richard,
Robi.

FRAUEN UND KINDER

Der kleine Zettel stammt zweifelsohne von der Hand Alphonsine Lichtles: Es handelt sich wohl um die Namensliste der Soldaten, mit denen sie verkehrte.

Mülhausen war eine wichtige militärische Versorgungsbasis: Eingang des im Hauptgüterbahnhof Mülhausen-Wanne eingerichteten Armeepionierparks am 21. Dezember 1914.

6

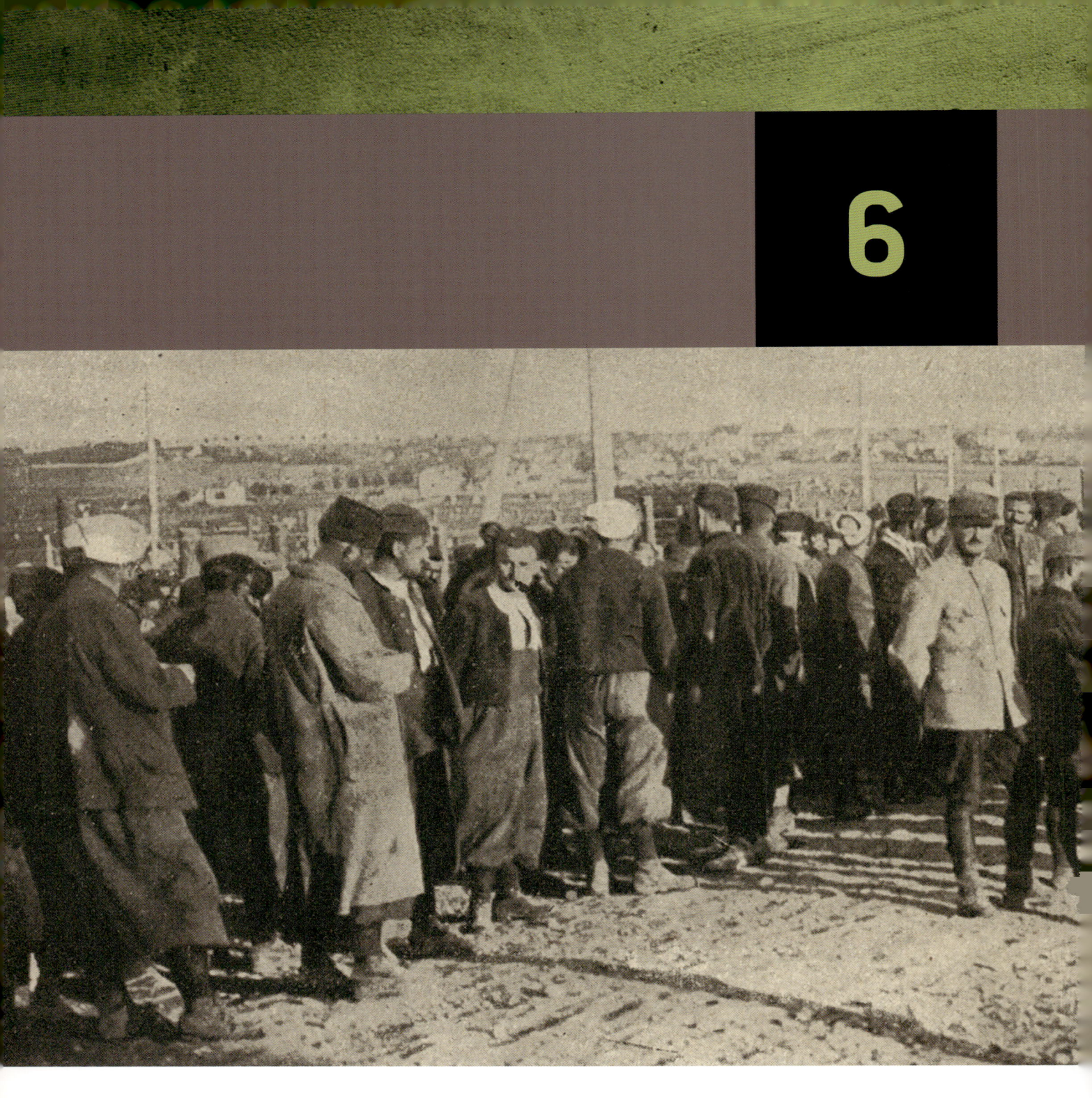

Eine beschönigende Darstellung über die Zustände in den deutschen Kriegsgefangenenlagern erschien im Dezember 1917 unter dem Titel: *Heuberg 1914-17. Leben und Treiben der Kriegsgefangenen.*

Verwundung und Gefangenschaft

Elsass

Am 2. August 1914 treffen in Joncherey, einem Grenzdorf im Gebiet von Belfort, eine französische und eine deutsche Patrouille aufeinander, eröffnen das Feuer und die ersten Opfer des Weltkriegs sterben: der französische Caporal Jules Peugeot und der deutsche Leutnant Albert Mayer, Sohn eines Pfarrers aus der Gegend von Mulhouse. Die beiden Männer werden vor Ort beerdigt. Sie stehen gewissermaßen am Anfang eines der größten Massaker des 20. Jahrhunderts. In den Folgetagen sterben mehrere zehntausend Soldaten auf den elsässischen Schlachtfeldern während der Kämpfe rund um Mulhouse, Colmar und den Vogesentälern, zwischen dem Donon und dem Grand Ballon. Angesichts des Ausmaßes der Verluste werden – mitten im August – oftmals Zivilisten benachbarter Ortschaften zur raschen Bestattung der Toten verpflichtet. Die Zeitgenossen sprechen von „blut befleckten Ernten".

Was die Verwundeten angeht, so werden diese in der Nähe der Schlachtfelder versorgt. Im August 1914 verwandeln sich in Frontnähe ganze Ortschaften in Militärkrankenhäuser, auf jede Familie entfällt ein gewisser Anteil von Opfern der Schlachten. Große Probleme bereitet die Logistik für den Weitertransport der Verwundeten. Oftmals werden Schulgebäude in provisorische Lazarette umgewandelt, manchmal auch in feste Einrichtungen. Für die meisten Abtransporte der Verwundeten setzt man Eisenbahnen ein, etwas seltener auch Schiffe. Im Oberelsass werden die meisten Militärlazarette in den Garnisonsstädten eingerichtet, davon gibt es acht in Colmar, etwa ebenso viele in Mulhouse, mehrere in Guebwiller und in Neuf-Brisach, Cernay, Rouffach, Huningue, Lutterbach, Modenheim, Munster, Sainte-Marie-aux-Mines und Saint Louis. Die meisten bestehen nur eine kurze Zeit zwischen August 1914 und dem Beginn des Jahres 1915. Im Unterelsass wird Straßburg zu einem wichtigen Versorgungszentrum für Verwundete: Hier gibt es etwa 40 Militärlazarette, ein Dutzend werden in Saverne und Haguenau eröffnet, wo der Arzt und bekannte Schriftsteller Alfred Döblin zwischen 1916 und 1918 seinen Dienst versieht. Weitere Militärlazarette werden in folgenden Ortschaften errichtet: Benfeld, Bischwiller, Brumath, Châtenois, Dettwiller, Dorlisheim, Dossenheim, Erstein, Hochfelden, im Hohwald, Matzenheim, Molsheim, Mutzig, Neuwiller, Niederbronn, Oberbronn, Obernai, Reichshoffen, Rothau, Schirmeck, Thanvillé, Weyersheim und Wissembourg.

Neben dieser Konzentration von Krankenversorgungszentren findet man im Elsass zahlreiche Krankenpfleger, Krankenträger, freiwillig tätige Ärzte oder speziell für die Krankenversorgung einberufene Ärzte. Das Beispiel Henri Rehbergers ermöglicht ein besseres Verständnis der Sanitätstruppen: Der Straßburger Gymnasiast und spätere Arzt Rehberger wird im Alter von erst 17 Jahren während der Mobilmachung im August 1914 zuerst – ohne Ausbildung – als Hilfsarbeiter bei einem Sonderkommando des Landsturms eingesetzt und arbeitet bei den Erd- und Befestigungsarbeiten im Straßburger Stadtrandgebiet mit. Dabei muss er im Rahmen einer improvisierten Feier dem Kaiser Treue schwören. Dank der Initiative seines Vaters leistet er dann in einer städtischen Krankenträger-Organisation von Freiwilligen seinen Dienst, dort absolviert er auch eine zehntägige Ausbildung. Am Ende dieses Kurses wird er für ein Lazarettschiff abgestellt, das Verwun-

VERWUNDUNG UND GEFANGENSCHAFT

Baden

Auf allen Schlachtfeldern des Ersten Weltkriegs markierten Verwundung und Gefangenschaft tiefe Einschnitte in die Biografie der betroffenen Soldaten und konnten zweierlei bedeuten: zum einen das Ende der unmittelbaren Beteiligung an den Kampfhandlungen und damit die Rettung vor weiteren lebensbedrohenden Einsätzen an der Front, zum anderen aber auch Tod, Leiden, Entbeh-

In Szene gesetzt: Großherzogin Luise von Baden besucht die aus französischer Gefangenschaft heimgekehrten und in der Karlsruher Festhalle untergebrachten Verwundeten am 18. Juli 1915.

VERWUNDUNG UND GEFANGENSCHAFT

Elsass

dete zwischen Straßburg und anderen Rheinstädten transportiert. Nach zweimonatiger Tätigkeit wird die Fahrt auf dem Fluss im November wegen des Hochwassers und erster Eisbildung eingestellt. Henri Rehberger wird sodann dem am Straßburger Hauptbahnhof einquartierten Krankenpfleger-Kommando zugeteilt. Seine Aufgabe besteht darin, Verletzte zu transportieren und sie in die unterschiedlichen Militärlazarette der Stadt zu bringen. Die Lage der Verwundeten ist alles andere als beneidenswert. Viele von ihnen sterben nach der Einlieferung in die Militärlazarette aufgrund von Infektionen und nicht vorhandener Antibiotika. Der aus Illkirch stammende Künstler Charles Rudrauf wird beispielsweise am 10. Juli 1916 vor Verdun verwundet, wahrscheinlich bei einem Desertionsversuch. Nach eigenen Angaben durch Granatsplitter „am Kinn und an der rechten Hand leicht verletzt", will er rasch in Richtung Deutschland weggebracht werden. Da er jedoch an einer Infektion leidet, beginnen sein Handgelenk und seine Unterarmbänder zu eitern, und die Krankheit kann trotz tiefer operativer Einschnitte nicht eingedämmt werden. Am 3. August wird die Unterarm-Amputation beschlossen, da er aber körperlich zu sehr geschwächt ist, stirbt er wenige Stunden nach der Operation.

Aufgrund der Hungersnot, der Mangelernährung und der spanischen Grippe nimmt zum Jahresende 1918 die Zahl der Kranken, die in

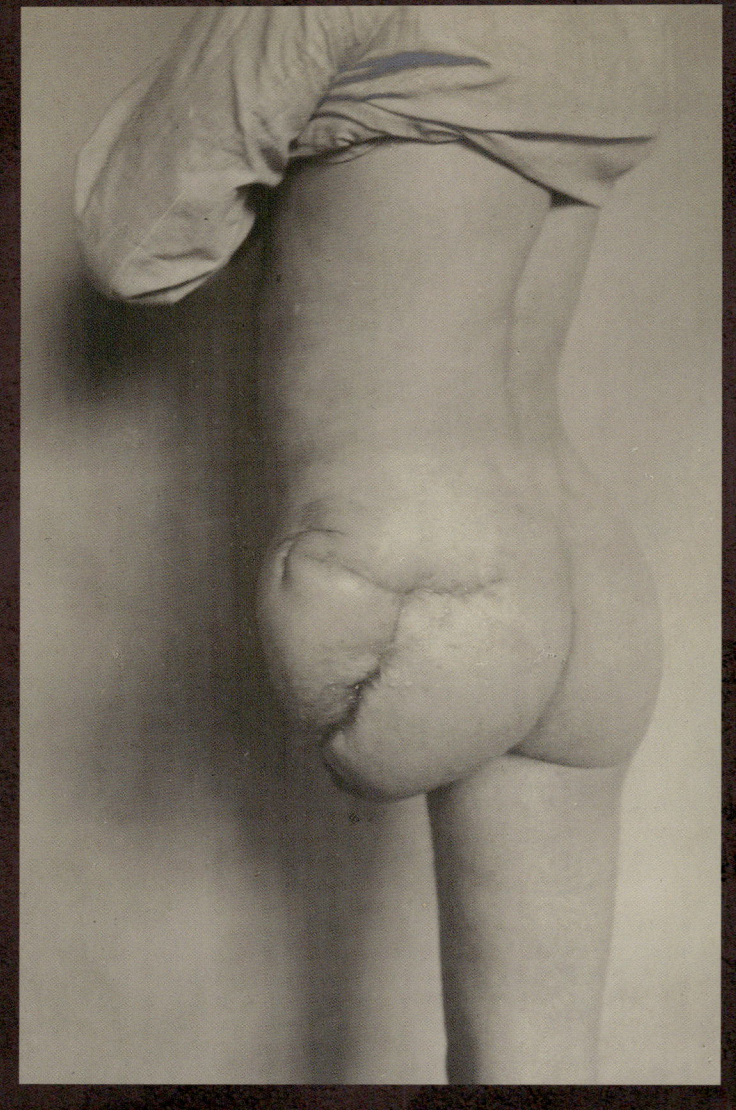

Verstümmelte Körper: ein Bildband als Geschenk der Orthopädischen Werkstätten Deutscher Internierter in Luzern (Schweiz) an Großherzogin Luise von Baden.

Baden

rungen und irreparable körperliche und seelische Beeinträchtigungen.

Eine Verwundung, zumal wenn sie gravierender Natur war, sorgte dafür, dass ein Soldat durchaus für eine längere Zeitspanne nicht mehr aktiv am Kampfgeschehen teilnehmen konnte oder sogar dauerhaft für den Militärdienst untauglich wurde. Die Verwundeten wurden zunächst in Frontnähe behandelt, um dann zur weiteren Behandlung und Genesung mit speziellen Eisenbahnzügen in die Lazarette im Hinterland verbracht zu werden. So durchliefen mehr als drei Millionen deutsche Soldaten nach ihrer Verwundung heimatliche Lazarette. Für diese konnte z.B. die touristische Infrastruktur des Schwarzwaldes genutzt werden. Die Schilderungen von Georg Geierhaas, Inspektor eines solchen Lazarettzuges, und der Krankenschwester Pauline Winkler verdeutlichen anschaulich die gewaltige logistische Leistung beim Pendeln zwischen Front und Etappe und die Leiden der Verwundeten an Bord der Züge.

Vereinzelt geäußerte Spekulationen zu Kriegsbeginn, der medizinische Fortschritt und die Verbesserungen im Sanitätswesen würden zu weniger Opfern führen, gingen gründlich in die Irre, und es muss stark bezweifelt werden, ob man sich allerorten über die Folgen eines mit modernen Waffen geführten globalen Konflikts im Klaren war. Zwar hatten Verwundete im Ersten Weltkrieg aus den oben genannten Gründen partiell höhere Überlebenschancen als noch in der zweiten Hälfte des 19. Jahrhunderts, doch bewirkte gerade der Einsatz der Artillerie in einer bis zum damaligen Zeitpunkt nie gekannten Intensität Verwundungen und Verstümmelungen fürchterlichster Art und größten Ausmaßes. Die überwiegende Mehrheit der gefallenen Soldaten des Ersten Weltkriegs kam durch Artilleriegeschosse ums Leben, die auch für die weitaus meisten Verwundungen verantwortlich waren. Allein in Deutschland hatten zehntausende ehemaliger Soldaten einzelne oder mehrere Gliedmaßen oder das Augenlicht verloren und waren für den Rest ihres Lebens gezeichnet und entstellt. Gerade der Entwicklung von modernen Prothesen kam daher eine besondere Bedeutung zu. Orthopädische Werkstätten priesen ihre Erzeugnisse in Werbebroschüren an. Der *Kriegskrüppel* gehörte auch nach Ende des Kampfes zum vertrauten Bild auf den Straßen und Plätzen Europas. Exemplarisch für diese Gruppe steht Wilhelm Thome, dem es ein Splitter im Kopf unmöglich machte, wieder in ein normales und geregeltes ziviles Leben zurückzukehren, und der auch noch nach dem Krieg medizinisch weiterbehandelt werden musste. Zwar regelte in Deutschland etwa das sogenannte Reichsversorgungsgesetz von 1920 bzw. 1927 die Kriegsbeschädigten- und Kriegshinterbliebenenfürsorge, doch waren die daraus resultierenden Zuwendungen so knapp bemessen, dass die Betroffenen, zumal wenn sie keinen Zusatzverdienst hatten, fortan ein Leben unterhalb des Existenzminimums führen mussten. Im Jahr 1924 zählten im Deutschen Reich über 660.000 Personen zum Kreis der versorgungsberechtigten Kriegsgeschädigten, hinzu gesellten sich noch über 1,5 Millionen Kriegshinterbliebene.

Die Kämpfe an allen Fronten des Ersten Weltkriegs erzeugten indes nicht nur irreparable physische,

Elsass

elsässischen Lazaretten behandelt werden, nochmals zu. Dort sind im letzten Kriegsjahr auch viele sterbenskranke rumänische Gefangene untergebracht. Zahlreiche von ihnen wurden ab dem Jahr 1917 zur Inhaftierung ins Reichsland gesandt. Fast die Hälfte dieser Personengruppe findet den Tod, da sie aufgrund von Vergeltungsmaßnahmen zum Hungern verurteilt ist: Ihre Behandlung soll nämlich dem Schicksal der im „freien" Rumänien festgehaltenen deutschen Kriegsgefangenen entsprechen, wo Hungersnöte wüten. Diese Kriegsgefangenen werden im gesamten Elsass-Lothringen verstreut untergebracht und in den Dienst der deutschen Kriegsmaschinerie gestellt. Ein besonders für Rumänen bestimmtes Kriegsgefangenenlager befindet sich in Soultzmatt. Das Kriegsgefangenenlager 18 für Russen liegt in Sainte-Marie-aux-Mines. Im Allgemeinen werden sämtliche Straßburg gürtelähnlich umschließenden Forts in Lager umgewandelt: Das Fort Moltke wird zum Gefangenenlager 1, das Fort Kronprinz zum Gefangenenlager 2, das Fort Bismarck zum Gefangenenlager 3. In Oberhoffen wird zur Unterbringung von französischen, italienischen und russischen Gefangenen ein Kriegsgefangenen-Stammlager eingerichtet. In Weiler, das zu Wissembourg gehört, entsteht ein Disziplinierungslager für Gefangene, die Fluchtversuche unternommen haben.

Angesichts dieser in Elsass-Lothringen errichteten deutschen Lager eröffnet die französische Regierung kurz nach Ausbruch des Weltkriegs Gefangenenlager speziell für elsässisch-lothringische Gefangene. Beginnend mit dem 24. August 1914 erhalten die Leutnants Jean-Pierre Jean und Auguste Spinner, die Begründer von Souvenir Francais im annektierten Lothringen und im annektierten Elsass, vom französischen Kriegsminister den Auftrag zur Inspektion der Kriegsgefangenenlager, um dort die elsässisch-lothringischen von den deutschen Gefangenen zu trennen. Diese Politik mündet im Dezember 1914 in der Schaffung von drei Kriegsgefangenenlagern speziell für die Elsass-Lothringer in Saint-Rambert-sur-Loire, in Monistrol-sur-Loire und in Lourdes. Diese Sonderlager zählen bis 1918 etwa 20.000 Männer, die in Fabriken bzw. in der Landwirtschaft eingesetzt werden oder in die französische Armee eintreten. Diese Personen kämpfen sodann entweder direkt an der Front, wobei ihnen die Armee einen anderen Kriegsnamen gibt, um zu verhindern, dass sie vom Feinde erkannt und wegen Hochverrats angeklagt werden, oder sie kämpfen in den Regimentern, die außerhalb des Vaterlandes im Maghreb, in Tonkin (Nordvietnam) oder gar in Sibirien stationiert sind.

Die Regierung Frankreichs kümmert sich zudem um das Schicksal der elsässisch-lothringischen Kriegsgefangenen in Russland und bittet die zaristische Regierung, diesen eine Vorzugsbehandlung – wie dies in Frankreich geschehe – zuteil werden zu lassen. Ein in Russland tätiges Komitee von angesehenen Persönlichkeiten aus Elsass-Lothringen nimmt die Auswahl vor, um diesen Personenkreis – getrennt von den übrigen Gefangenen – zu erfassen, und im August 1916 erhält der französische Kriegsminister von der russischen Regierung die Zusage, dass diese Gefangenen nach Frankreich zurückkehren können. 2.000 von ihnen werden mit Schiffen über den Polarkreis nach Brest transportiert, von wo sie dann nach Saint-Rambert, Monistrol oder Lourdes gelangen. Insgesamt

VERWUNDUNG UND GEFANGENSCHAFT

Baden

sondern auch psychische Schäden in bis dahin nicht gekanntem Ausmaß. Die badischen Irrenanstalten in Wiesloch und Illenau stellten sich auf eine neue Gruppe von Patienten ein. Vorsichtige Schätzungen beziffern allein für Deutschland die Zahl der sogenannten Kriegsneurotiker auf über 200.000. Deren Verwundungen waren auf den ersten Blick häufig nicht so auffällig wie die Amputationen und Entstellungen der körperlich Verwundeten, äußerten sich aber bei etlichen Betroffenen auch für jedermann sichtbar in permanentem Zucken und Zittern. Der Soldat J. (anonymisiert) verlor in den Kämpfen an der Westfront seine geistige Gesundheit. Gedankt wurde ihm dies nicht – vielmehr wurde er während der NS-Zeit erneut zum Opfer, diesmal willfähriger Mediziner. Viele Kriegsneurotiker waren aber bereits vorher in die Mühlen der Psychiatrie geraten, die die als Simulanten verdächtigten Kranken so schnell wie möglich an die Front zurückbefördern wollte. Manche Patienten wurden aus heutiger Sicht unfassbar brutal erscheinenden Therapien wie Elektroschocks und Isolation unterzogen, die die Opfer zu reinen Versuchsobjekten degradierten und ihre Gesundung in keiner Weise beförderten. Doch finden sich

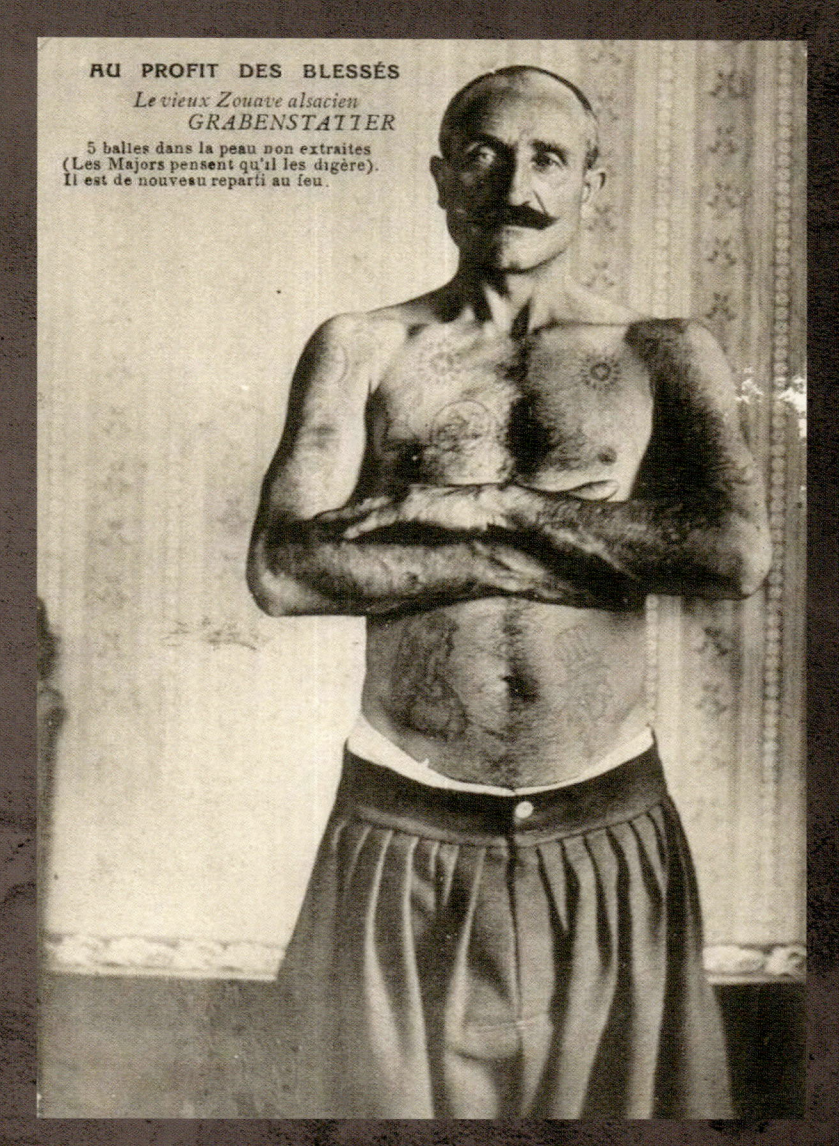

Fünf Kugeln im Körper: Das Bild des elsässischen Zouaven Eugène Grabenstätter wirbt um Spenden für die Verwundeten. Er selbst fiel am 26. Februar 1916 bei Verdun.

VERWUNDUNG UND GEFANGENSCHAFT

Elsass

Wie zuverlässig sind die elsässischen Soldaten? Von deutschen Behörden abgefangenes Foto des in französischer Kriegsgefangenschaft zum Feind übergelaufenen Elsässers Eugen Haas und vier weiterer Franzosen vom Oktober 1916.

werden zwischen August 1916 und März 1918 5.861 Personen auf dem Seeweg von Archangelsk und Murmansk zurückgeführt.

Neben diesen militärischen Kriegsgefangenen hält Frankreich in mehreren Lagern zudem etwa 8.000 zivile Geiseln fest, hauptsächlich Beamte, die im August 1914 in Elsass-Lothringen beim Rückzug der französischen Truppen festgenommen wurden. Zu diesem Personenkreis sind auch diejenigen Personen zu rechnen, die – im Alter zwischen 16 und 45 Jahren – als Angehörige des Landsturms aus den zurückeroberten Territorien des südlichen Elsass' stammen. Damit soll verhindert werden, dass sie im Fall einer denkbaren deutschen Gegenoffensive wieder der kaiserlichen Armee dienen müssen. Viele in Frankreich wohnende Elsass-Lothringer erleben schließlich das Schicksal von internierten Zivilisten, wie etwa der spätere Friedensnobelpreisträger Albert Schweitzer, der aufgrund seiner deutschen Staatsangehörigkeit zuerst bei eingeschränkter Bewegungsmöglichkeit in seinem Krankenhaus in Lambaréné (Gabun) lebt, dann aber 1917 mit seiner Ehefrau in Bordeaux und anschließend in Garaison und in Saint Rémy-de-Provence interniert wird.

Philippe Tomasetti

Baden

daneben auch wieder Beispiele für einen menschlichen Umgang mit den Kranken.

Die Gefangennahme scheint verglichen mit der Verwundung – indes nur auf den ersten Blick – der erträglichere Weg beim Ausscheiden aus dem aktiven Kampfgeschehen zu sein. Sie konnte unfreiwillig und gegen den Willen weiterhin kampfbereiter Soldaten im Einsatz geschehen, oder weitgehend wohlwollend erduldet von kampfesmüden Kombattanten, die sich in kritischen Situationen nicht bis zur sprichwörtlich letzten Patrone wehren wollten, und schließlich als bewusster Akt des Überlaufens. Gerade bei der Desertion mussten vor dem Hintergrund der schlimmstenfalls drohenden Todesstrafe die Rahmenbedingungen allerdings so gestaltet sein, dass ein Erfolg wahrscheinlich oder fast sicher war, wobei die spezifischen Umstände des Stellungskriegs jedoch ein Überlaufen kaum möglich machten.

Die Gründe für Fahnenflucht waren dabei so vielgestaltig wie die Biografien der betreffenden Soldaten und deren mentale Disposition, sind aber im Ersten Weltkrieg wohl eher im persönlich-privaten als im politischen Bereich zu finden. Überdies war jeder potentielle Gefangene – unabhängig davon, ob ein Wille zur Desertion vorlag oder nicht – grundsätzlich darauf angewiesen, beim Gegner auf eine entsprechende Bereitschaft zu stoßen, Gefangene zu machen. Dies konnte inmitten der Ausnahmesituation des Kampfgeschehens, in dem oft Sekundenbruchteile über Leben und Tod entschieden, nicht immer garantiert werden. Zu Übergriffen und Verletzungen geltender völkerrechtlicher Regelungen – z.B.

der Haager Landkriegsordnung – kam es folglich in diesem Bereich auf beiden Seiten der Front. Die am 10. November 1917 am Hartmannsweilerkopf in die Fotokamera blickenden deutschen Soldaten des Sturmbataillons 16 und ihre 37 französischen Gefangenen zeigen indessen vor allem eins: Bewacher und Bewachte waren gleichermaßen vom Krieg gezeichnet und nur knapp dem Tod entronnen.

Für alle ca. 6,6 bis 8 Millionen Kriegsgefangenen des Ersten Weltkriegs bedeutete die Gefangennahme eine radikale Änderung ihrer Lebensumstände: Der Gefangene war schlagartig unbewaffnet einem Gegner ausgeliefert, den er oft noch Augenblicke vorher zu töten versucht hatte. Auf die Gefangennahme folgte die Verbringung hinter die Front, ein Lagerleben hinter Stacheldraht, vorerst ohne Möglichkeit die Heimat und damit die nächsten Angehörigen wiederzusehen. Erschwerend kam hinzu, dass gerade für Soldaten, die auf dem östlichen Kriegsschauplatz in die Hände des Gegners gefallen waren, ihre Gefangenschaft bisweilen noch bis in die 1920er Jahre andauerte. Die konkreten Lebensumstände der Gefangenschaft hingen von der Gewahrsamsmacht und dem Gewahrsamsort ab und korrelierten häufig mit den dortigen ökonomischen Verhältnissen und der Versorgungslage vor Ort. Von entscheidender Bedeutung war auch, in welchem Maße Hilfslieferungen aus den Herkunftsländern die Gefangenen erreichten. Immerhin erhielten Vertreter des Roten Kreuzes die Möglichkeit, die Lager der jeweiligen Kriegsgegner unter Auflagen zu besuchen. Vertreterinnen der Badischen Schwesternschaft reisten in die entferntesten Gebiete Russlands, um sich über

Elsass

324. La Grande Guerre 1914-15
Interrogatoire de prisonniers allemands en HAUTE-ALSACE   A. R.

Verhör von deutschen Kriegsgefangenen im Sundgau; französische Propagandapostkarte 1915

VERWUNDUNG UND GEFANGENSCHAFT

Baden

die Situation ihrer dort gefangenen Landsleute ein Bild machen zu können. Auch der für den aktiven Militärdienst beim XIV. Armeekorps wenig geeignete Prinz Max von Baden engagierte sich in der Fürsorge für Kriegsgefangene aller Nationalitäten.

Die Bedingungen der Internierung für die in eigenen Lagern untergebrachten Offiziere gestalteten sich in der Regel besser als für Mannschaftssoldaten, selbst wenn diese wie in Freiburg als menschliche Schutzschilde gegen Fliegerangriffe dienen sollten. Erschwerend kam für die einfachen Gefangenen ein etwa auf deutscher Seite praktizierter massiver Arbeitseinsatz in der Landwirtschaft, im Bergbau und der Industrie hinzu. Zu den größten Gefangenlagern in Deutschland zählte der Truppenübungsplatz Heuberg unweit von Stetten am Kalten Markt. Hier waren etwa 15.000 vornehmlich französische und russische Soldaten interniert, die auch als Feld- und Industriearbeiter in der Umgebung zwangsverpflichtet wurden. Der internationalen Öffentlichkeit wurde von deutscher Seite der Heuberg als Musterlager präsentiert. Wie entbehrungsreich und gefährlich Kriegsgefangenschaft aber auch sein konnte, beweist nicht zuletzt das Schicksal der rumänischen Kriegsgefangenen des Lagers Schäfertal bei Soulzmatt, die zu Straßenbauarbeiten herangezogen wurden und von denen der Feldgeistliche Benedict Kreutz in seinem Tagebuch berichtet. Die überlieferten Fotos geben beredtes Zeugnis über ihren desolaten physischen Zustand. So ist es nicht verwunderlich, dass hunderte rumänische Gefangene im Elsass das Opfer von Krankheiten wurden oder an Mangelernährung zu Grunde gingen. Im vorletzten Kriegsjahr lag die Todesrate rumänischer Gefangener in deutschem Gewahrsam bei annähernd 30%. Obgleich Menschenverluste unter Kriegsgefangenen in Dimensionen wie im Zweiten Weltkrieg, etwa im Rahmen des deutsch-sowjetischen Konflikts, für die Jahre vor 1914 bis 1918 nicht konstatierbar sind, kann auch für diese Zeit zumindest teilweise von einem Massensterben gesprochen werden. Wirklich gesicherte Zahlen liegen jedoch nicht vor.

Das Schicksal der Gefangenen und Verwundeter zeigt eindrücklich die nachhaltigen Folgen des Ersten Weltkrieges, der für Millionen von Betroffener auch nach dem Schweigen der Waffen noch lange nicht beendet war.

Christof Strauß

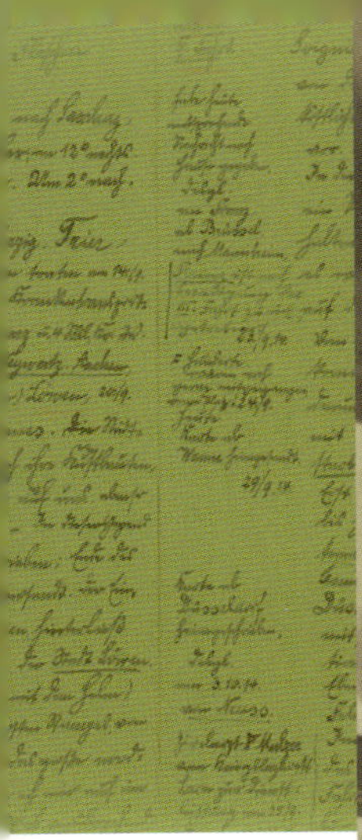

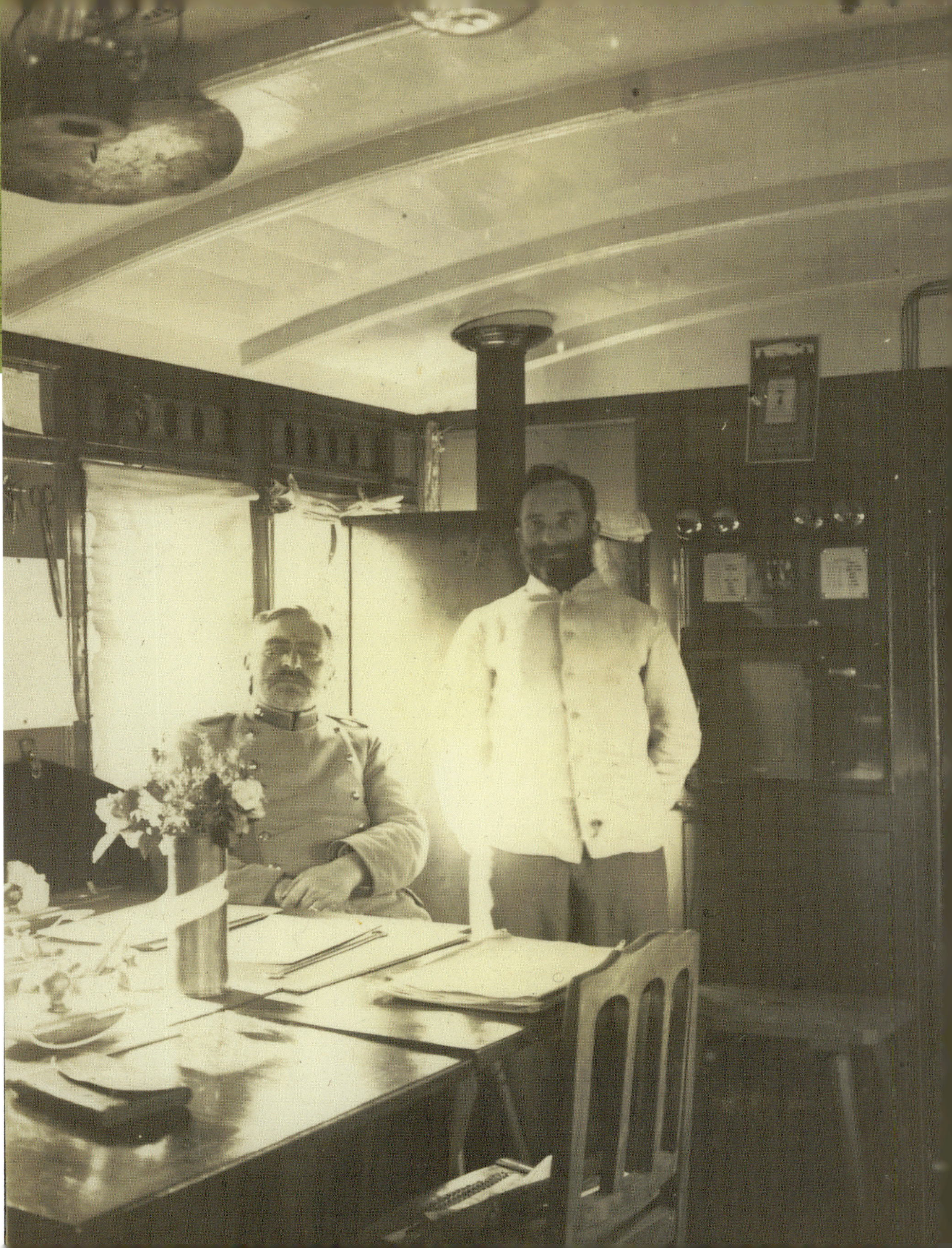

VERWUNDUNG UND GEFANGENSCHAFT

Zwischen Front und Etappe

Georg Geierhaas
Inspektor eines Eisenbahn-Lazarett-Zuges
27.9.1864 – 12.2.1957

„Den Lazarettzug bzw. die Verwundeten hat Majestät [Kaiser Wilhelm II.] nicht besucht, trotzdem wir in 10 Schritt Entfernung vom Hofzug standen und der Besuch für die Verwundeten und speziell für einen Sterbenden gewiß erfreulich bzw. noch tröstlich gewesen wäre."

(Trélon, Pas-de-Calais, 31. Mai 1918)

Georg Geierhaas (sitzend) und sein Bursche (stehend) im Büro seines Lazarett-Zuges bei der Fahrt durch Belgien am

Essensverteilung an bettelnde polnische Kinder durch das Küchenpersonal des Lazarett-Zuges in Alexandrow bei Lodz am 6. Juni 1915. Die hungernden Kinder bedankten sich mit dem Singen polnischer Lieder.

VERWUNDUNG UND GEFANGENSCHAFT

Georg Geierhaas aus Nußloch bei Heidelberg machte als Verwaltungsbeamter im militärischen Sanitätsdienst Karriere. Gleich am 2. August 1914 übernahm er als Inspektor im Offiziersrang den in Durlach stationierten Eisenbahn-Lazarett-Zug Nr. 6. In den folgenden vier Kriegsjahren pendelte er mit diesem stetig zwischen der West- und Ostfront hin und her, um schwerletzte Soldaten in die rückwärtigen Krankenhäuser nach Deutschland zu bringen. Penibel führte er über seine Stationen, das Personal, die Verwundeten und Toten Tagebuch. Bei jeder Gelegenheit schickte er Bildpostkarten aus den touristisch bekannten Orten an seine Familie.

Bis zum letzten Kriegstag sich um den Betrieb des ihm übergebenen Zuges und die ihm anvertrauten Menschen kümmernd, kehrte er am 31. Dezember 1918 in seine Garnison nach Offenburg zurück. Für seinen Dienst erhielt er zahlreiche Auszeichnungen. Auch nach Kriegsende engagierte sich Geierhaas weiter im örtlichen Kriegerverein und in anderen Organisationen der Weltkriegsveteranen.

RB

Kampffront

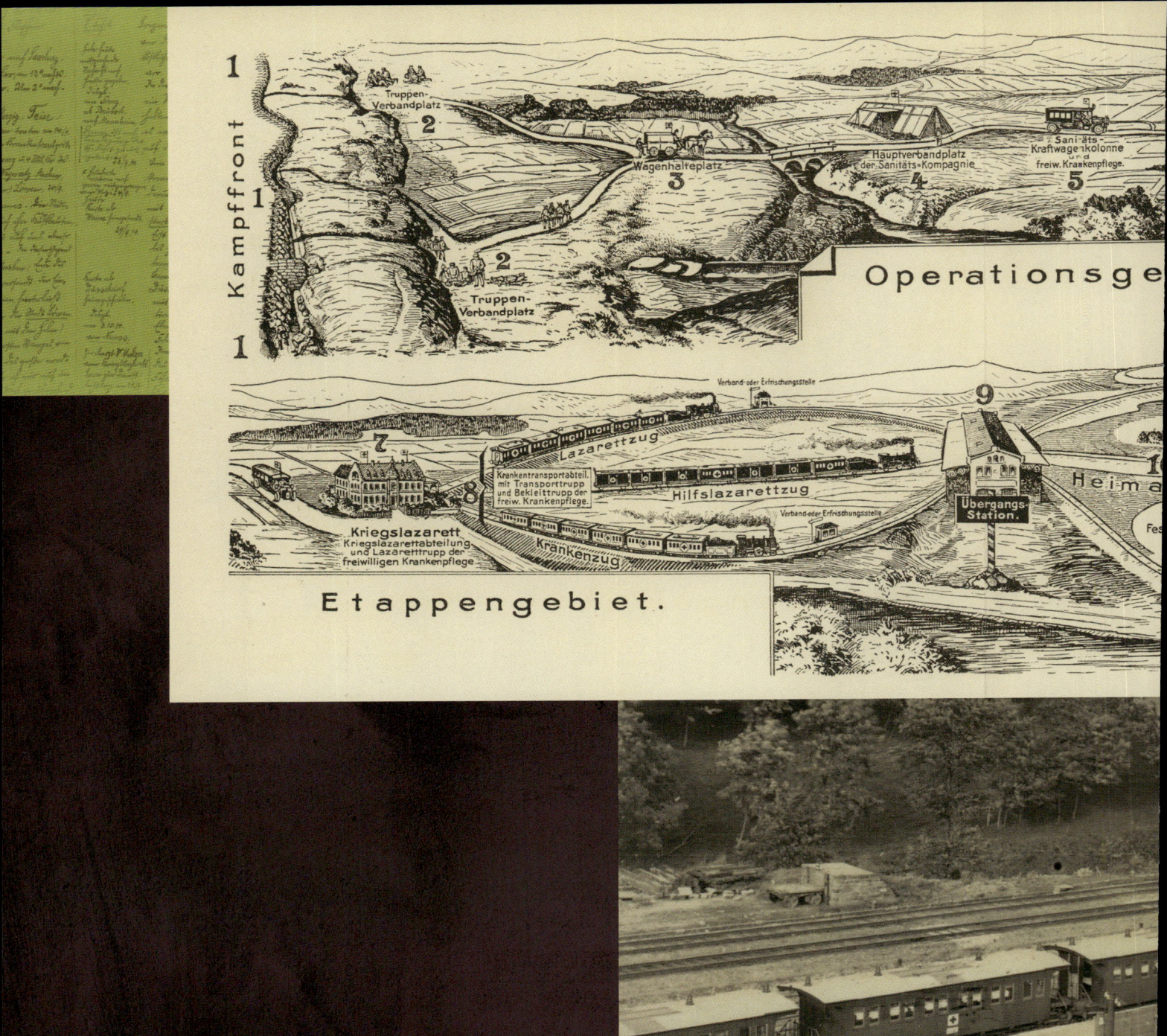

1. Truppen-Verbandplatz
2. Wagenhalteplatz
3. Wagenhalteplatz
4. Hauptverbandplatz der Sanitäts-Kompagnie
5. Sanitäts-Kraftwagenkolonne und freiw. Krankenpflege

Operationsge...

7. Kriegslazarett, Kriegslazarettabteilung und Lazarettrupp der freiwilligen Krankenpflege
   Krankentransportabteil. mit Transporttrupp und Bekleittrupp der freiw. Krankenpflege
   Lazarettzug
   Hilfslazarettzug
   Krankenzug
   Verband- oder Erfrischungsstelle
9. Übergangs-Station

Heim...

Etappengebiet.

VERWUNDUNG UND GEFANGENSCHAFT

Skizze der Sanitätsorganisation zwischen Front und Etappe aus einer Veröffentlichung des Roten Kreuzes von 1916. Die Darstellung offenbart den hohen logistischen Aufwand, der für die Masse von schwer Verwundeten notwendig war.

Aufzeichnung aus Geierhaas' Tagebuch und zugehöriges Foto vom Aufenthalt seines Lazarett-Zuges in Arzweiler (Arzviller) auf der Grenze zwischen dem Elsass und Lothringen am 13. September 1914. Hier ergab sich die Gelegenheit, den sonntäglichen Gottesdienst – streng nach Konfessionen getrennt – zu besuchen.

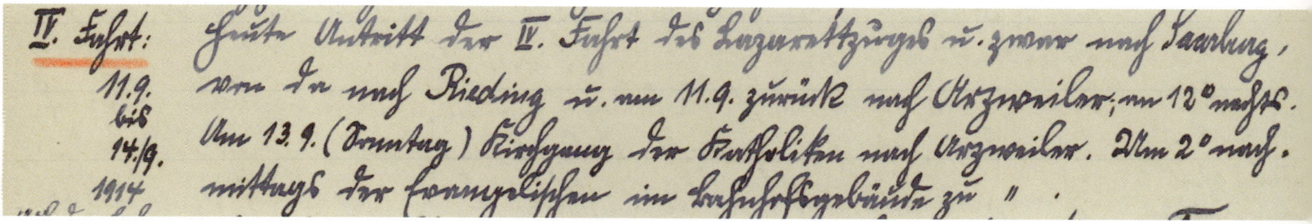

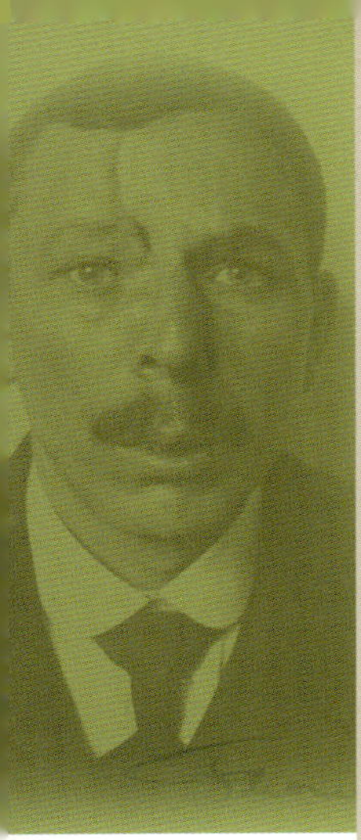

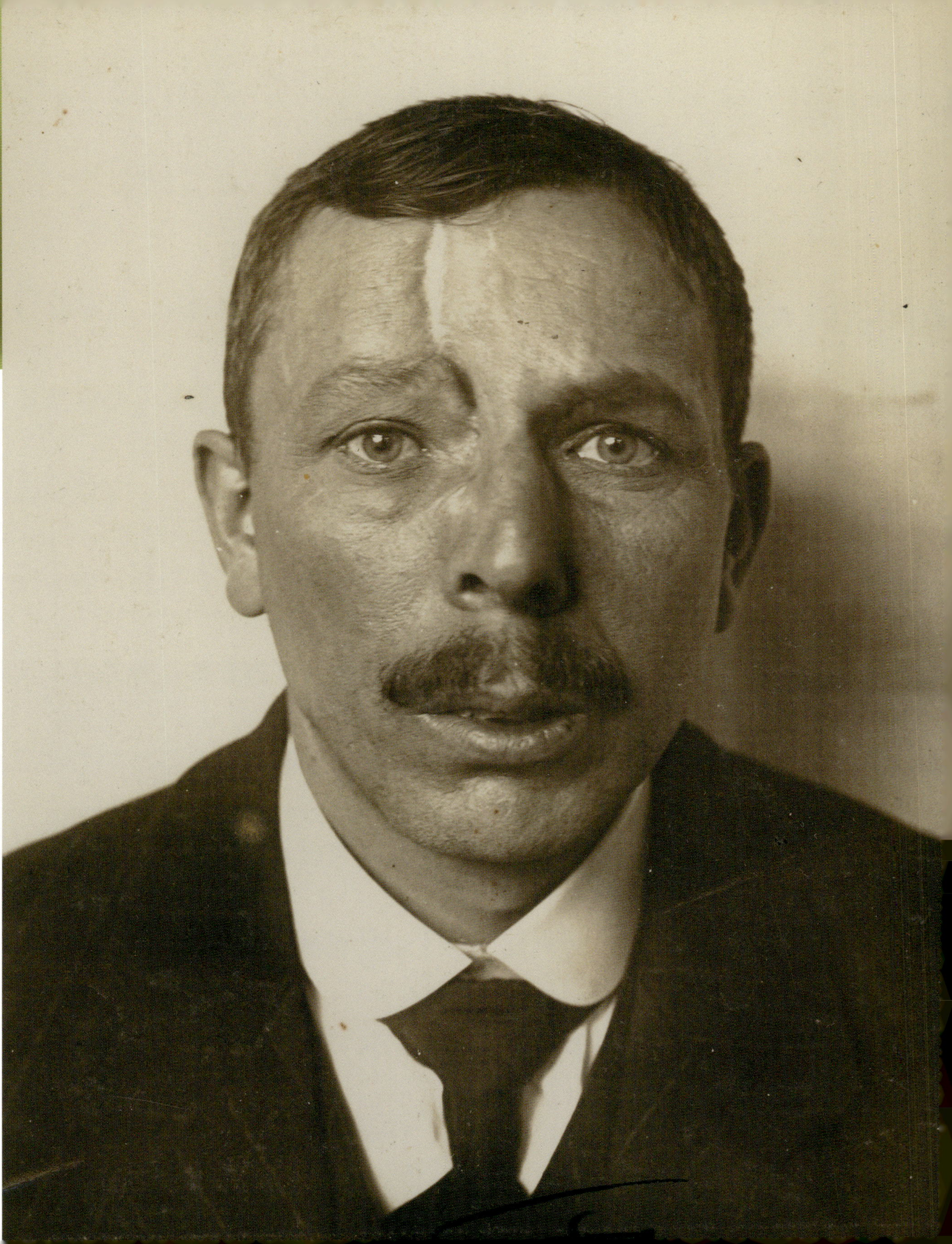

Verwundet

Wilhelm Thome
Soldat
12.3.1888 – 8.8.1969

„In Folge der Kopfverletzung leide ich an zeitweise starkem Kopfschmerz, mit dem rechten Auge sehe ich Doppelbilder, sehe überhaupt schwach und habe an Denkfähigkeit und Geruchssinn eingebüßt, wozu sich öfter Schwindelanfälle einstellen."

(Gießen, 23. April 1917)

Bis zu seiner Einberufung zum Infanterie-Regiment 170 im Oktober 1914 hatte Wilhelm Thome aus Mingolsheim bei Bruchsal als Zigarrenmacher und Bahnarbeiter gearbeitet. Am 10. Juni 1915 wurde er bei Serre (Pas-de-Calais) durch einen französischen Artillerietreffer verschüttet. Wegen seiner danach auftretenden geistigen Verwirrung kam er ins Kriegslazarett St. Quentin, wo ihm ein Nervenleiden (Dementia praecox) attestiert wurde. Am 15. Oktober schickten ihn die Ärzte als geheilt wieder an die Front zurück. Dort wurde er am 12. Juni 1916 an der berüchtigten Höhe *Toter Mann* bei Verdun durch eine feindliche Handgranate so schwer am Kopf verletzt, dass ihm im Kriegslazarett Dun (Meuse) auch etwas Hirnmasse entfernt werden musste. Nach seiner vorläufigen Genesung wurde er – mittlerweile mit dem Eisernen Kreuz Zweiter Klasse dekoriert – einem Ersatztruppenteil zugeordnet und im November 1917 aus dem Heeresdienst entlassen.

Nach Kriegsende versuchte er, in der Landwirtschaft und wieder als Zigarrenmacher ein Auskommen zu finden. Die zunächst auf 33 Prozent festgelegte Erwerbsunfähigkeitsrente in Höhe von 30 Mark monatlich wurde in den folgenden Jahren aufgrund seines sich immer weiter verschlechternden Gesundheitszustands wiederholt angehoben, zuletzt 1927 auf 100 Prozent. Gepeinigt von starken Kopfschmerzen, Sehstörungen und Erschöpfung, großer Unruhe, Schlaflosigkeit und Angstzuständen, lebte der arbeitsunfähige Thome zusammen mit seiner Frau und seinen beiden Kindern in einfachen Verhältnissen und blieb stets von staatlicher und familiärer Unterstützung abhängig. Als SPD-Mitglied wurde er am 29. März 1934 vom Landgericht Karlsruhe gemäß der nationalsozialistischen *Heimtücke-Verordnung* vom 21. März 1933 zu vier Wochen Gefängnis verurteilt.

RB

VERWUNDUNG UND GEFANGENSCHAFT

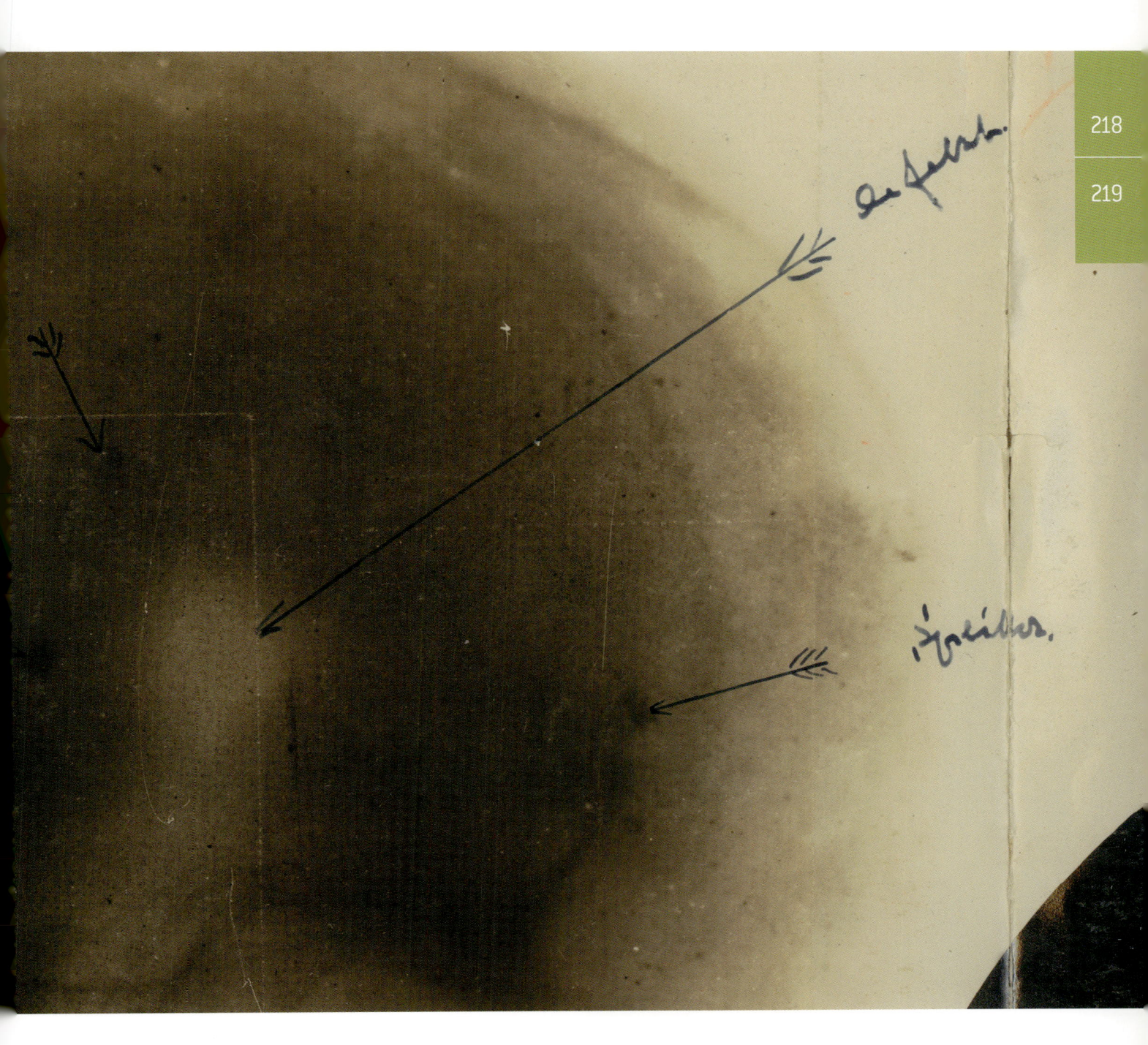

Röntgenbild von Wilhelm Thome aus dem Jahr 1925, das die in seinem Gehirn steckengebliebenen Metallsplitter zeigt. Sie konnten nicht entfernt werden.

Toter Mann.
F1.25.
.6.16.
2652

VERWUNDUNG UND GEFANGENSCHAFT

Luftbild der Stellungen am *Toten Mann* bei Verdun, aufgenommen am 4. Juni 1916 um 1 Uhr mittags aus 2.000 m Höhe. Wenige Tage bevor Wilhelm Thome hier schwer verletzt wurde.

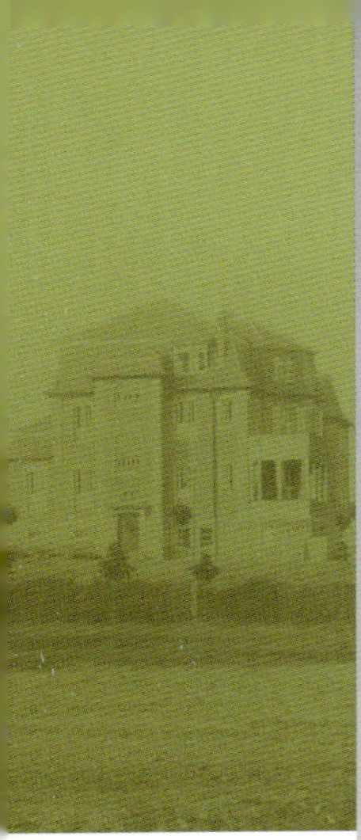

VERWUNDUNG UND GEFANGENSCHAFT

Wahnsinnig

J.
Pionier

„Er war dabei ... erregt, redete viel, gestikulierte heftig, leistete Widerstand, äußerte verworrene Wahnideen, die sich auf den Krieg ... bezogen, glaubte im Nahkampf zu sein und musste dauernd unter narkotischen Mitteln gehalten werden."

(Heil- und Pflegeanstalt Wiesloch, 13. Dezember 1932)

Der Krieg hat für ihn nie aufgehört: Wie der Name so ist auch das Bild des Patienten in dieser Ausstellung unkenntlich gemacht.

Krankensaal in der Heil- und Pflegeanstalt Wiesloch: Zeitlebens kam J. auf zwölf Aufenthalte in der Psychiatrie; sein längster dauerte 20 Monate.

Wer im Fronteinsatz unversehrt an Leib und Leben blieb, konnte an einer posttraumatischen Belastungsstörung erkranken. Wie J. durchlitt er dann immer wieder dieselben Schlachtenszenen. Der gelernte Schreiner diente seit 1915 in einem Pionier-Bataillon und erhielt 1917 das Eiserne Kreuz Zweiter Klasse. Als Pionier musste er Drahthindernisse mit Sprengladungen und Scheren öffnen sowie Schützen- und Festungsgräben sprengen. Während seines Heimaturlaubs 1917 wurde J. im Heidelberger Bahnhof von einem Offizier in Begleitung von zwei Damen gemaßregelt, den er nicht gegrüßt hatte. Als der Offizier ihn verhaften lassen wollte, verlor J. die Nerven. Er bedrohte den Offizier mit der Pistole und wurde ins Arresthaus und wegen starker Erregungszustände in die Nervenklinik Heidelberg verbracht.

Am 13. Dezember 1917 diagnostizierte der Stabsarzt im Reservelazarett Illenau bei ihm eine *„Geisteskrankheit"* mit fraglichen Aussichten auf Heilbarkeit. Ende 1917 wurde der *„nicht verwundete"* J. in die Heil- und Pflegeanstalt Wiesloch eingeliefert. Den Nationalsozialisten galt der Traumatisierte später als erbkrank, als *„Volksschädling"*, der seine *„Lebensuntüchtigkeit in Verbindung mit parasitärem Eigennutz als Krankheit verkleidet."* Kriegsneurosen passten nicht zu dem propagierten Frontkämpfermythos und stilisierten Schützengrabenerlebnis. Am 10. Oktober 1934 ordnete das Erbgesundheitsgericht die Unfruchtbarmachung an, die die Ehefrau in einem Schreiben an den Medizinalrat in Wiesloch zu verhindern suchte: *„Da mein Mann ein braver und charaktervoller Mensch ist und schwer im Kriege hat durchkämpfen müssen, würde ihn diese Sache schwer kränken."* Die Gattin erhielt die Antwort, *„dass wir uns an die Gesetze halten müssen. Ihr Mann wird in keiner Weise irgendwelchen Nachteil erleiden."* Der Arzt begründete den Eingriff mit der Furcht, dass *„die Nachkommen an schweren körperlichen oder geistigen Erbschäden leiden werden"* – die Kinder J.s aber waren alle gesund. Nach dem Zweiten Weltkrieg wurde J. weitere achtmal in das Psychiatrische Landeskrankenhaus eingeliefert, wo er auch mit den bereits in der Weimarer Zeit gefürchteten Elektroschocks behandelt wurde.

PE

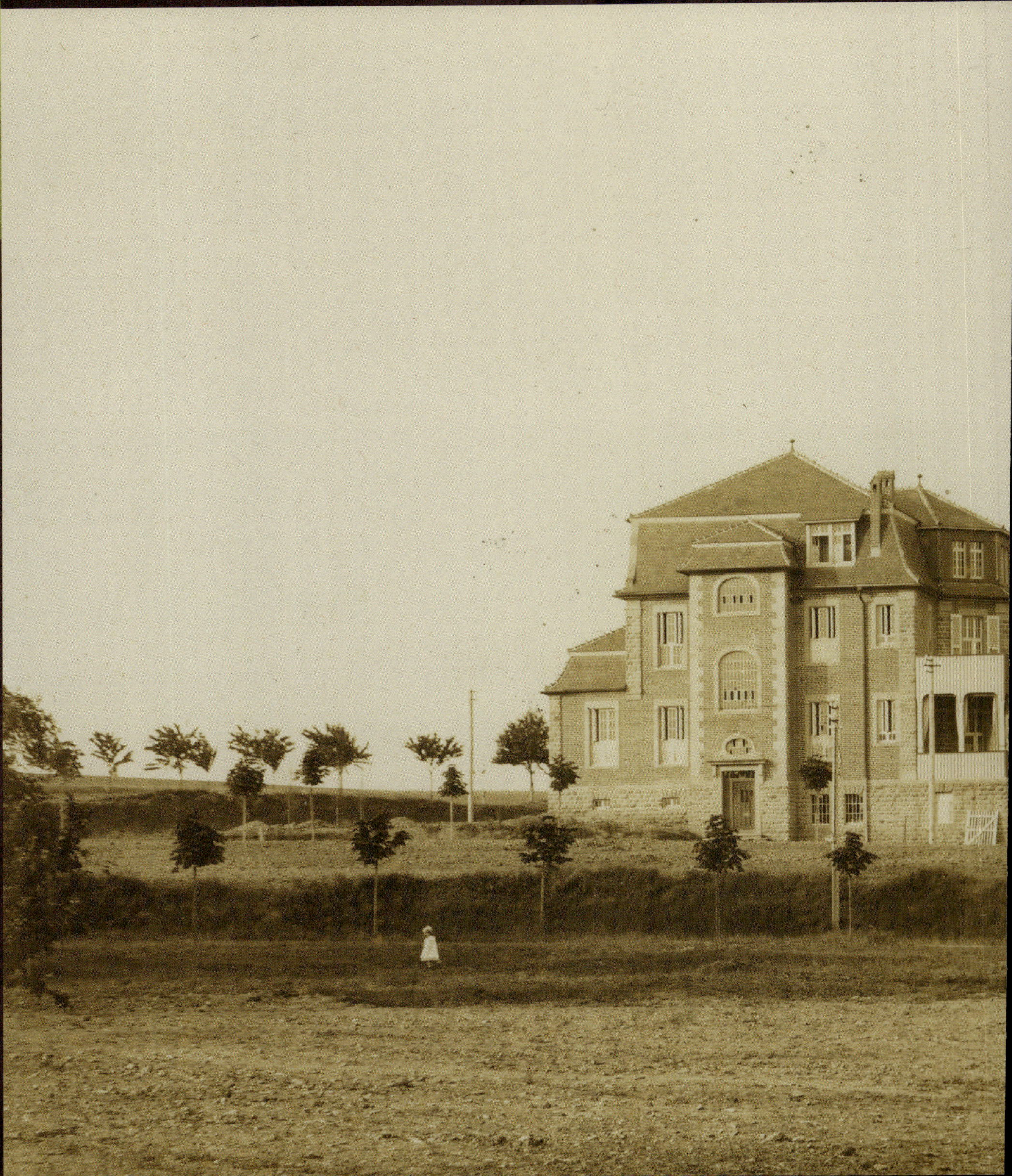

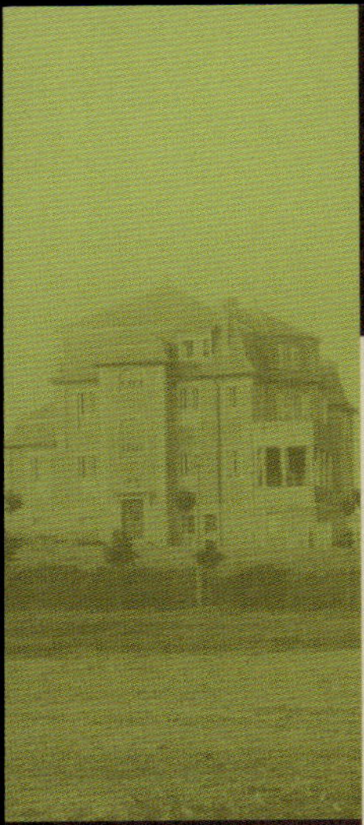

VERWUNDUNG UND GEFANGENSCHAFT

Heil- und Pflegeanstalt Wiesloch (1906), Abteilung U 1 – Haus für unruhige Männer: Hier wurde J. 1917 eingeliefert.

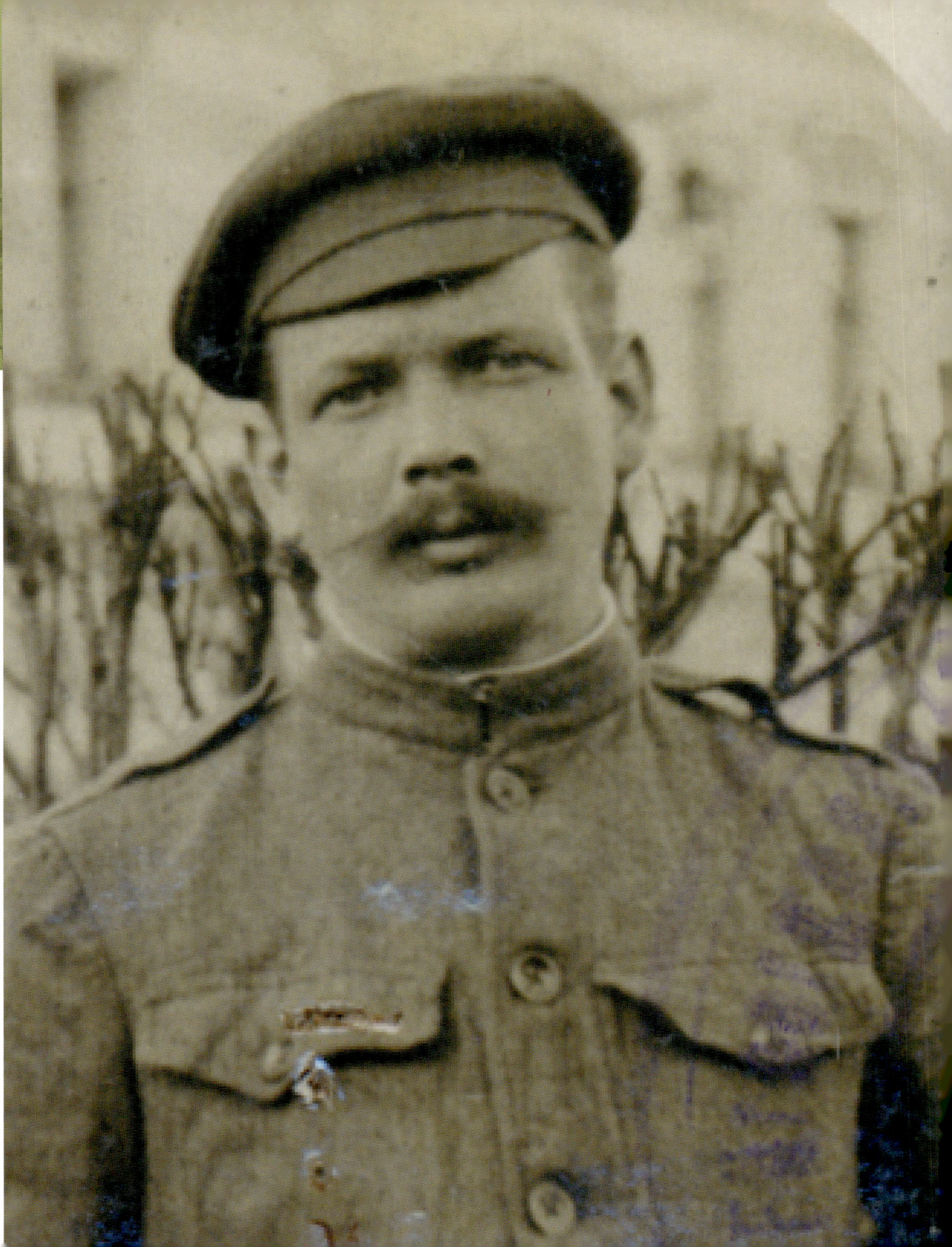

VERWUNDUNG UND GEFANGENSCHAFT

In Taschkent

228
229

Joseph Luthringer
Soldat
11.11.1888 – 18.2.1944

„Laut Mitteilung vom 10.3.1916 des Frankfurter Vereins vom Roten Kreuz – Ausschuss für Deutsche Kriegsgefangene – befindet sich Luthringer in Gefangenschaft in Taschkent."

(Kriegsstammrolle des Dragoner-Regiments 20)

Foto von Joseph Luthringer auf seinem Passierschein von 1921. Das Dokument gestattete seine Reise von Moskau nach Deutschland.

Joseph Luthringer wurde mit dem Dragoner-Regiment 20 am 31. Juli 1914 mobilisiert und am 3. August an die russische Front verlegt. Im Mai 1915 befand er sich mit seinem Regiment in Kurland in der Region um Mitau, heute Jelgava in Litauen. Während der Truppenbewegungen und der Kämpfe gegen russische Soldaten geriet er in Gefangenschaft, und seine Spur verlor sich bis zum März 1916. Dann konnte ihn das Rote Kreuz in einem russischen Gefangenenlager in Taschkent, heute Usbekistan, ausfindig machen, was vom Kriegsministerium im September bestätigt wurde. Dort blieb er bis zum Ende des Krieges. Erst 1921 kehrte er aus Buchara über das deutsche Durchgangslager Swinemünde in Pommern zurück, wo er am 7. Mai entlassen wurde. Er empfing seinen Sold (167,90 Mark Lohn, 50 Mark Entlassungsgeld und 336 Mark Verpflegungsgeld) und neue Kleidung: eine Mütze, Jacke, Weste, Hose, Unterhose sowie einen Mantel, Schuhe und Socken. Obwohl in Kriegsgefangenschaft geraten, war er aufgrund seiner Tapferkeit für die Verleihung des Eisernen Kreuzes vorgeschlagen worden. Doch findet er sich nicht in den Namenslisten der Dekorierten.

LBW

VERWUNDUNG UND GEFANGENSCHAFT

Saint-Amarin, der Geburtsort von Joseph Luthringer. Bei seiner Rückkehr nach dem Krieg war der Ort bereits seit sieben Jahren wieder französisch.

5. Wetter: Trübe.
   Reg. bleibt in seinen Quartieren.

5. Wetter: Trübe.
   Reg. bleibt in seinen Quartieren.

5. Wetter: Gut.
   Reg. bleibt in seinen Quartieren.
   Beim gelegentlichen Patrouillenschiessen ereignete
   sich im Abschnitt d. Reg. nichts Neues.

5. Wetter: Gut.
   Reg. bleibt tagsüber in seinen Quartieren.
   10°V Abmarsch des Reg. im Brigadeverbande über Szawle
   Janische auf Tryszki.

5. Wetter: Gut.
   5°V Ankunft d. Reg. in Tryszki. Reg. bezieht Orts-

VERWUNDUNG UND GEFANGENSCHAFT

Karte mit den Gefechtsbewegungen des Dragoner-Regiments 20 in Kurland im April/Mai 1915. Das Kriegstagebuch beschreibt präzise den Vorstoß der Truppen und den Kampf mit den russischen Soldaten.

1916 reiste Mathilde von Horn, Generaloberin des Badischen Frauenvereins vom Roten Kreuz, in die russischen Gefangenenlager. Sie besuchte auch die Orte, an denen Joseph Luthringer festgehalten wurde, und fotografierte u.a. eine Karawanserei in Taschkent und den Bazar in Buchara.

7

Der industrialisierte Krieg benötigt Arbeitskräfte: Arbeiter in einer Instandhaltungswerkstatt in Colmar 1917/18.

Der totale Krieg

Elsass

Erstmals in der Geschichte weitet sich ein europäischer Krieg aufgrund von Bündnisverpflichtungen auf verschiedene Kontinente aus und wird zum Weltkrieg. Die hartnäckigen Kämpfe auf und unter der Erde, auf und unter Wasser sowie in der Luft betreffen die Nationen insgesamt und beschränken sich nicht mehr auf die sich bekämpfenden Truppen. Das von General Ludendorff dargelegte Konzept des „*totalen Krieges*" markiert, verglichen mit vorherigen militärischen Konflikten, eine deutliche Weiterentwicklung: *„Der totale Krieg, der sich nicht auf eine Angelegenheit zwischen bewaffneten Kräften beschränkt, sondern der direkt in das Leben und die Seele jedes Mitglieds des im Krieg befindlichen Volkes eingreift, wurde geboren."* Wenn der ehemalige Befehlshaber des deutschen Heeres kurz vor dem Zweiten Weltkrieg einige Merkmale des knapp zwanzig Jahre zuvor geführten Ersten Weltkrieges hervorhebt, so stützt er seine Darlegungen im Sinne der damals in Deutschland vorherrschenden Ideologie mit der Behauptung ab, dass das Volk um sein Überleben kämpfe. Der Weltkrieg ist nicht mehr auf die Waffen und die Armeen beschränkt, die Wirtschaft und die Zivilbevölkerung werden in diesen Konflikt massiv mit einbezogen.

Nach den Massakern des Bewegungskriegs am Ende des Sommers 1914 verlangen die Befehlshaber der kriegführenden Armeen nach noch mächtigeren Zerstörungswaffen, um den Feind in dessen Verschanzungen zu vernichten. Der Wettlauf um die größte Feuerkraft scheint grenzenlos zu sein: Die Verwüstung der alliierten Forts durch die schwere deutsche Artillerie zeigt die neuen Zerstörungspotenziale auf. Die staatlichen Waffenfabriken werden rasch von der Privatindustrie, die um neue Erfindungen wetteifert, unterstützt, wenn nicht gar übertroffen. Der Materialmangel zu Kriegsbeginn unterstreicht den Widerspruch zwischen einer allgemeinen Mobilmachung, die bei den Waffenfirmen qualifiziertes Personal abzieht, und den stets wachsenden Anforderungen der Front, Produkte in bisher nicht vorstellbaren Mengen herzustellen. Den lange währenden Krieg hatte kein Generalstab so vorhergesehen: Die Forderung nach immer mehr Schnellfeuerwaffen, für die sehr viel Munition benötigt wird, stellt die noch in Friedenszeiten festgelegte Materialauswahl in Frage. Im Krieg verstärkt das Militär daher seinen Einfluss auf die Industrie. Deutschland als weltweit wichtiges Land der Chemieproduktion entwickelt in großem Maßstab Kampfgas und stützt sich dabei auf das Fachwissen der Industrie, die dementsprechend umorganisiert wird. Die zu Kriegsbeginn noch in den Kinderschuhen steckende Mechanisierung profitiert vom raschen Fortschritt, aber auch von den allgemein geänderten mentalen Einstellungen. Frankreich setzt sein technisches Fachwissen mit Verzögerungen um und stellt 1918 Kampfpanzer in großer Zahl her, die auf den Schlachtfeldern entscheidend werden. Auf die Anfang 1918 gelieferten ersten tausend Panzer folgen in Frankreich 3.900 und in den USA 1.200 Bestellungen. Deutschland verfügt bei Kriegsbeginn über eine Gruppe freiwilliger Berufskraftfahrer, die im Rahmen des Mobilmachungsplans die eingezogenen Mannschaften unterstützen: Die Ausrüstung der Armee ist ein Ding der Unmöglichkeit wegen der nicht weniger als 100 unterschiedlichen Reifengrößen für Privatfahrzeuge und 50 unterschiedlichen Lastkraftwagen-Reifengrößen. Drastische Auswahlverfahren werden wegen der Versorgungsengpässe bei Gummi und Ölkraftstoff erforderlich, ebenso bei an-

DER TOTALE KRIEG

Baden

Fast alle Zeitgenossen – Militärs und Zivilisten – waren von einem sehr heftigen, aber kurzen Krieg ausgegangen. Schienen die hochkomplexen und vielfach verflochtenen Volkswirtschaften Europas doch gar nicht in der Lage, einen längeren Konflikt durchstehen zu können, ohne zusammenzubrechen. Tatsächlich waren die finanziellen und militärischen Möglichkeiten bereits nach kurzer Zeit erschöpft: Der im sagenumwobenen Juliusturm der Festung Spandau gehortete preußische Kriegsschatz war nach nur wenigen Tagen aufgebraucht, die Vorräte an Munition und Material für die deutsche Armee im Oktober 1914 zu Ende. Bald wurde klar, dass die sich gegenseitig zerfleischenden Nationen Europas ganze neue Wege beschreiten mussten, um diesen Krieg, der wider Erwarten kein Ende nehmen wollte, siegreich durchstehen zu können: Nicht nur die Wirtschaft, sondern die gesamte Gesellschaft musste zu einer maximalen Steigerung der militärischen Anstrengungen an der Front und in der Heimat getrieben werden. Jeder Einzelne war betroffen: Soldaten und Zivilisten, Männer, Frauen und Kinder. Der erste totale Krieg hatte begonnen.

An der Front waren die Kämpfe im Westen bald zum Stellungskrieg erstarrt, der nicht nur eine neue Taktik

Neue Transportwege müssen für das Militär im Oberelsass erstellt werden: Arbeiter beim Bau der Bahnlinie von Obermichelbach nach Waldighofen am 1. März 1915.

Elsass

Der Krieg verlangt die Massenproduktion von Waffen und Material: Verladen von Stacheldraht der Fabrik G. Michel in Mülhausen am 24. April 1915.

deren importierten Rohstoffen, die für die Herstellung von Spezialstählen erforderlich sind. Die Produktion für den im Frühjahr 1917 beginnenden – dann bis zum Äußersten betriebenen – U-Bootkrieg geht auf Kosten der Entwicklung eines gepanzerten Geländefahrzeugs, das mit den englischen und französischen Panzern hätte konkurrieren können. Serienmäßig werden Flugzeuge produziert, um auch in der Luft kämpfen zu können. Ab Herbst 1914 ergeben sich bei den deutschen Uniformlieferungen Engpässe. Im Mobilisierungsplan sind

Baden

sondern auch neue Arten von Waffen erforderte: Schwere Artillerie und Maschinengewehre dominierten das Schlachtfeld. Handgranaten und Flammenwerfer kamen im Nahkampf zum Einsatz. Mit Giftgas sollten die festgefahrenen Fronten aufgesprengt werden, U-Boote die Versorgung des Feindes über das Meer unterbinden. Zeppeline und Flugzeuge trugen den Krieg in die Lüfte und weit ins gegnerische Hinterland. Die Entwicklung des Panzers wurde von deutscher Seite allerdings versäumt. In den unmittelbaren Kampfgebieten breiteten sich Zonen totaler Verwüstung aus. Die Materialschlachten tobten. Die Höhe der Verluste an Menschenleben in einem industrialisierten Abnutzungskrieg war bis dahin unvorstellbar gewesen und wurde von den Militärs so lange kaschiert, wie nur möglich. Zahllose Übergriffe auf die Zivilbevölkerung wurden verübt: Erschießungen und Deportationen sowie der Angriff auf Städte gehörten zum Kriegsalltag.

In der Heimat mussten die bei Kriegsbeginn fast vier Millionen mobil gemachten Männer durch Frauen, Jugendliche und Alte ersetzt werden. Doch konnten diese unter schwersten Arbeitsbedingungen trotz aller Anstrengungen die Facharbeiter, die für die gewaltigen Produktionssteigerungen der Rüstungsindustrie benötigt wurden, nur teilweise ersetzen. Bald aber wurden Arbeiter wieder vom Froneinsatz freigestellt, Soldaten und Kriegsgefangene in der Landwirtschaft eingesetzt, schließlich Fremdarbeiter – wie der schweizer Schlosser Alexander Ritter aus Basel – angeworben und mit Gewalt Zwangsarbeiter rekrutiert. Die Rohstoffe wurden zugunsten der kriegswichtigen Industrien bewirtschaftet und rationiert, neue Ersatzstoffe produziert. Das bei der BASF entwickelte Haber-Bosch-Verfahren lieferte Ammoniak nicht nur für Kunstdünger, sondern auch für Sprengstoff. Die private Großindustrie und die staatlich-militärische Verwaltung arbeiteten eng zusammen, um den Ausstoß von Waffen und Munition zu optimieren. Dieser stieg in der Tat stei an, genauso wie die Profite der Rüstungsindustrie, die die Preise diktierte. Finanziert wurde der Krieg hauptsächlich durch Kredite und Kriegsanleihen, die im großen Stil von der Bevölkerung gezeichnet wurden. Die gewaltigen Schulden, die so aufgehäuft wurden, sollten laut allgemeiner Überzeugung nach Kriegsende dann die besiegten Feinde bezahlen. Als patriotische Taten galten der Umtausch von goldenen Eheringen in eiserne und das Einschmelzen von Kirchenglocken.

Eine wesentliche Rolle kam bei der totalen Mobilisierung der Gesellschaft dem Kampf um die Seelen zu. Die kaiserliche Regierung hatte von Anfang an Deutschland als Opfer einer feindlichen Aggression inszeniert, um sich die Unterstützung der Massen, vor allem der Arbeiterschaft und der SPD zu sichern. Ob es im Krieg aber überhaupt noch ethische Grenzen geben kann, zeigte sich exemplarisch im Streit um den Einsatz von Giftgas, der bei den beiden Chemikern Fritz Haber und seiner Frau Clara Immerwahr tragische Formen annahm. So wie die Methoden der Kriegsführung mit der Zeit immer brutaler und enthemmter wurden, so wurden angesichts des allgemeinen Massakers auch die Kriegsziele, die die eigene Hegemonie in Europa festschreiben und den Gegner dauerhaft schwächen sollten, immer radikaler. Die Propaganda, die bald nur noch den Sieg oder den Untergang Deutschlands beschwor, erging sich in immer neuen Hasstiraden gegen seine Feinde und forderte immer größere Opfe

Elsass

400.000 Uniformen pro Halbjahr vorgesehen. In wenigen Monaten müssen jedoch wegen der Verluste in den ersten Schlachten und der Zusammenstellung neuer Armeekorps, die an die Front geschickt werden, dreimal mehr Soldaten ausgerüstet werden. Die ursprünglich eingeplanten Ressourcen reichen also nicht aus. Der Einsatz von Granaten in den ersten Gefechten übertrifft alle Planungen. Die Materialreserven sinken rasch auf einen sehr niedrigen Stand. Im Dezember 1914 beträgt der Bedarf an Stahl allein für die Herstellung französischer Granaten etwa 1.100 Tonnen täglich, kaum weniger als der Gesamtstahlverbrauch Frankreichs vor dem Krieg.

Aufgrund der Dauer des Krieges muss die Industrieorganisation gründlich überprüft werden. Damit befasst sich ab September 1916 die Oberste Heeresleitung unter Generalfeldmarschall von Hindenburg sehr intensiv und initiiert für die Industrieproduktion ein auf die Kriegsbedürfnisse ausgerichtetes Programm, das in dieser Art einmalig ist und der Mobilisierung sämtlicher materieller Ressourcen und aller verfügbaren Menschen dient. Die Preise explodieren. Das in Essen ansässige Unternehmen Krupp verdoppelt in wenigen Monaten die Fläche seiner der Kriegsproduktion dienenden Werkstätten und vervierfacht – verglichen mit 1914 – fast seinen Umsatz. Die spät in den Krieg eingetretenen Vereinigen Staaten sind ein wichtiger Lieferant

Die Versorgung mit Lebensmitteln bricht zusammen: Kriegsküche im Städtischen Schlacht- und Viehhof Karlsruhe im April 1916.

Baden

von der eigenen Bevölkerung ein. Eine Verrohung der Menschen war angesichts dieser Schrecken wohl unvermeidlich und sollte noch lange nachwirken, wie das Beispiel des Schriftstellers Ernst von Salomon deutlich macht.

Trotz aller Anstrengungen gelang es Deutschland jedoch nicht, seinen an Zahl und Wirtschaftskraft überlegenen Gegnern, die über den freien Zugang zu den Weltmärkten verfügten und eine Seeblockade gegen die Mittelmächte verhängt hatten, auf die Dauer militärisch und ökonomisch Paroli zu bieten. Die deutschen Strategen wollten daher eine Entscheidungsschlacht erzwingen. Im Sommer 1916 wurde unter der III. Obersten Heeresleitung von Paul von Hindenburg und Erich Ludendorff, die den Kaiser und die Reichsregierung entmachteten und eine verdeckte Militärdiktatur errichteten, das sogenannte Hindenburgprogramm in Kraft gesetzt, das in einer letzten gewaltigen Anstrengung alle verfügbaren Ressourcen für die Rüstungsproduktion mobilisieren sollte. Mit dem *Gesetz über den Vaterländischen Hilfsdienst* vom 5.12.1916 wurden zwar alle männlichen Deutschen zwischen 17 und 60 Jahren zwangsverpflichtet, doch konnte sich die Mittel- und Oberschicht diesem Zugriff durchaus entziehen. Tatsächlich brachen aber nun Teile der überlasteten Wirtschaft, vor allem aber die Nahrungsmittelversorgung in den industriellen Ballungsräumen, zusammen. Die Lebensmittelimporte waren seit Kriegsbeginn ausgefallen, die eigene Produktion sank dramatisch, zweifelhafte Ersatznahrungsmittel wurden verabreicht. Trotz Rationierung der Lebensmittel und Ausgabe von Bezugskarten griff der Hunger ab dem Winter 1916/17 in der Bevölkerung immer weiter um sich. Die Sterblichkeitsrate von Alten und Kindern stieg, erste Unruhen und Streiks flackerten auf. Die Armut nahm zu. Der Schwarzmarkt blühte.

Die krisenhafte Zuspitzung der Lage zeigte sich auch in Baden. Zwar lag Südbaden in Hör- und Sichtweite der Vogesenfront, mussten u.a. Städte wie Mannheim, Karlsruhe, Offenburg und Freiburg häufige Luftangriffe mit zivilen Opfern erdulden, doch nahm die Ernährungsfrage im Allgemeinen nicht derart katastrophale Formen an wie andern Orts. Grund hierfür war der hohe Anteil an Personengruppen, die sich gerade in Realteilungsgebieten dank kleinen Land- und Gartenbesitzes teilweise selbst mit Lebensmitteln versorgen konnten. Doch auch im Großherzogtum stiegen die Spannungen zwischen der Stadt- und Landbevölkerung. Kommunale, staatliche und militärische Sonderbehörden wurden eingerichtet, um die Lebensmittelversorgung der Bevölkerung notdürftig zu sichern und die explodierenden Preise zu regulieren. Brot, Fett, Milch, Fleisch, Kartoffeln, Eier, Obst, fast alle Nahrungsmittel wurden bewirtschaftet und rationiert, doch gelang es weder die gravierenden Ungleichheiten zwischen den verschiedenen Landesteilen auszugleichen noch die sich zuspitzende soziale Lage zu entschärfen. Allerorten mussten für die Bedürftigen Kriegsküchen eingerichtet, 1917 allein in Karlsruhe 23.000 Schülerspeisungen ausgegeben werden.

Die badische Regierung und der Landtag waren durch die Sondervollmachten der Reichsregierung und des Bundesrats quasi entmachtet und zu Befehlsempfängern der Berliner Zentrale degradiert worden. Die vollziehende Gewalt war mit Ausrufung des Kriegszustan-

Elsass

der alliierten Armeen. Zwischen 1914 und April 1917 stieg die Tonnage der Kriegsmaterialproduktion um den Faktor 60.

Deutschland tritt in den Krieg ein, ohne über Gebirgsjäger zu verfügen. Es plant, seinen österreichischen Verbündeten im Fall der Bedrohung von italienischer Seite lediglich zu unterstützen. Frankreich stehen dagegen, ebenso wie Österreich, Spezialtruppen mit entsprechender Ausrüstung und Schulung zur Verfügung: 12 Bataillone alpiner Gebirgsjäger und ebenso viele Reservebataillone sowie 30 Gebirgsartillerie-Bataillone zur Verteidigung der französisch-italienischen Grenze. Sobald am Ende des Jahres 1914 die Bedrohung von dieser Seite entfällt, werden die sorgfältig zusammengestellten alpinen Gebirgsjäger – in der Größenordnung eines Jägerbataillons von sechs Kompanien, unterstützt durch eine Pionier-Abteilung und eine Batterie von Gebirgskanonen mit 65 mm-Kaliber – an die Vogesenfront gesandt. Die vier ersten Jägerbrigaden werden Mitte Januar 1915 aufgestellt, gefolgt von der ersten Jäger-Division mit der Nummer 47. Diesen Elitetruppen stellen die deutschen Truppen, deren Kriegsplanung auf die Verteidigung der Rheinlinie ausgerichtet ist, zuerst vor allem Reservisten und Landwehrstreitkräfte entgegen, die sich oftmals als überlegen erweisen. Der Krieg im Gebirge verändert sich in unvorhergesehener Weise, wobei sich die taktischen Aktivitäten eher auf die Berghöhen als auf die Gebirgspässe und traditionellen Durchgangswege konzentrieren.

Der Große Generalstab forderte von General Hans Gaede, die französischen Pläne im Elsass und in den Vogesen nicht nur zu durchkreuzen, sondern im Gebirge auch selbst in die Offensive zu gehen. Zwei Gebirgskanonenbatterien mit 7,5 cm Geschützen der Firma Krupp die aus einer beschlagnahmten Bestellung für Chile stammten, werden ab November 1914 in Straßburg-Neudorf und in Freiburg aufgestellt. Im Jahr 1915 folgen ein Dutzend weitere. In der Schneeperiode Ende 1914 werden unter Einbeziehung von württembergischer und bayerischen Freiwilligen mehrere Ski-Kompanien zusammengestellt, die im Januar 1915 zur Bekämpfung der bereits anwesenden skibeweglichen französischen Soldaten dienen. Zur Unterstützung seiner Offensivpläne greift Gaede im Januar 1915 auch auf die 8. bayerische Reserve-Division zurück, die für Berggefechte speziell ausgerüstet und geschult ist. Sie hat am 13. Februar 1915 ihren ersten Kampfeinsatz und wird dann während des Frühjahrs und Sommers 1915 im Munster-Tal in heftige Kämpfe verwickelt. Nach dem Kriegseintritt Italiens kommt es Ende Mai 1915 in Bayern zur Gründung des sogenannten Alpen-Korps, eine starken Division, die sich hauptsächlich aus Gebirgsjägern und Skitruppen verschiedener Königreiche zusammensetzt. Sie kämpft hauptsächlich in Tirol, Serbien, Rumänien und Italien, wird im Juni 1917 aber auch in den Vogesen eingesetzt. Die Gründung zweier weiterer deutscher Gebirgsjäger-Divisionen erfolgt 1916 und 1917. Neben der Ausrüstung der Truppen muss im Rahmen des Stellungskriegs auch die Front befestigt werden. Auf deutscher Seite werden neue Bergstraßen und schmalspurige Bergeisenbahnen errichtet. Hunderte Kilometer lange Hängeseilbahnen mit über 92 Sektionen nutzt man im Osten und Westen. Insbesondere in den Vogesen werden – beginnend mit dem Frühjahr 1915 – etwa fünfzehn Hängeseilbahnen errichtet und betrieben. Deren Gesamtlänge beträgt im Jahr 1917

Baden

Die Kirchenglocken werden als Rohstoff für die Kriegsindustrie eingeschmolzen: die Kinder von Schuttern beim Abtransport ihrer Glocken im Sommer 1917.

des an das Stellvertretende Generalkommando des XIV. Armeekorps in Karlsruhe übergegangen. Dieses zeigte sich angesichts des auch in Baden herrschenden politischen Burgfriedens zunächst moderat, doch wurde nach der Verschlechterung der Situation im Frühjahr 1917 der verschärfte Belagerungszustand ausgerufen. Die Organisation der Industrie, der Landwirtschaft und des Arbeitsmarktes war der Kriegsamtsstelle Karlsruhe übertragen worden, der eine Nebenstelle in Mannheim zugeordnet wurde. Beide Orte waren wegen ihrer Rüstungsindustrien von entscheidender Bedeutung: Allein in der Deutschen Waffen- und Munitionsfabrik AG in Karlsruhe arbeiteten ca. 5.500 Menschen in Tag- und Nachtschichten. Die Anzahl der Munitionsarbeiterinnen in Mannheim wurde bis auf 10.000 gesteigert.

Auch in Baden war die Siegeszuversicht bei Kriegsausbruch bald der Ernüchterung, d.h. einer gedrückten Stimmung des unbedingten Durchhaltens gewichen, die sich trotz strenger Zensur und modernster Propagandamittel – z.B. im Januar 1916 in den Kinos mit der Heereswochenschau *Winterschlachten in den Vogesen* – weiter verschlechterte. Dass die Mobilisierung

Elsass

über 75 Kilometer, wobei die maximale Lastkapazität jeder Strecke von 35 bis zu mehr als 100 Tonnen pro Tag reicht. Die Franzosen setzen mit ihren schmalspurigen Schienensystemen, Standseilbahnen und einigen Hängeseilbahnen in den Vogesen bescheidenere Mittel ein.

Die Weiterentwicklungen der Waffentechnik beeinflussen die taktischen Entscheidungen der Armeeführungen. Vom Dezember 1914 bis zum Kriegsende erleidet die Stadt Freiburg im Breisgau 25 Luftangriffe – dies stellt für alle deutschen Städte einen Rekordwert dar. Als er seine Kommandobefehle für die bewaffneten Streitkräfte im Osten ausgibt, betont der Oberbefehlshaber General Joffre am 11. August 1915, dass er eine Offensive im Elsass plane, um das linke Rheinufer zu besetzen und um dann *„durch den Einsatz von Kanonen mit großer Reichweite systematisch eine große Anzahl deutscher Ortschaften zu zerstören."* Alle beteiligten Kriegsparteien setzen im Jahr 1915 weit von der Frontlinie entfernt militärische Repressalien ein, die unzweifelhaft die Zivilbevölkerung bedrohen: Bomber mit weitem Aktionsradius und Kanonen mit großer Reichweite kommen zum Einsatz. Es geht dabei nicht nur um materielle Zerstörungen, dieses Vorgehen zielt direkt auf die Moral der Bevölkerung. Auf französischer Seite werden im Thanner Tal Zivilisten eingesetzt, um bei der Errichtung von Stellungen hinter der Frontlinie zu helfen. Deutschland mobilisiert im Dezember 1916 massenhaft zivile Arbeitskräfte, die die Kriegsanstrengungen im Vaterländischen Hilfsdienst unterstützen. Die Blockade der alliierten Flottenverbände verhindert nicht nur den Import von Rohstoffen, sondern auch den von Nahrungsmitteln. Die Zivilbevölkerung leidet unter den Rationierungen, die für sie am Ende des Krieges

drastischer sind als für das Militär und die bereits angegriffene Volksgesundheit weiter verschlechtern. Die Mobilisierung junger Männer, des wichtigsten Potentials der Volkswirtschaft, zwingt die Frauen dazu, die frei gewordenen Plätze im Dienstleistungsbereich, aber auch in der Produktion einzunehmen. Ein wichtiges Anliegen der militärischen Führung ist dabei die Stärkung der Kampfmoral der Zivilisten, die fern der Kriegsfront über die Lage ihrer Verwandten und Freunde schlecht informiert sind. Besonders aufbereitende Informationen werden durch illustrierte Zeitungen vermittelt, die das kultivieren, was man in Frankreich *Gehirnwäsche* nennt. Sie verbreiteten die offiziellen Kommuniqués und die von der Zensur erlaubten Fotografien. Flugzeuge und Ballone überfliegen die Kampflinien und werfen Zeitungen und Propagandabroschüren ab, die leichtgläubige Leser beeindrucken sollen. Der totale Krieg der sich auf die Volkswirtschaften der Nationen massiv auswirkt, entwickelt erstmals eine psychologische Komponente.

Thierry Ehret

DER TOTALE KRIEG

Baden

der Bevölkerung dabei mitunter seltsame Blüten trug, belegt der sich 1915/16 deutschlandweit ausbreitende Brauch der Nagelungen, der einst zur Austreibung böser Geister und zur symbolischen Kraftübertragung gedient hatte. Diesmal wurden mythische Figuren wie der Roland in Mannheim oder eine Linde vor dem Schwabentor in Freiburg aufgestellt. Privatpersonen und Organisationen konnten für eine karitative Spende Nägel erwerben, die dann während einer kleinen Zeremonie eingeschlagen wurden. Ein gemeinschaftsstiftendes archaisches Ritual, dem sich selbst Großherzog Friedrich II. von Baden bei einem Besuch Freiburgs im August 1916 mit einem goldenen Nagel anschloss.

Nicht nur das unvorstellbare Blutvergießen unter den Soldaten, auch die materielle und moralische Erschöpfung der zivilen Bevölkerung, die zusammenbrechende Wirtschaft, der Hunger und die Armut machten den Krieg schließlich unerträglich. Wie überall in Süddeutschland tauchten auch in Baden wieder verstärkt antipreußische Ressentiments und Schuldzuweisungen auf. Nach einer kurzen Euphorie angesichts der Niederlage Russlands im Herbst 1917 brach Deutschland nach dem Scheitern der letzten Offensiven an der Westfront ein Jahr später vollkommen zusammen.

Rainer Brüning

Alte Männer heben im Juni 1917 einen Übungs-Schützengraben auf dem Gelände der Schule in der Gartenstraße aus, wo das Aufgebot des 3. Landsturm-Infanterie-Ersatzbataillons Karlsruhe untergebracht ist.

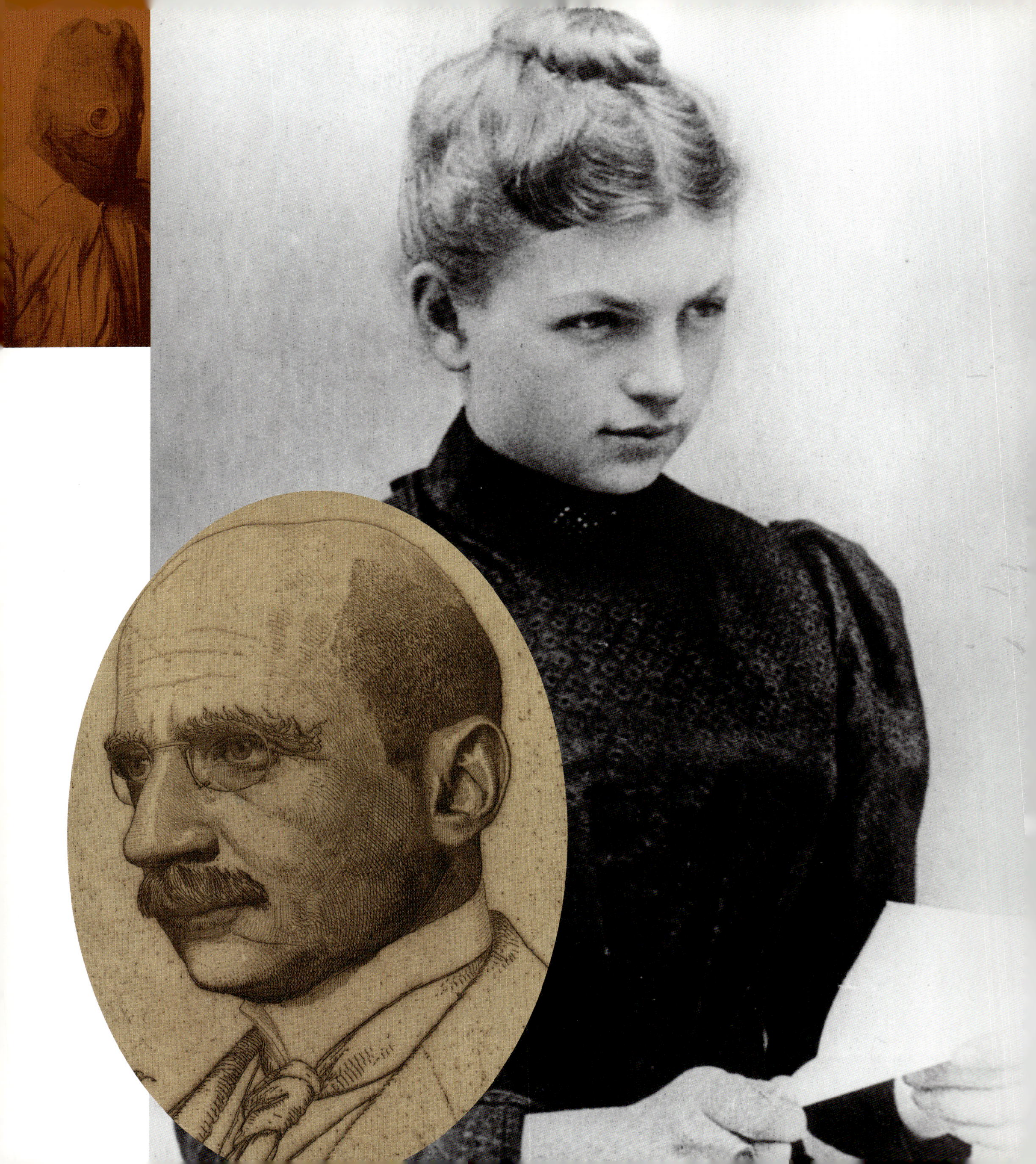

DER TOTALE KRIEG

Der Nobelpreisträger als Kriegsverbrecher

Fritz Haber und Clara Immerwahr
Chemiker
9.12.1868 – 29.1.1934 und 21.6.1870 – 2.5.1915

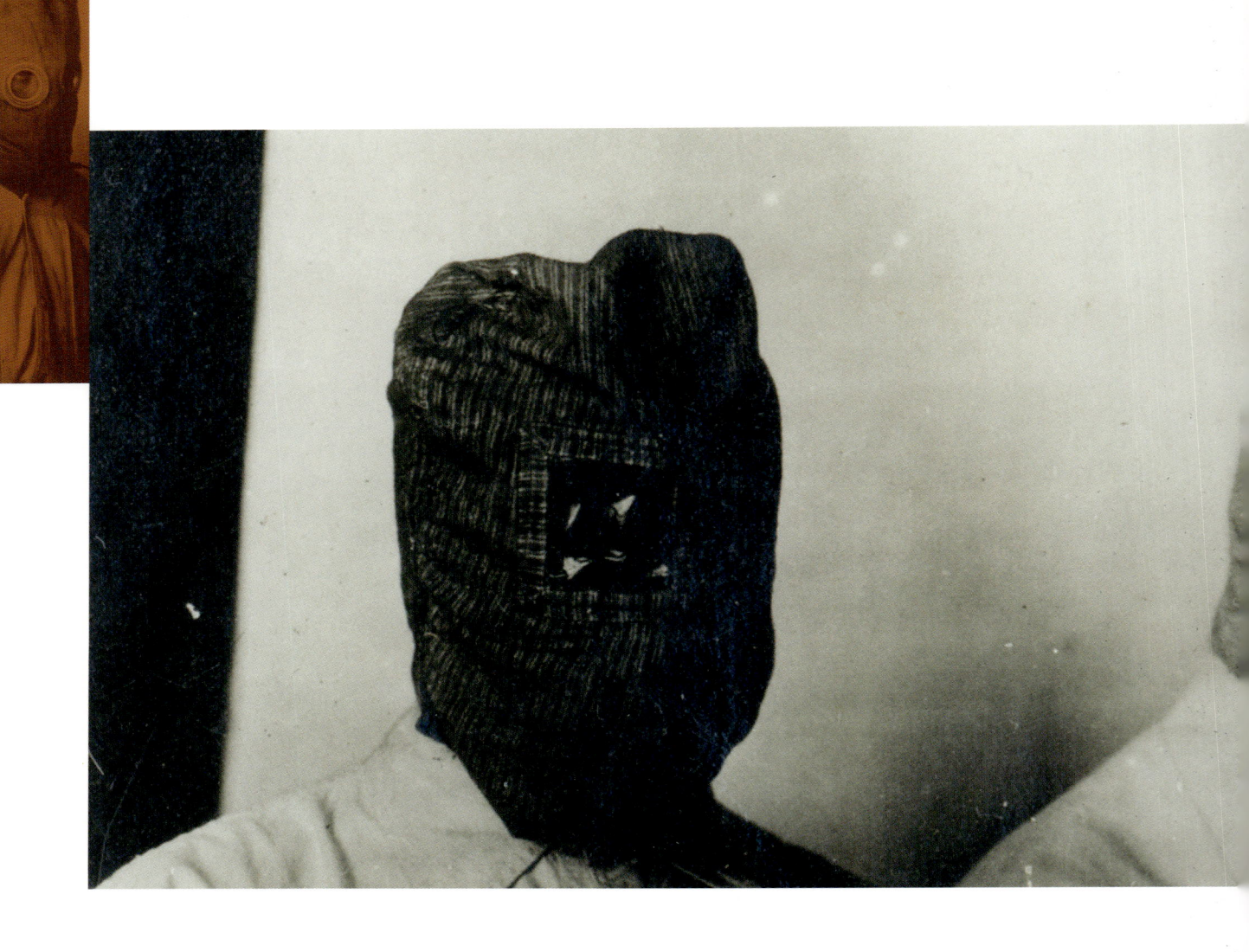

Nobelpreisträger, Kriegsverbrecher? Auf den in Breslau geborenen Fritz Haber, der in seiner Karlsruher Zeit (1894-1911) die Ammoniaksynthese entwickelte, mit deren Hilfe agrarische Düngemittel sowie Sprengstoff künstlich hergestellt werden konnten, treffen beide Attribute zu. 1911 an das Berliner Institut für Physikalische Chemie und Elektrochemie der Kaiser-Wilhelm-Gesellschaft gewechselt, stellte Haber von 1914 an sein Institut ganz in den Dienst der Lebensmittel-, aber auch der Kriegswaffenproduktion. Um die erstarrte Front zu durchbrechen, arbeitete er taktische Vorschläge für einen Angriff mit Chlorgas aus, dessen Einsatz er in der 2. Flandernschlacht am 22. April 1915 bei Ypern selbst überwachte. Chlorgas brachte den Tod durch Lungenödeme.

Als seine Frau Clara, geborene Immerwahr, ebenfalls Chemikerin und eine der ersten promovierten Frauen in Deutschland, von dem Gaseinsatz erfuhr, erschoss sie sich am 2. Mai 1915 mit der Dienstwaffe ihres Ehemanns. Doch Haber sah den Einsatz des als Reizgas deklarierten Chlorgases völkerrechtlich durch die Haager Konvention legitimiert. In diesem Zwiespalt steckte auch die Weltöffentlichkeit: Einerseits sahen die Mächte der Entente in Haber einen Kriegsverbrecher, andererseits wurde ihm 1919 wegen seiner Verdienste um die Ammoniaksynthese der Nobelpreis in Chemie für 1918 zuerkannt.

Trotz seines Religionswechsels 1893, den Fritz Haber als Jude im Vorgriff auf seine Hochschulkarriere vorgenommen hatte, vertrieben ihn die Nationalsozialisten aus Deutschland. Haber legte im Mai 1933 seine Ämter nieder, emigrierte Ende Oktober nach Cambridge und starb am 29. Januar 1934 auf der Durchreise in Basel – an einem Lungenödem.

PE

DER TOTALE KRIEG

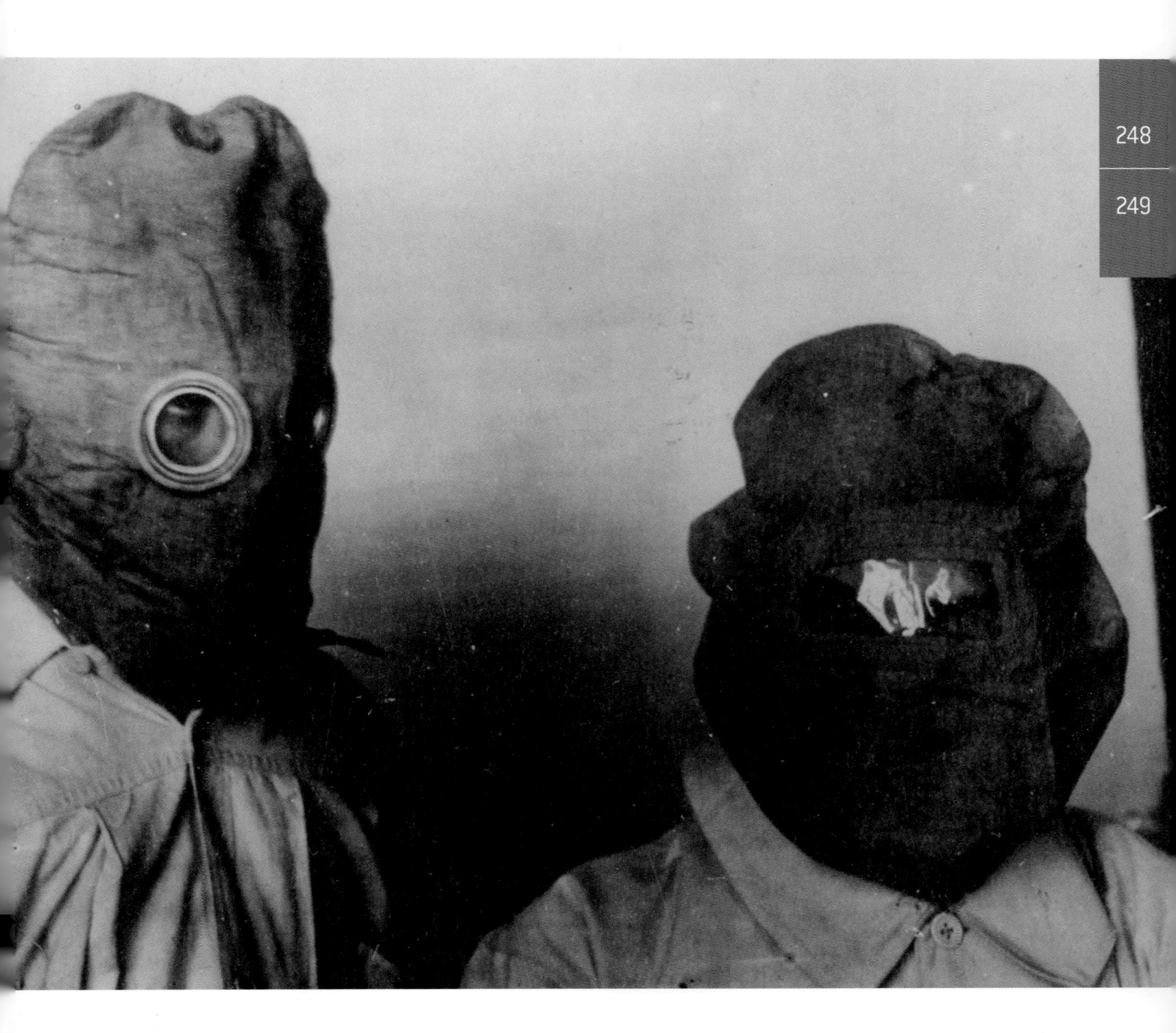

Haber sah den „*Vorteil der Gasmunition*" darin, dass der „*Gaskampfstoff hinter jeden Erdwall und in jede Höhle dringt, wo der fliegende Eisensplitter keinen Zutritt findet.*" Untersuchung von Gasmasken der Entente im Juni 1916 [vgl. folgende Seite].

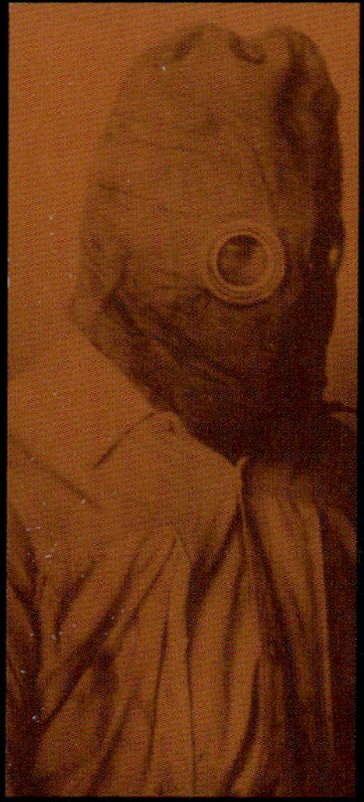

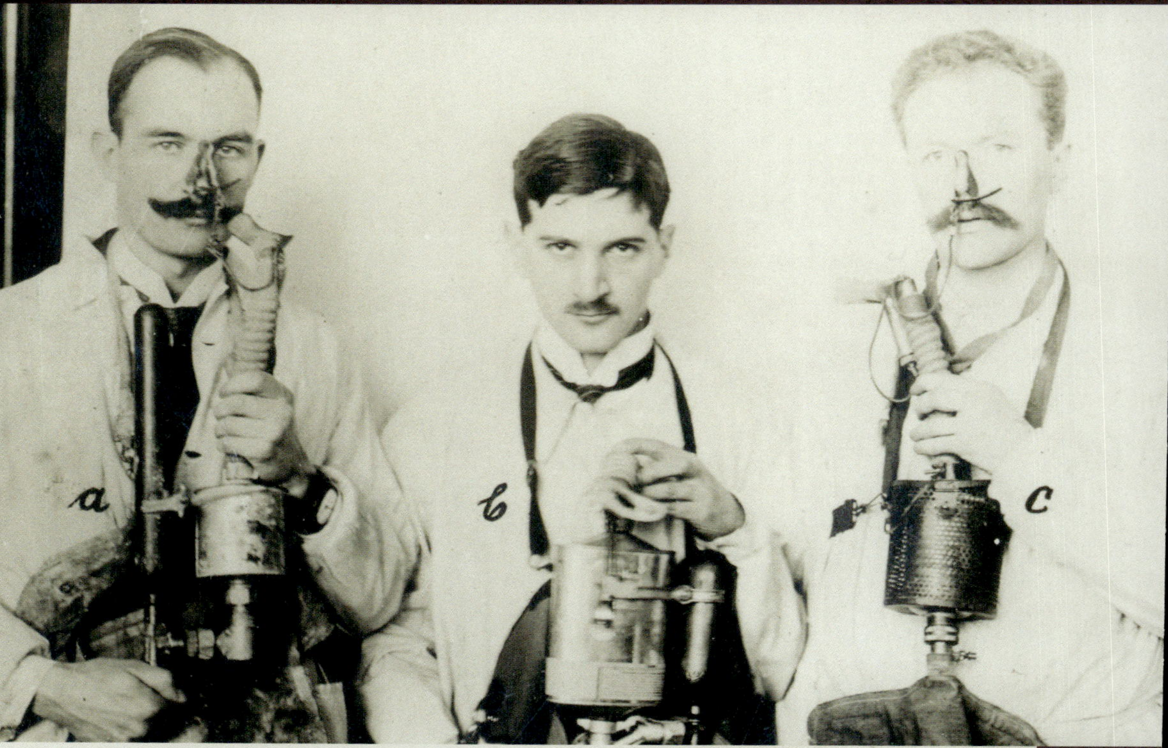
a
b
c

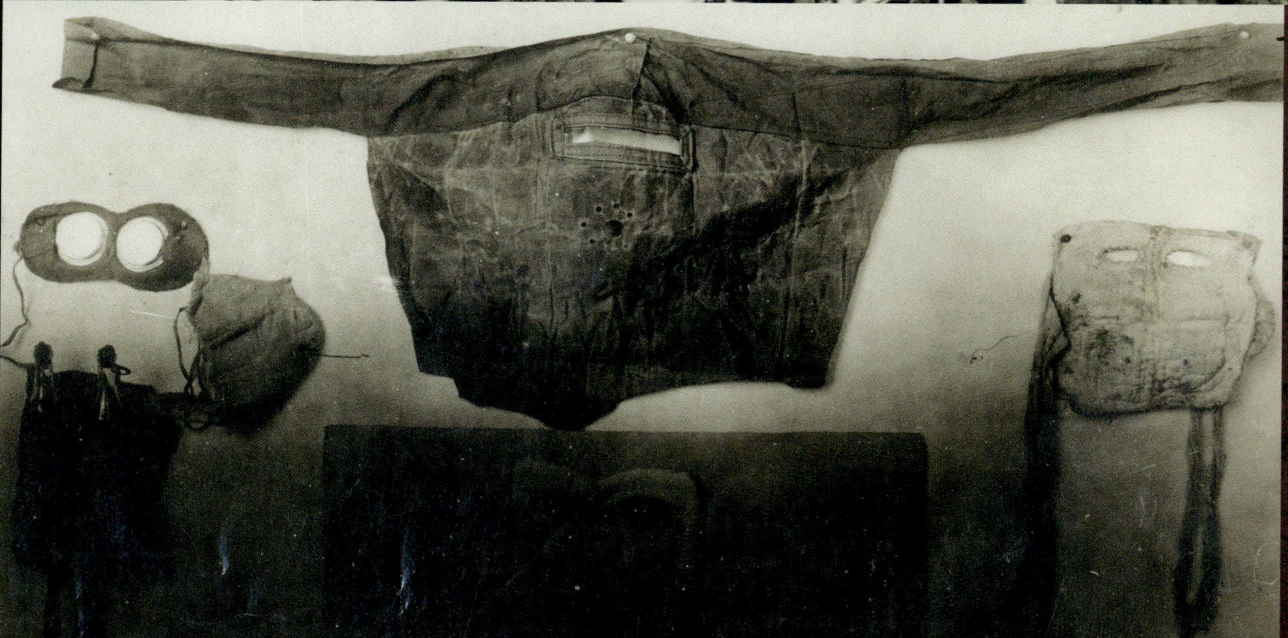

KAISER WILHELM INSTITUT
FÜR PHYSIKALISCHE CHEMIE UND ELEKTROCHEMIE
BERLIN-DAHLEM

28 X 13

Euer Excellenz

sage ich zugleich Namens meiner Frau ergebenen Dank für Telegramm und Briefe. Wir haben mit vielen Anwesenden, unter denen ich den Herrn preussischen Cultusminister und den Herrn Ministerialdirektor Schmidt besonders erwähnen muss, sehr bedauert Sie nicht heute hier begrüssen zu dürfen. Ich freue mich sehr, dass Euer Excellenz bei einer nächsten Gelegenheit kommen und uns die Ehre Ihres Besuches schenken wollen. Mir ist die Erinnerung an Karlsruhe und an die 17 Jahre, die ich als Assistent, Privatdocent und Professor an der Grossh. Hochschule verbracht habe, stärker im Bewusstsein lebendig als irgend eine andere Lebensperiode und ich empfinde die Dankbarkeit, die der werdende nach Göthes Worten immer für die Menschen

„Mir ist die Erinnerung an Karlsruhe und an die 17 Jahre, die ich als Assistent, Privatdozent und Professor an der Grossh[erzoglichen] Hochschule verbracht habe, stärker im Bewusstsein lebendig als irgend eine andere Lebensperiode", schrieb Haber am 28. Oktober 1913 an den Badischen Kultusminister Franz Böhm.

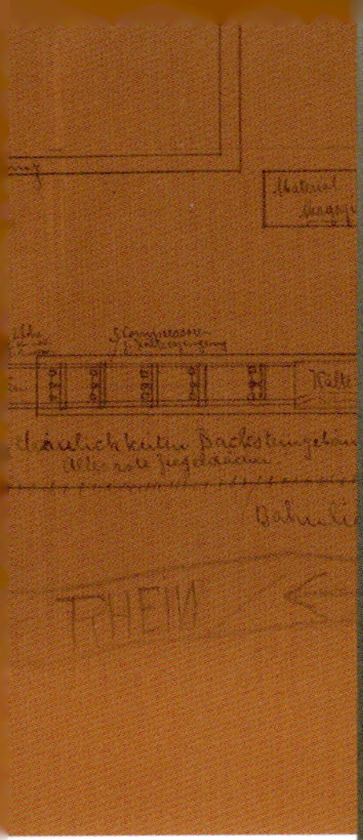

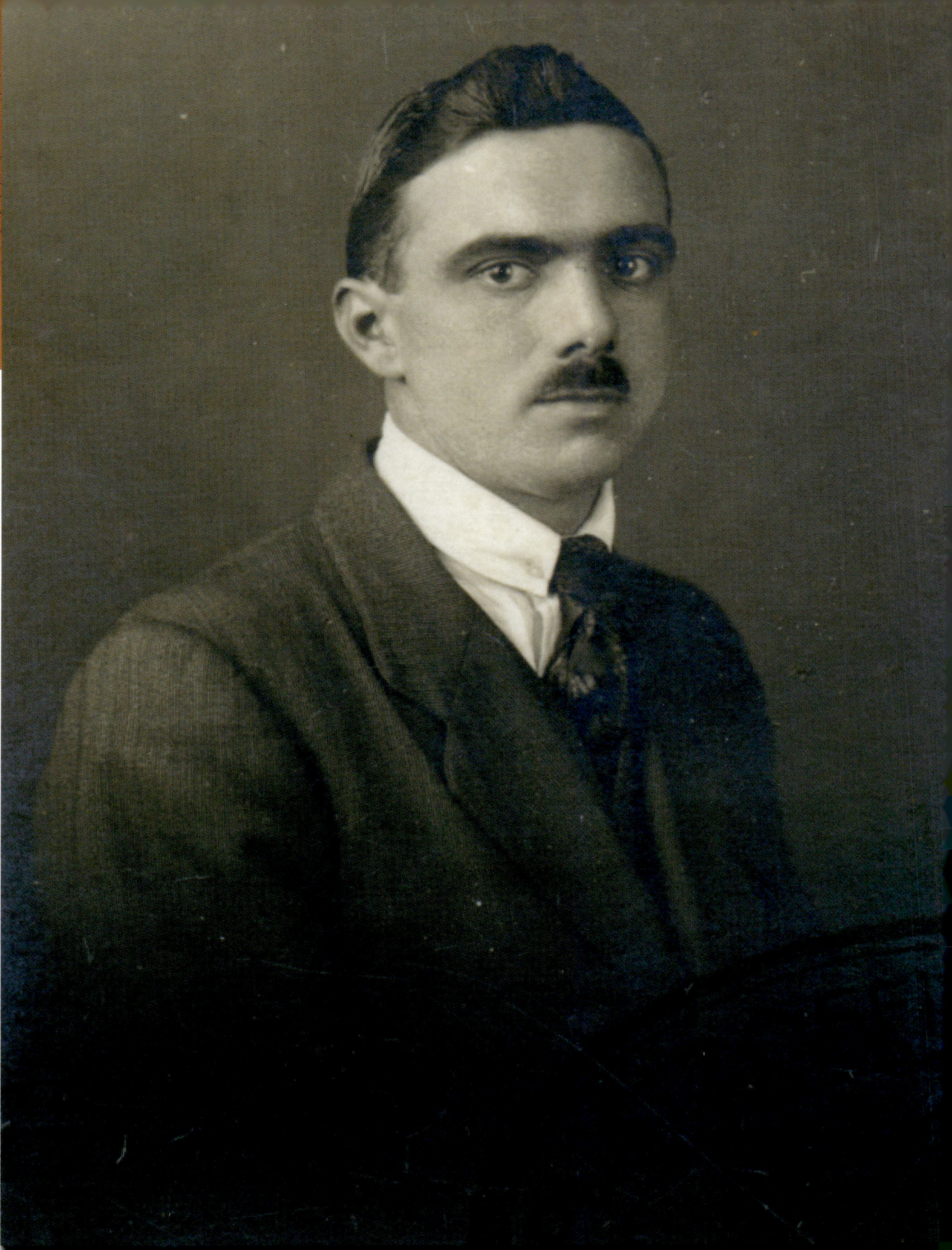

DER TOTALE KRIEG

Arbeiten für den Krieg

Alexander Ritter
Schlosser
Geboren am 21.12.1889

„Es war mir auch unangenehm, noch in Basel zu bleiben und mich dort unter meinen Berufsgenossen zu bewegen, da diese sämtlich wussten, dass ich geschäftlich zusammengebrochen war."

(Freiburger Amtsgefängnis, 10.9.1918)

Alexander Ritter benötigte gleich einen ganzen Satz von Passfotos für seine deutschen und schweizer Ausweispapiere, die ihn zum Grenzübergang berechtigten.

Zur Arbeit bei Otto Schenz in Lörrach: schweizer Dauer-Passierschein Ritters vom 27. Juni 1918.

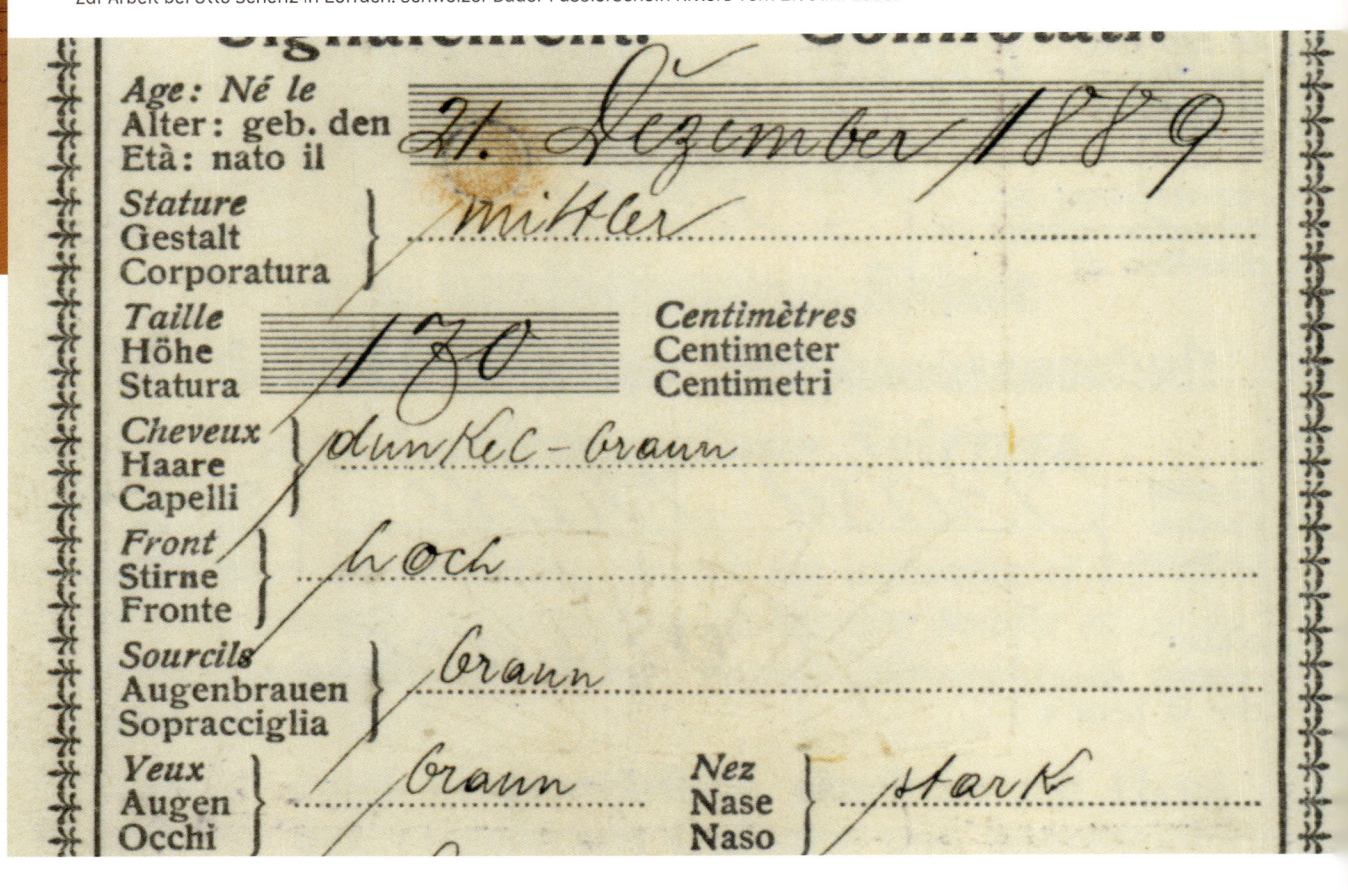

Die Versuche des Schlossers Alexander Ritter, sich in seiner schweizer Heimatstadt Basel eine ökonomische Existenz aufzubauen, waren nicht von Erfolg gekrönt. Bereits 1915 war Ritter deshalb über die Grenze nach Deutschland gegangen, dessen Rüstungsindustrie dringend Facharbeiter suchte, und hatte sich in den Nitrum-Werken in Rhina bei Laufenburg als Rohrschlosser anwerben lassen. In diesem kriegswichtigen Betrieb hatte er in Tag- und Nachtschicht an der künstlichen Erzeugung von Salpeter und Chlorgas gearbeitet, die für die Produktion von Munition benötigt wurden.

Im Sommer 1917 gründete Ritter eine Schlosserei in Basel, die bereits im April 1918 in die Insolvenz ging. Er beabsichtigte nun, in Lyon eine Schlosserei zu gründen, wurde aber auf dem Weg dorthin vom französischen Nachrichtendienst angeworben. Ritter nahm eine Stelle in der Lörracher Firma Otto Schenz an, deren 40 Arbeiter Minen für Pioniere produzierten. Hatte Ritter bis dahin seine Anstellungen in Deutschland um des Broterwerbs angetreten, so bewarb er sich nun bei der am Bahnhof gelegenen Fabrik, um *„Auspähungen in Lörrach für den französischen Nachrichtendienst vornehmen zu können."*

Seinen täglichen Weg zur Arbeit in dem deutschen Rüstungsbetrieb nutzte er vom 27. Juni 1918 an, um als Grenzgänger Truppentransporte, Kriegsbetriebe und die Stimmungslage in den deutschen Grenzorten auszuspähen. Angesichts des harten 12-stündigen Arbeitstags kündigte Ritter zum 30. Juli seine Stellung. Bei einer erneuten Einreise wurde er am 10. September 1918 in Lörrach verhaftet und am 1. Oktober 1918 vom dortigen Feldkriegsgericht zum Tode verurteilt. Aufgrund des Reichskriegsgesetzes vom 12. November 1918, das allen politischen Gefangenen Straffreiheit gewährte, wurde Ritter am 7. März 1919 nach Basel entlassen.

PE

DER TOTALE KRIEG

Es wird amtlich bescheinigt, dass der Inhaber dieses Passes die durch die Photographie dargestellte Person ist und die Unterschrift eigenhändig vollzogen hat.

BASEL, den 27. Juni 1918.

Namens des Polizeidepartements
Der Chef des Kontroll-Bureau
i. V.

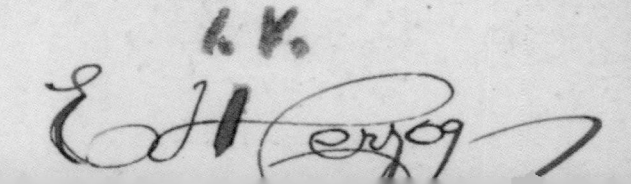

Durchlaßkarte Nr. R 936.

Name Ritter, Alexander
aus Basel
Paß Nr. 1185 des Polizeidepartement Basel
Sichtvermerk Nr. 3536 Kaiserl. Konsulat Basel
(Geltung bis 26. Sept. 1918)

Ueber die Grenzstelle Stetten

zum Verkehr zwischen Basel
und Lörrach

Anzahl und Grund der Grenzübertritte:
täglich
z. Arbeit b. Hr. Otto Schenzer
in Lörrach

Berechtigt nur zum Grenzübertritt bis 11 Uhr abends.
Strafbestimmung umseitig!

Eigenhändige Unterschrift des Inhabers:
Alex Ritter

Lörrach den 27. Juni 1918
(Dienststelle)
(Unterschrift) Förster
Feldwebel

Gültigkeitsdauer vom 27. Juni 1918
bis 26. September 1918
(Verlängerungen siehe Rückseite.)

jederzeit widerruflich!

ELEKTRO-NITRUM

Bahnsendungen
nach Station MURG in Baden
Anschlussgeleise Rhina.

Telegramme: ENAG, KLEINLAUFENBURG.

Fernsprecher:
Amt KLEINLAUFENBURG Nr. 23.

Betrifft: Abt. Fr/S

Wir bitten, vorstehende Abteilung in allen Zuschriften zu wiederholen.

Strasse nach Murg

NITRUM-WERKE A.G.
RHINA

2 Klm. östl. von Kl. Laufenburg an der Bahnlinie Laufenburg–Murg gelegen.
Fabrik zur künstl. Erzeugung von Chlorgasen u. Salpetersäure.
zrk. 100 Arbeiter davon sind 70 Militärs in allen Altersstufen u. zrk. 30 Civilisten. Die Bewachung geschieht durch 8-10 Landsturmsoldaten.
Fliegerabwehr ist gar keine vorhanden.
Tag und Nachtbetrieb.

100 Liter
Steinzeugflaschen
für
Salpeter u. Chlor

1 Eisenbahnwagen je 8 Flaschen
Tägl. Production
je 10 Waggon = je 8000 Liter.

Bahn v. Murg ins Kugtal

Mauereinfriedigung

Hof u. La...

Material Magazine | Wer...

Ofenhaus zur Vorwärmung der Luft aufsteigende Wege | hohe ... | 5 Compressoren z. Kälteerzeugung | Kälteofen
5 Ofen | Im Freien | |

7 Gebäulichkeiten Backsteingebäude.
Alles rote Ziegeldächer.

Bahnlinie

RHEIN

Kraftwerk Laufenburg

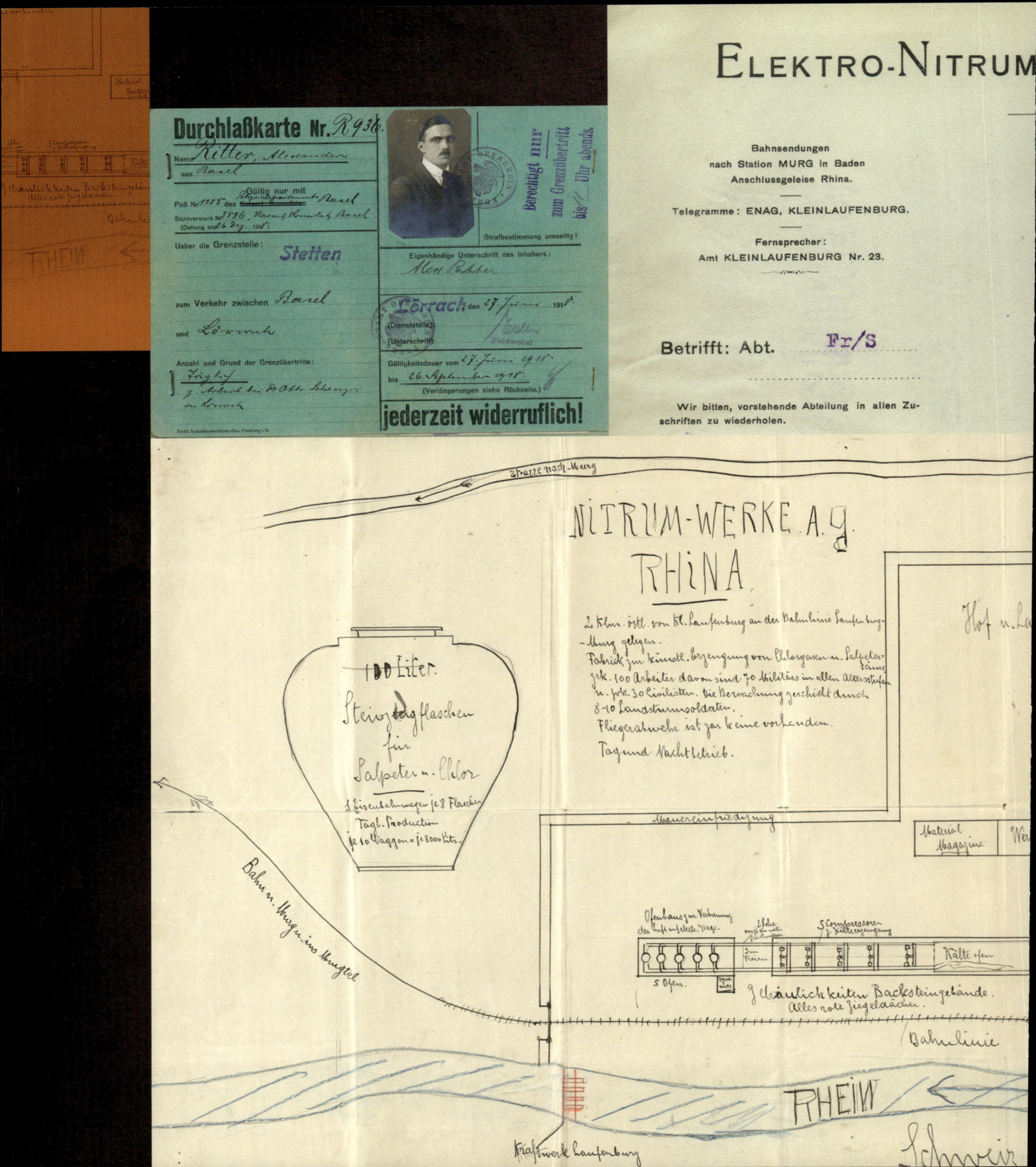

Schweiz

AKTIENGESELLSCHAFT

Rhina, den 16. November 1917
Post Kleinlaufenburg (Baden)

Nr. 24562

Erlaubnis zur Anlegung eines fest-
stehenden Dampfkessels betr.

Auf Jhr Schreiben vom 6.10. und 2.11.
No 22170

DER TOTALE KRIEG

Jederzeit widerruflich: die deutsche Durchlasskarte Ritters vom 27. Juni 1918 für den Grenzverkehr zwischen Basel und Lörrach.

Briefkopf der Nitrum-Werke Rhina von 1917.

Skizze der ausgespähten Nitrum-Werke Rhina von der Hand Ritters im Mai 1918: Ziel eines möglichen französischen Angriffs.

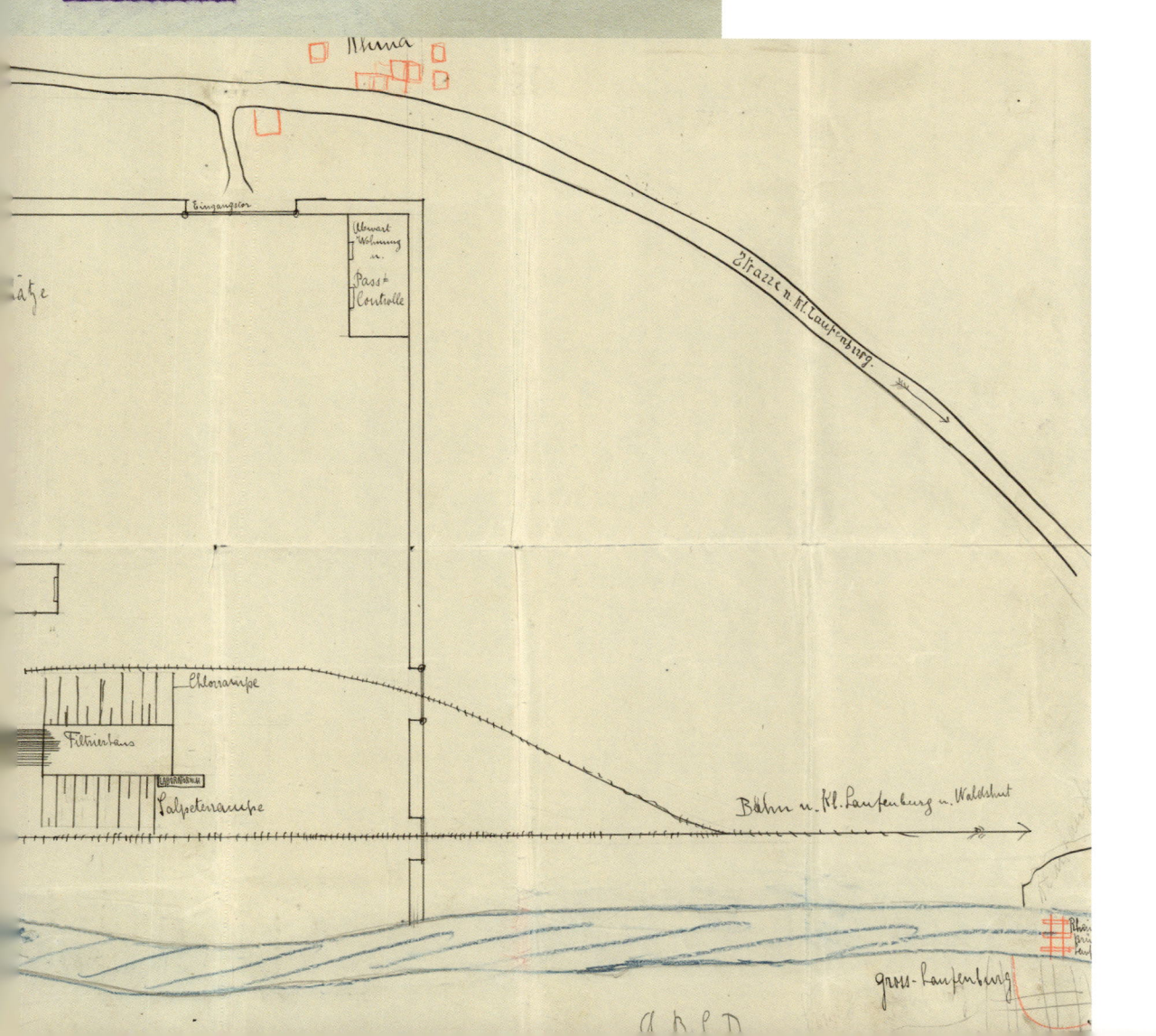

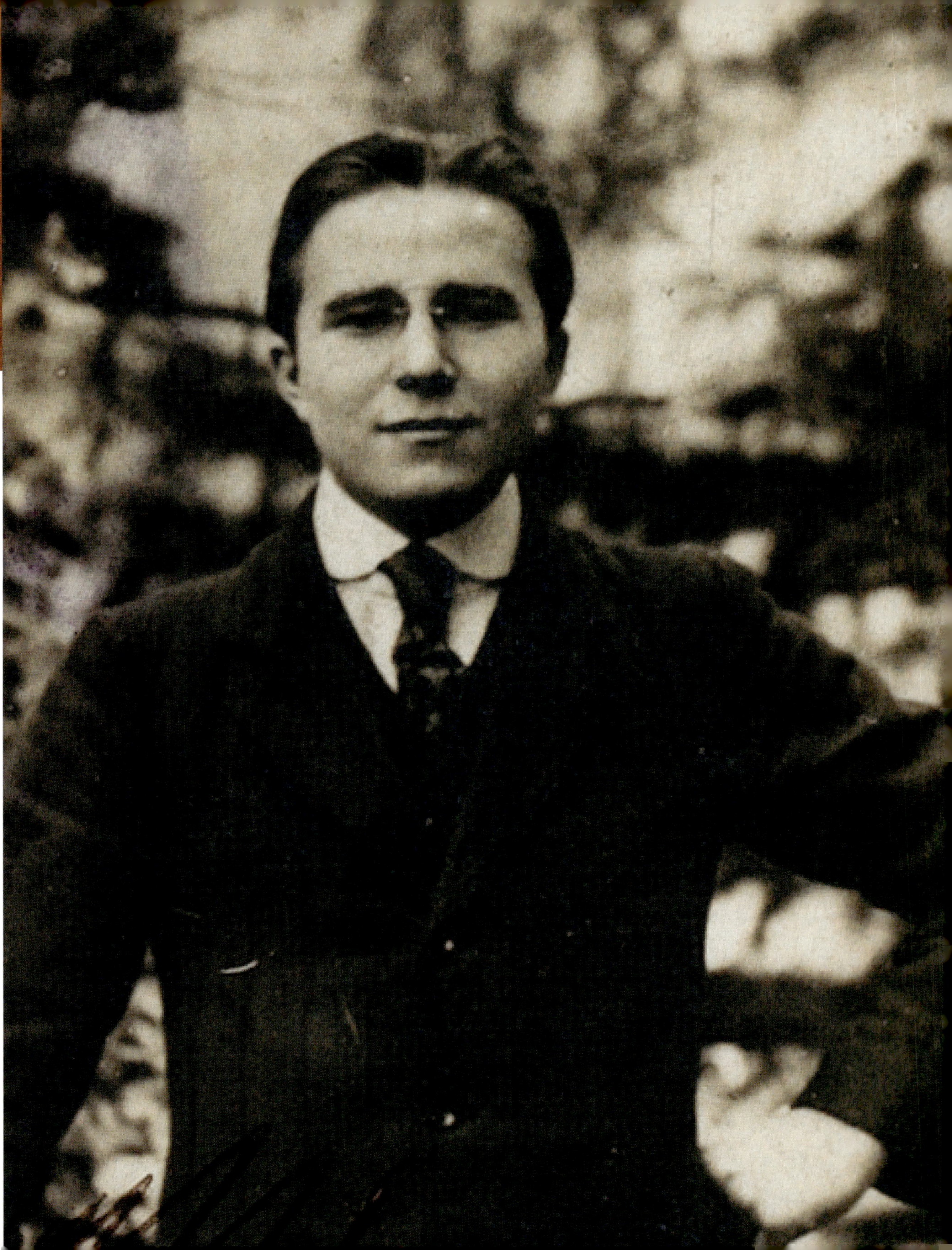

DER TOTALE KRIEG

Eingesperrt

Joseph Weck
Lehrer
Geboren am 20.1.1895

„Alle in dem Dorf noch anwesenden, militärpflichtigen Personen, gediente oder ungediente, also auch der Landsturm, haben sich binnen 12 Stunden auf dem Platz der Kommandatur in Bussang zu melden. Wer sich dem Befehl widersetzt, wird kriegsrechtlich verfolgt und bestraft."

Joseph Weck aus Katzenthal wurde am 9. September 1914 von französischen Truppen in Bitschweiler, wo er als Lehrer tätig war, verhaftet. Zusammen mit 1.300 Männern aus dem Tal von Saint-Amarin wurde er zunächst in ein Internierungslager für Elsass-Lothringer nach Annonay (Ardèche) gebracht, dann nach Issoire (Puy-de-Dôme). Am 22. April 1915 wurde er ins Lager von Saint-Rémy-de-Provence überstellt. Die Aufforderung, in die französische Fremdenlegion einzutreten, lehnte er ab.

Nach dem 8. Januar 1916 wurde er in verschiedene Lager für Verdächtige weitergeleitet: Aurec, Ajain, Luçon, Viviers. Bei seiner Rückkehr bezeugte er auf Verlangen der deutschen Behörden die Umstände seiner Internierung in oft kalten und feuchten Unterkünften, vom Nachtlager auf Stroh oder gar Steinfußböden, von der oft unzureichenden Nahrung, der ausbleibenden Post, den allgegenwärtigen Disziplinarstrafen, aber auch von den Beschimpfungen durch die Bevölkerung und einige Lageraufseher als „*sale Boche*" oder „*sale race*". Joseph Weck kam der Vertrag von Bern über den Austausch von Zivilgefangenen zugute, so dass er am 15. Juli 1918 ins Elsass zurückkehren konnte. Sein Vater und sein Großvater waren bereits 1917 freigelassen worden.

DD

Kinder in ihrer von Deutschen zerstörten Schule in Bitschweiler um 1920. Ob sie den Lehrer Joseph Weck noch gekannt haben?

DER TOTALE KRIEG

260
261

Passierschein der Gemeinde Annonay für Joseph Weck.

Einer von vielen Orten der Inhaftierung: Issoire in der Auvergne.

RÉPUBLIQUE FRANÇAISE

DÉPARTEMENT DE l'ardèche

LAISSEZ - PASSER

L'AUVERGNE PITTORESQUE — 310. ISSOIRE — Vue Générale

DER TOTALE KRIEG

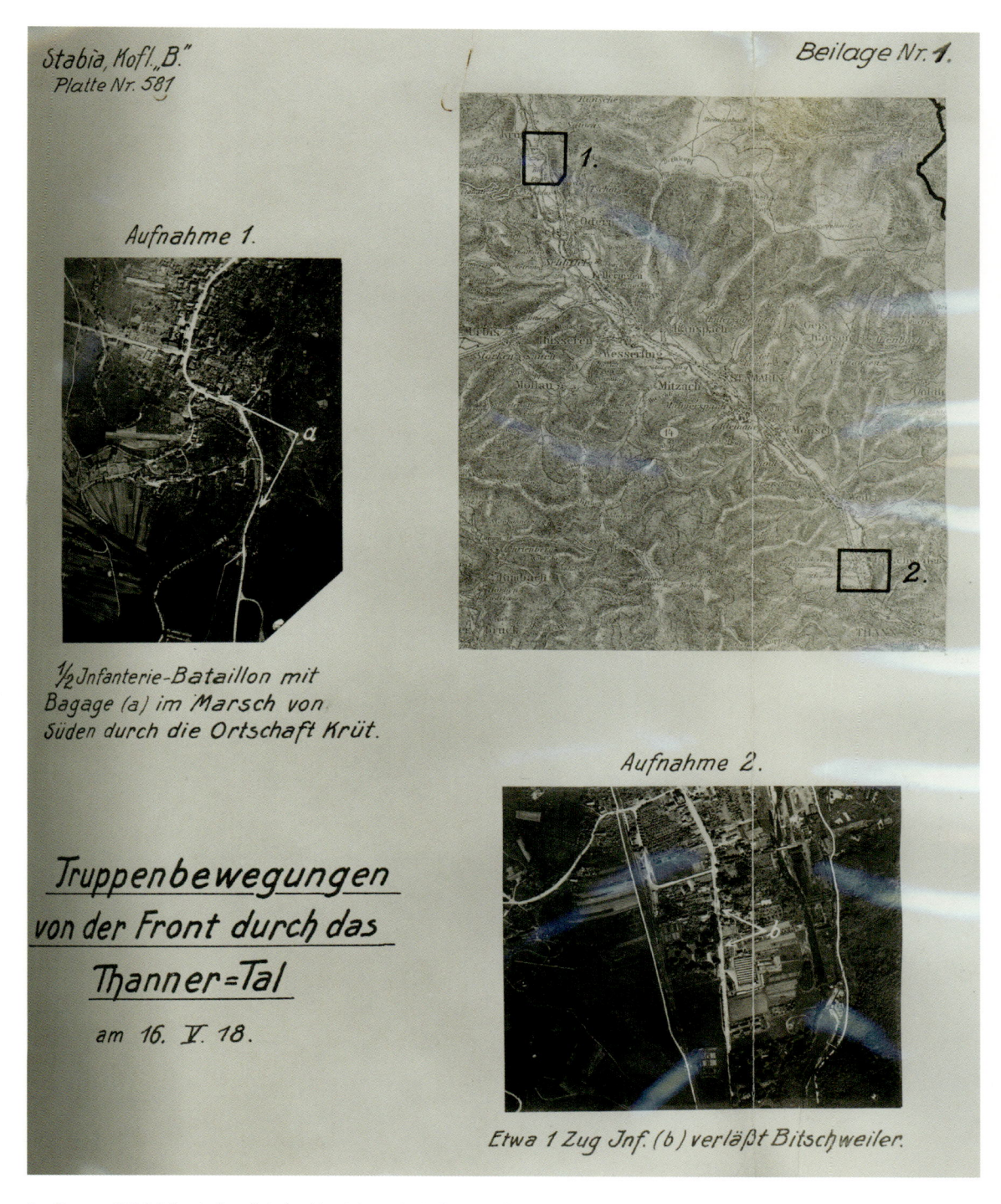

Das Thanner Tal blieb fest in französischer Hand: deutsche Aufklärungsfotos von gegnerischen Truppenbewegungen am 16. Mai 1918.

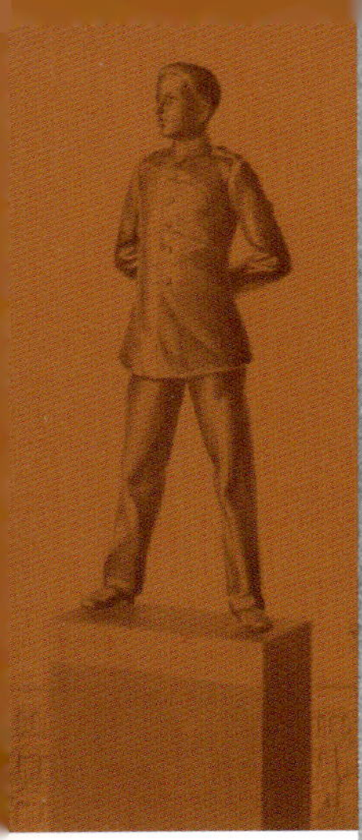

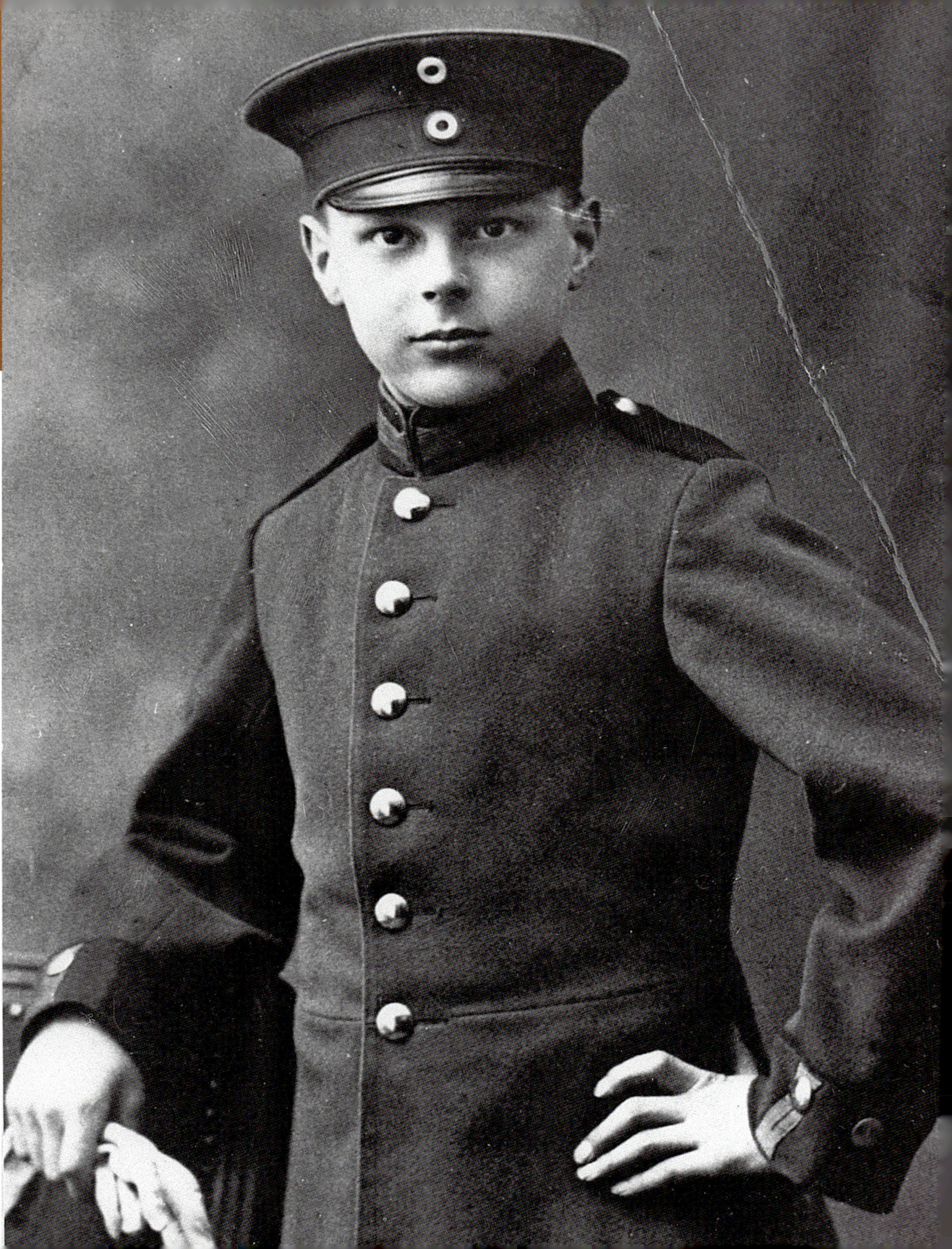

DER TOTALE KRIEG

Fanatisiert

Ernst von Salomon
Kadett
25.9.1902 – 9.8.1972

„Ich hatte einmal meinen Bruder gefragt, was für Ihn das Schönste im Leben bedeuten würde, und er hatte mir geantwortet: ... als zwanzigjähriger Leutnant in einem Straßengraben vor Paris zu verrecken."

(Die Kadetten, 1933)

Der junge Ernst von Salomon in seiner Kadettenuniform

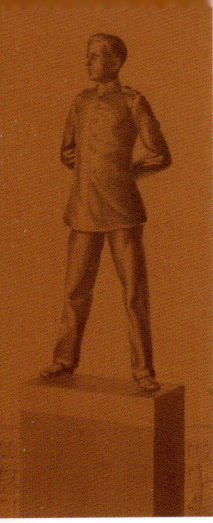

Die prägende Wirkung von Kindheits- und Jugenderlebnissen in Kriegs- und Krisenzeiten verdeutlicht der Lebensweg Ernst von Salomons. Der Sohn eines Kriminalbeamten und ehemaligen Offiziers besuchte ebenso wie sein älterer Bruder die Kadettenanstalt Karlsruhe, in der er von 1913 bis 1917 auf seinen späteren Beruf als Offizier vorbereitet werden sollte – oder wie es in seinem autobiografischen Roman *Die Kadetten* von 1933 ein Ausbilder formuliert: „*um sterben zu lernen.*" Ungeachtet der harten Erziehung im Kadettenkorps fieberten von Salomon und seine Kameraden der Front und dem Krieg entgegen, „*von dem wir alle in naiver und doch vollgrädig echter Bereitschaft hofften, er würde nicht zu Ende gehen, bevor wir nicht reif waren, in ihm eingesetzt zu werden.*" Salomon kam nicht mehr zum Einsatz, erlebte aber in Karlsruhe den verheerenden Luftangriff auf ein Zirkuszelt 1916 und in seiner Zeit an der Hauptkadettenanstalt Lichterfelde die Entbehrungen der Zivilbevölkerung. Mit dem sich abzeichnenden Kriegsende fühlten er und andere Kadetten sich „*ausgeschaltet*" und „*überflüssig.*"

Nach dem Waffenstillstand blieb von Salomon dem soldatischen Leben verhaftet. Er kämpfte in paramilitärischen Verbänden im In- und Ausland, verkehrte in antidemokratischen

Festgabe an Großherzogin Luise anlässlich des 25-jährigen Bestehens der Karlsruher Kadettenanstalt 1917: Sie enthält u.a. einen Entwurf für ein Kadettendenkmal und eine Namensliste [vgl. folgende Seite].

Kreisen, trat der rechtsterroristischen Organisation Consul (OC) bei und wurde 1922 wegen Beihilfe zum Mord an Außenminister Walther Rathenau zu fünf Jahren Zuchthaus verurteilt. In den dreißiger Jahren veröffentlichte von Salomon seine ersten Romane, während der NS-Zeit verdingte er sich als Drehbuchschreiber. Sein Roman *Der Fragebogen* (1951) wurde ein Bestseller in der jungen Bundesrepublik. Hier verarbeitete von Salomon vor dem Hintergrund seines Entnazifizierungsverfahrens und der Internierung durch die US-Armee 1945/46 auch seinen politischen Werdegang.

CS

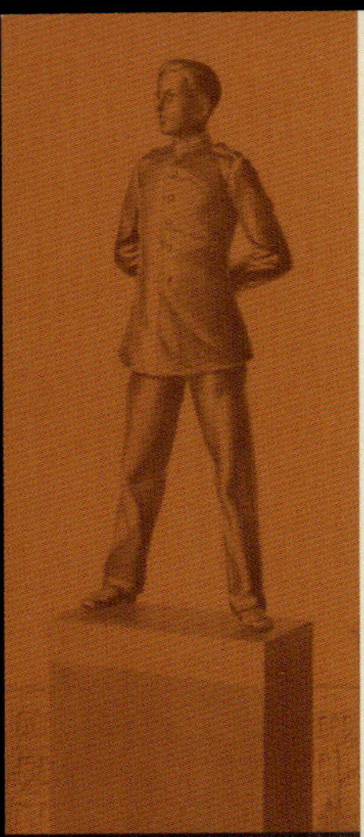

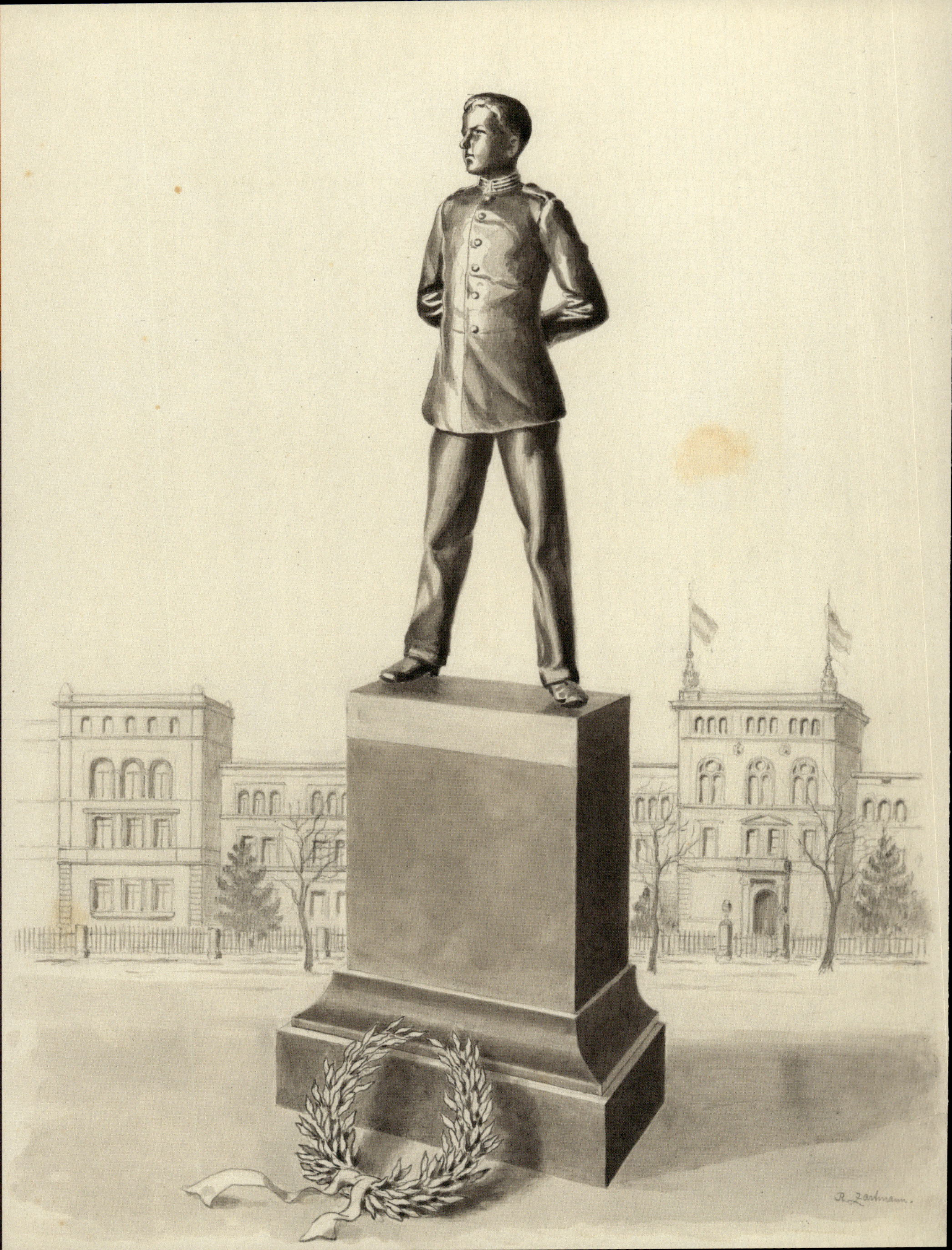
R. Zachmann.

DER TOTALE KRIEG

in Ohlsdorf, gegen das Geschäftsgebäude der links gerichteten Hamburger Volkszeitung und gegen die Wohnung des Bürgerschaftsmitgliedes Thälmann richteten. Wegen dieser Straftaten schwebt gegen Warnecke und Niedrig besondere Voruntersuchung. Warnecke bestreitet, daß diese Attentate etwa auf Weisung der O. C. vorgenommen worden seien, und behauptet, daß er sie aus eigenem Antriebe habe ausführen lassen.

Ernst von Salomon, der Sohn des verstorbenen Kriminalinspektors von Salomon in Frankfurt a. M., ist bis 1918 in den Kadettenhäusern Karlsruhe und Lichterfelde erzogen worden und hat dann als Fähnrich dem Heere angehört. Nach der Revolution ist er in das Korps Maercker eingetreten, im Baltikum gewesen, hat den Kapp - Putsch beim Freikorps Berthold in Harburg mitgemacht, bei der Reichswehr im Ruhrgebiet gekämpft und ist dann seit Juni 1920 mit mehrmonatlicher Unterbrechung, während der er im Oberschlesischen Selbstschutz war, bei einer Versicherungsgesellschaft und in einem Bankgeschäft in Frankfurt a.M. tätig gewesen. Er ist Mitglied des Verbandes nationalgesinnter Soldaten und hat früher dem Jungdeutschen Orden angehört. Mitglied der O. C. will er nicht gewesen sein.

Richard Schütt ist nach dem Besuch des Gymnasiums in der Lederfabrik seines Vaters und als Reisender tätig gewesen und hat später 2 Jahre Chemie studiert. Er hat einjährig gedient, den Feldzug mitgemacht und ist als Leutnant der Reserve entlassen worden. Seit Oktober 1921 betreibt er in

268

269

Auszug aus der Anklageschrift gegen Ernst von Salomon und andere wegen des Attentats auf Walther Rathenau 1922.

Salomons 1933 erschienener autobiographischer Roman *Die Kadetten*, in dem er u.a. beschreibt, wie er während einer Zirkusvorstellung den französischen Fliegerangriff vom 22. Juni 1916 erlebte, bei dem 120 Menschen, darunter sehr viele Kinder, ums Leben kamen.

8

Im Februar 1919 kommt es im Industriezentrum Mannheim zu Unruhen. Die provisorische Regierung in Baden stellt eigene Freiwilligenverbände auf: Besuch des Präsidenten Anton Geiß (SPD) mit Hermann Hummel (DDP) und Ludwig Haas (DDP) in der Karlsruher Grenadierkaserne.

Kriegsende

Elsass

"*Der Schandfrieden*", so Lenins Formulierung über den am 3. März 1918 unterzeichneten Vertrag von Brest-Litowsk, bewirkt eine veränderte militärische Lage. Deutschland erzwingt, dass Russland auf Polen, die baltischen Länder, Finnland, die Ukraine und einen Teil Weißrusslands verzichtet. Nach Ende des Kampfes kann die deutsche Regierung sämtliche im Osten stationierten Soldaten an die Westfront verschieben. Unter ihnen befinden sich auch zahlreiche Elsässer. Dennoch ist am 1. August 1918 in den Notizen von Eugène Birsinger, der aus dem nahe Hégenheim gelegenen Neuwiller stammt, Mattigkeit und Desillusionierung erkennbar: „*Wir erreichen das Ende eines neuen Kriegsjahres, es ist bereits das vierte. Vier Jahre Hunger, Elend, astronomische Summen, die ausgegeben werden, um sich gegenseitig zu töten. Man muss zu allererst die unzähligen Verluste an Menschenleben erwähnen. Mein Gott! Wie ist eine derartige Sache in einer modernen und zivilisierten Welt möglich?*" Doch das Kriegsende rückt näher. Der Krieg im Westen endet sowohl mit dem militärischen Sieg Frankreichs als auch mit dem Zusammenbruch der kaiserlichen Regierung in Deutschland und einem merkwürdigen – nur einige Tage dauernden – Zwischenspiel.

„*Weder Deutsche noch Franzosen und nicht neutral. Die rote Fahne ist der Sieger*" Dieser Slogan erscheint am 9. November 1918 in Straßburg. „*In Kehl ist die Revolution. Man kämpft in der Nähe der Brücke, um zu verhindern, dass die Delegierten des Kieler Soldatenrats durchziehen, die*

Otto Schneider war für den deutschen Nachrichtendienst in der Schweiz und in Russland tätig: In seinem von der Zensur geschwärzten Schreiben an seine Familie vom 4. Juli 1918 wundert er sich über den Ausbruch der Spanischen Grippe

Baden

Im November 1918 kollabierte das Kaiserreich – an der Kriegsfront kriegsmüde und überrannt, an der Heimatfront erschöpft und desillusioniert. Die Stimmungsberichte des Stellvertretenden Generalkommandos in Karlsruhe gaben für Baden im Juni 1918 eine „*bedauerliche Resignation*" über die gescheiterte letzte Großoffensive des Heeres wider, im Monat darauf verzeichneten sie eine „*gedrückte Stimmung*" und schätzten im September die Gemütslage der Untertanen als „*niedergeschlagen, oftmals stumpf bis zur Gleichgültigkeit*" ein. Als am 11. November 1918 die Waffen schwiegen, zog der vierjährige Krieg eine schreckliche Bilanz: Die *Urkatastrophe* des 20. Jahrhunderts hatte Millionen Menschen das Leben gekostet.

Seit der massiven Versorgungskrise im Steckrübenwinter 1916/17 war es zu vereinzelten Protestkundgebungen in Betrieben gekommen. Demonstrationen für Lohnerhöhungen und eine bessere Versorgung wie die der Arbeiter in der Karlsruher Deutschen Waffen- und Munitionsfabrik (DWM) 1917, die das Stellvertretende Generalkommando als „*gänzlichen Mangel an Einsicht und Entgegenkommmen*" geißelte, wuchsen sich 1918 zu Arbeitsverweigerungen aus. Den Anfang machten etwa 22.000 Arbeiter in der Mannheimer Metallindustrie, die im Januar ihre Arbeit niederlegten. Allerdings kann man bis November 1918 weder von einem revolutionären noch von einem flächendeckenden Aufstand sprechen. Noch am 7. November war eine Arbeiterversammlung der DWM ohne revolutionäre Vorzeichen verlaufen. Erst durch heimkehrende oder durchreisende Matrosen wandelten sich die 1917 noch ökonomisch motivierten Protestaktionen in zunehmend politisierte Ausstände, die in eine revolutionäre Bewegung mündeten. Als die dritte Friedensnote des amerikanischen Präsidenten Wilson am 23. Oktober 1918 vorlag und sich in Berlin Unruhen entwickelten, musste auch badischen Monarchisten klar werden, dass ein Umsturz weder vor dem Thron des Kaisers noch vor dem Großherzog Friedrichs II. haltmachen würde. Am 7. November rief der Landtagsabgeordnete Ludwig Marum (SPD) die Krone auf, sich freiwillig auf das „*Altenteil ihrer monarchischen Ehrenrechte zurückzuziehen.*"

Am 8. November bildeten sich in Baden nach Kieler Vorbild Soldatenräte, zuerst in der Lahrer Garnison, tags darauf in Offenburg, Rastatt, Karlsruhe und Mannheim. In letzterer entstand zudem ein von der USPD dominierter Arbeiterrat. Andere Orte folgten mit zeitlicher Verzögerung, dort gingen die Arbeiterräte jedoch aus den Gewerkschaften und den SPD-Ortsvereinen hervor. Um die revolutionäre Dynamik einzudämmen, rief der Karlsruher Oberbürgermeister Karl Siegrist am 9. November einen Wohlfahrtsausschuss aus Stadtverwaltung, Stadträten und Parteien ins Leben, der ein zweites Exekutivgremium neben dem Soldatenrat bildete. Die beiden Organisationen verkörperten zwei konkurrierende Gesellschaftsmodelle: auf der einen Seite die parlamentarisch-demokratische Republik, für die sich die spätere Vorläufige Volksregierung einsetzte, auf der anderen Seite der radikale Umbruch der Staats- und Regierungsform sowie die Umwandlung der ökonomischen und sozialen Verhältnisse. Hierfür trat in Baden hauptsächlich der Mannheimer Arbeiter- und Soldatenrat ein. Dieser rief zwar am 10. November die *Sozialistische Republik*

Elsass

Menge triumphierte jedoch. Die Marinesoldaten sind auf dem Weg nach Straßburg und wahrscheinlich bereits angekommen", vernimmt man aus den gehetzt klingenden Worten Charles Spindlers in Bœrsch, der hinzufügt: *„An Stelle der Franzosen werden wir Soldatenräte haben und Gott weiß, welche Übergriffe es von ihrer Seite geben wird."* Am 10. November spaziert Charles Spindler durch Straßburg. Er sieht die Soldaten, entdeckt Kokarden und die Schulterstücke der Offiziere und Unteroffiziere. *„Die Neuigkeiten über die Revolution haben Bœrsch – zusammen mit mehr oder weniger erfundenen Einzelheiten – erreicht. Man schenkt ihnen keine allzu große Beachtung und betrachtet sie als ein machiavellistisches Manöver, das die Boches erfunden haben, um den Waffenstillstand zu umgehen"*, sagt er noch am 18. November 1918. Die Zeitung *Strassburger Post* analysiert genauer: *„Das Nebeneinander von einer sozialistischen, internationalistischen Bewegung und einer grundlegend bürgerlichen und nationalistischen Bewegung prägt die hiesigen Ereignisse ganz besonders."*

Eugène Ricklin aus Dannemarie zieht am 12. November diese Schlussfolgerungen: *„Die Umwälzung, die sich im Kaiserreich vollzogen hat, entzog der bestehenden, vom Kaiser ernannten Regierung die gesetzliche Grundlage der Ausübung ihrer Rechte. Die Regierung besteht nicht mehr. Die öffentliche Gewalt ist also in die Hände des Volks von Elsass-Lothringen übergegangen, und die Ausübung dieser Macht ist ein Recht der Volkskammer, mehr noch eine Pflicht."* Die Bewegung, die im wesentlichen Straßburg erfasst, aber auch im übrigen Elsass spürbar ist, erscheint tatsächlich eher reformistisch als revolutionär: *„Wir wollen nicht die Diktatur der Arbeiterklasse an die Stelle der Diktatur der bisher herrschenden Klassen setzen. Als Sozialisten wollen wir die Befreiung der Arbeiterklasse und die Befreiung von wirtschaftlicher Knechtschaft. Als Demokraten fordern wir die gleichen Rechte für alle Menschen"*, hebt die sozialistische Zeitung *Freie Presse* am 16. November 1918 hervor. Dennoch versandet die Bewegung nach etwa 12 Tagen. Der zentrale Räteausschuss verschwindet: *„Mit dem Eintreffen der Franzosen wird jede politische Aktivität unmöglich. Die deutschen sozialistischen Genossen, die den Rhein überqueren, werden sich trösten und denken, dass sich die internationalistische Propaganda in Straßburg weiterentwickeln werde."* Dieser Hoffnung ist keine Zukunft beschieden.

Trotz der revolutionären Begleiterscheinung sollte man nicht die Ungeduld der Elsässer vergessen, mit der sie die Nachricht von der Ankunft der französischen Truppen erwarten. Nehmen wir uns nochmals die Zeugenaussage von Charles Spindler vor. Er schreibt mit Datum vom 29. Oktober 1918: *„Seit drei Tagen stellt man bei uns die Trikolore-Fahne her. Da wir kein weißes Baumwollgewebe haben, beauftragte man mich, dieses in Obernai zu kaufen. In Bœrsch lernen die Leute französische Satzfetzen, um die Franzosen bei ihrem Durchzug zu begrüßen."* Ein wenig später, am 6. November, fügt er hinzu: *„Meine Schwägerin kommt aus Straßburg zurück, wo sie dreifarbige Bänder und Papiere eingekauft hat. Nur noch dies wird in Straßburg verkauft, sowohl in den großen Geschäften von Tietz und von Knopf als auch in den alteingesessenen elsässischen Häusern."* Der in Straßburg anwesende Spindler sieht am Abend des 8. November 1918, wie

Baden

Keine Siegesparade: Empfang des heimkehrenden Leibgrenadier-Regiments 109 unter Oberstleutnant Ernst von Forstner auf dem Karlsruher Marktplatz am 27. November 1918 um 10.30 Uhr.

Baden aus, doch waren sich die Räte angesichts der sozial heterogenen revolutionären Bewegung nicht einig, wie weit der Gesellschaftsumbau tatsächlich gehen sollte.

Nach Verhandlungen zwischen dem Wohlfahrtsausschuss und dem Soldatenrat kam es am 10. November zur Bildung einer Vorläufigen Volksregierung, die in ihrem elfköpfigen Kabinett unter dem Vorsitzenden Anton Geiß (SPD) fast alle politischen Kräfte und Lan-

Elsass

...unge Leute vorbeiziehen, die einen Jungen, der stolz eine dreifarbige Fahne trägt, begleiten: *„Diese frischen Stimmen, mit klarem Timbre, die die so lange verbotene Nationalhymne frei singen, lässt uns vor Gefühlen erbeben. Nur wenige Demonstranten beherrschen die Worte. Die meisten beschränken sich darauf, la, la, la zu singen."* Dieselbe Szene, diesmal jedoch friedlicher, ...m Sundgau. Eugène Birsinger berichtet am Abend des 10. November aus Neuwiller, neben Hégenheim gelegen, dass *„die Kinder des Ortes die ersten ‚Vive la France'-Rufe vor dem Büro des Militärs erschallen lassen. Die [deutschen] Soldaten sitzen draußen und rauchen in aller Ruhe ihren Tabak-Ersatz. Sie senken den Kopf, protestieren nicht und tun so, als ob sie ruhig seien."* Die französischen Truppen rücken am 17. November in Mulhouse ein, am 18. in Colmar, am 22.

Das Elsass kehrt zu Frankreich zurück: Begrüßung der in Guebwiller einrückenden französischen Soldaten am 17. November 1918.

Baden

desteile Badens umfasste. Justizminister Marum und Innenminister Ludwig Haas setzten von Anfang an auf die integrative Kraft einer Mehrparteienregierung, um die Bildung einer ausschließlich sozialistischen Regierung, wie sie die Mannheimer Räte anstrebten, im Vorfeld abzuwenden. Nach ein paar Gewehrsalven, die der Matrose Heinrich Klumpp in der Nacht vom 11. auf den 12. November zusammen mit einer Reihe von Kameraden auf das Karlsruher Schloss abgefeuert hatte, verließ die großherzogliche Familie fluchtartig die Residenz durch den Schlossgarten und setzte sich nach Schloss Zwingenberg am Neckar ab. Die Frauenrechtlerin Marianne Weber nannte den Zwischenfall einen *„Possenstreich, der genügte, um die fürstliche Familie durch drastische Belehrung zur Flucht zu veranlassen."*

Am 13. November reisten Anton Geiß und der vormalige Staatsminister Heinrich von Bodman nach Zwingenberg, wo sie den Großherzog dazu bewegen konnten, auf die Ausübung der Regierungsgewalt zu verzichten. Am 14. November 1918 proklamierte die Vorläufige Volksregierung die freie Volksrepublik und setzte für den 5. Januar 1919 Wahlen für die verfassunggebende badische Nationalversammlung fest. Friedrich II. war derweil zum Douglas'schen Schloss in Langenstein weitergereist, wo er am 22. November 1918 schließlich offiziell auf den Thron verzichtete. Derweil entstanden in ganz Baden flächendeckend eher passive Arbeiter- und tendenziell aktive Soldatenräte. Sie organisierten am 21. und 22. November in Mannheim eine Landesversammlung der Arbeiter-, Bauern-, Volks- und Soldatenräte, die sich zum Vorparlament erklärte. Diese Landesorganisation mit untergeordneten Ausschüssen arbeitete parallel zu den eigentlichen Behörden unter der Vorläufigen Regierung, was fast folgerichtig zu Streitigkeiten zwischen den Räten und der Regierung führen musste, die zusammen mit dem Wohlfahrtsausschuss im Karlsruher Rathaus saßen.

Gleichzeitig strömten die Armeeverbände von der Front nach Hause. Wenngleich in der badischen Hauptstadt keine Siegesparade stattfand, sahen viele Heimkehrer und Betrachter, die das zurückkehrende Leibgrenadier-Regiment 109 am 27. November 1918 auf dem Karlsruher Marktplatz begrüßten, das deutsche Heer als *im Felde unbesiegt* an. Dementsprechend hatte die provisorische Regierung den Soldaten schon am 16. November entgegengerufen: *„Nicht besiegt und geschlagen kommt ihr zurück. Gegen eine Welt von Feinden habt ihr die Heimat verteidigt. Nie hat eine Armee Größeres geleistet. Nicht Ihr habt die Waffenstillstandsbedingungen verschuldet."* Offensichtlich sah die Vorläufige Volksregierung diese Formel als erforderlich an, um die zurückkehrenden Truppen reibungslos demobilisieren zu können. Gleichwohl lag in dieser Haltung zum Militär der Keim der späteren Dolchstoßlüge, wonach das tapfer kämpfende Heer heimtückisch von vaterlandslosen Gesellen, von Sozialdemokraten und Juden, hinterrücks erdolcht worden sei. Die bereits lange vor Kriegsende von der Obersten Heeresleitung aufgestellte Legende sollte zu einer schweren moralischen Hypothek für die Weimarer Republik werden. Nur wenige Offiziere sollten sich wie Berthold von Deimling zu Pazifisten wandeln.

Elsass

in Straßburg. Alfred Seltz beschreibt die in Straßburg herrschende Stimmung: „Man wartete und wartete, zitternd vor Freude und Neugier und konnte das Bevorstehende kaum glauben. Überall Fahnen und der Klang der Marseillaise. Die Damen im Kostüm tanzten, um sich aufzuwärmen einen Reigen, darunter französische Offiziere. Und auf den Dächern ganz oben, Leute noch und noch! Als die ersten Soldaten kamen, erhob sich ein einziger Schrei in Richtung Himmel. Man hatte das Gefühl, in die Knie gehen zu müssen." Als die Neuigkeit des Waffenstillstands bekannt wird, kommen in Benfeld die Menschen der umliegenden Orte zusammen. Der katholische Pfarrer der Gemeinde Sand, Eugène Hauss, notiert: „Die Trikolore-Fahnen wehten schon im frühen Morgengrauen auf fast allen Häusern kräftig im Wind. Der Bürgermeister Barthelmé hielt eine Rede in französischer Sprache, auf die man mit dem Ruf ‚Vive la France' antwortete. Es war ein Tag großer Freude." Am 21. November ziehen dreihundert Kanoniere in Sand ein: „Sie wurden mit unbeschreiblicher Begeisterung begrüßt. Am Dorfeingang stand ein wunderbarer Triumphbogen mit der Inschrift ‚Ruhm den Befreiern'", fügt der Pfarrer hinzu.

Überwältigt vom Empfang durch die Bevölkerung ruft Raymond Poincaré aus: „Meine Herren, das Plebiszit hat stattgefunden. Das Elsass hat sich mit Freudentränen an den Hals seiner wieder gefundenen Mutter geworfen!" Kann er oder will er die desillusionierten Äußerungen des Lehrers Philippe Husser vernehmen? Dieser wagt am 23. November Folgendes zu schreiben: „Welches unwürdige Benehmen seitens einiger Kollegen! Es geht darum, wer der bessere Franzose ist. Hier verwandelt sich der Hass in Verachtung. Wer einen Wortschatz von hundert Wörtern hat, ist davon überzeugt, ein perfekter Franzose zu sein! Das ist ein lächerlicher Mensch. Und die Rachsucht! Die Feigheit Sein Verdienstkreuz unter einer dreifarbigen Kokarde verbergen! Nein, das Elsass verdient seine Unabhängigkeit nicht. Es gibt keine Elsässer; es gibt nur noch Hampelmänner. Der elsässische Charakter ist völlig verdorben." Auch wenn die Äußerungen Poincarés und Hussers perfekte Schlussakkorde darstellen könnten, so überlassen wir die Feder für ein Resümee dennoch Dominique Richert. Dieser – aus Saint-Ulrich nahe der schweizerischen Grenze stammend – gehört zu der von der Ostfront an die Westfront versetzten elsässischen Soldaten. Im Juli 1918 desertiert er, indem er unter den Stacheldrahtzäunen hindurch kriecht und zu den Franzosen überläuft. Aus der Gefangenschaft gelangt er am 26. Januar 1919 in den Sundgau zurück, in dem er geboren wurde: „Ich war überrascht, Altkirch wieder zu sehen, das wenig zerstört war und kaum Kriegsschäden aufwies. Dennoch befand sich diese Stadt in der Nähe der Grenze und hätte leicht bombardiert werden können. In Carspach lagen die Dinge ganz anders. Aber die Häuser standen noch. Man bahnte sich seinen Weg um die Gräben und die Granatlöcher, sah Stacheldrahtzäune und die von der Kugeln zerfetzten Bäume. Man umging das Viadukt auf gut Glück. Man hielt schließlich in Dannemarie an. Vom Hügel aus erkannte ich sodann Saint-Ulrich, welches ich vor etwa fünfeinhalb Jahren verlassen hatte. Sogleich schossen mir Tränen in die Augen."

Der Waffenstillstand vom 11. November 1918 bedeutet nicht nur das Kriegsende für die Elsass-Lothringer. Er leitet auch einen Zeitabschnitt der Rechtsunsicher

Baden

Mit den Wahlen vom 5. Januar 1919, aus denen das Zentrum mit 36,6 Prozent als Sieger hervorging, erzielten die Parteien der Weimarer Koalition (SPD 32,1%, DDP 22,8%) insgesamt 91,5 Prozent der Stimmen, während die in Baden schwach verwurzelte USPD eine verheerende Niederlage (1,5%) einfuhr. Damit war in der Verfassungsfrage der Weg zu einer parlamentarischen Demokratie vorgezeichnet. Durch die neue Verfassung, die vom Plenum der badischen Nationalversammlung am 25. März verabschiedet und von den Bürgern in der Volksabstimmung vom 13. April – als einzige deutsche Landesverfassung der Weimarer Republik – angenommen worden war, hatte sich die parlamentarisch-demokratische Republik als neue Staatsform konsolidiert.

Verschärft durch die Abstimmungsniederlage der USPD, hatte sich aber ein Teil der Mannheimer Arbeiterschaft weiter radikalisiert. Dieser rief am 22. Februar 1919 die Räterepublik aus, ein *revolutionärer Arbeiterrat* proklamierte tags darauf den *Anschluss an eine süddeutsche Räte-Republik*. Gegen den gewaltsamen Aufruhr verhängte die Vorläufige Volksregierung den Belagerungszustand über das gesamte Land und bot eigene Freiwilligentruppen auf. Eine Verständigung von SPD, USPD und KPD am 25. Februar beendete schließlich die *Zweite Revolution* in der Quadratestadt.

Propagandapostkarte zum Weihnachtsfest des Jahres 1918 im Elsass: Anstatt über den Weihnachtsmann freuen sich die Kinder über einen französischen Soldaten.

Elsass

heit ein, der erst mit dem Vertrag von Versailles am 28. Juni 1919 endet. In der Zwischenzeit erlebt die Bevölkerung, wie der Wechsel der Staatsangehörigkeit auch ihren Alltag grundlegend verändert: die Sprache (wie sie in der Schule unterrichtet, in der Verwaltung, der Presse und bei Straßennamen benutzt wird), die Gesetzgebung, die Verwaltungsstrukturen, die Sicht auf die Nachbarn, Deutsche und Franzosen. Die drei am 15. November 1918 eingesetzten Kommissare der Republik organisieren die drei wieder zum französischen Staatsgebiet gehörenden Departements unverzüglich um. Die Ersetzung der deutschen Beamten durch französische führt aufgrund der neuen Verwaltungssprache zu fast unüberwindbaren Schwierigkeiten.

Die ersten Maßnahmen, wie die Auflösung einiger Gemeinderäte, und die Prüfungskommissionen, die die Deutschfreundlichen benennen und ausweisen sollen, schaffen ein gesellschaftliches Klima, das sowohl konfliktreich als auch von Leidenschaften geprägt ist. Die Neuorganisation von Eisenbahn, Handelsbeziehungen, Flüchtlingswesen, Kriegsentschädigungen, Versorgung, Arbeitsmarkt, Gesundheitswesen und Schulsystem, dies alles verändert den Alltag fundamental und verursacht erhebliche Spannungen. Die Zukunft wird nicht nur glücklich sein.

Claude Muller

Traditionspflege in der Weimarer Republik: Einweihung des Leibgrenadier-Denkmals auf dem Karlsruher Lorettoplatz (heute Europaplatz) am 28. Juni 1925: Veteranen mit historischen Fahnen und Uniformen versammeln sich zu Füßen des badischen Greifen. Die Namen der Schlachten des Eliteregiments aus den Jahren 1803-1918 sind in Stein gemeißelt.

Baden

Auch der kommunistische Putschversuch, der am 21. Juni 1919 aus Teuerungsprotesten hervorgegangen war, wurde mit Hilfe von Freiwilligenverbänden niedergeschlagen.

Der Übergang von der Monarchie zur Demokratie hatte sich in Baden relativ unblutig vollzogen, der Großherzog als das personifizierte Symbol der alten Ordnung war geräuschlos von der politischen Bildfläche verschwunden. Doch lehnten viele Deutsche die neue Demokratie innerlich ab, weil sie in ihren Augen entweder aus einer steckengebliebenen Revolution hervorgegangen oder mit dem Geburtsmakel der Niederlage und des schmachvollen Versailler Friedensvertrags behaftet war. Dabei wurde in der deutschen Öffentlichkeit der Verlust von Elsass-Lothringen an Frankreich als deutlich weniger schmerzhaft empfunden als der von Westpreußen und Oberschlesien an Polen. Wichtig war der badische Beitrag für die Republik auf Reichsebene: Drei der zwölf Reichskanzler waren Badener. Hermann Müller (SPD), Constantin Fehrenbach und Dr. Joseph Wirth (beide Zentrum) waren nicht nur Vernunft-, sondern überzeugte Herzensrepublikaner. Sie verdeutlichen den Stellenwert Badens in der Weimarer Republik, den auch Reichspräsident Friedrich Ebert, ein sozialdemokratischer Sattler aus Heidelberg, unterstreicht.

Der Krieg indes war auch 1918 nicht zu Ende, er ging weiter in den Köpfen und Seelen. Die nicht verarbeitete militärische Niederlage, die physischen und psychischen Wunden, die der Krieg geschlagen hatte, schnürten den Angehörigen der Kriegsgeneration ein mentales Gepäck, an dem nicht nur sie, sondern auch die nachfolgenden Generationen zu tragen hatten. Diejenigen, die den Krieg überlebt hatten, sollten nicht mehr dieselben sein. Der Große Krieg war nur der Auftakt zu einer noch grauenvolleren Gewaltorgie, an deren Ende noch mehr Menschen ihr Leben lassen mussten. Die Epoche des fortwährenden *Bürgerkriegs* endete erst 1945 mit dem Zweiten Weltkrieg, in mancherlei Hinsicht sogar erst mit den politischen Umwälzungen von 1989/91. Schätzungen gehen von zirka 187 Millionen Toten für das kurze und gewaltsame 20. Jahrhundert aus, davon entfallen über 50 Millionen auf den Zweiten und 15 bis 20 Millionen auf den Ersten. Auch dieser Krieg kannte keine Sieger, nur Besiegte.

Peter Exner

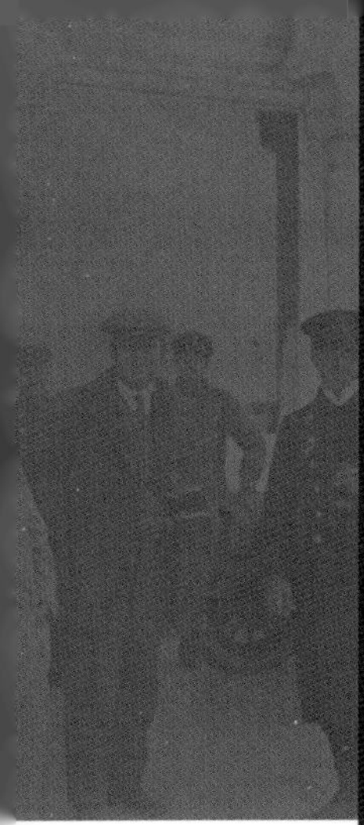
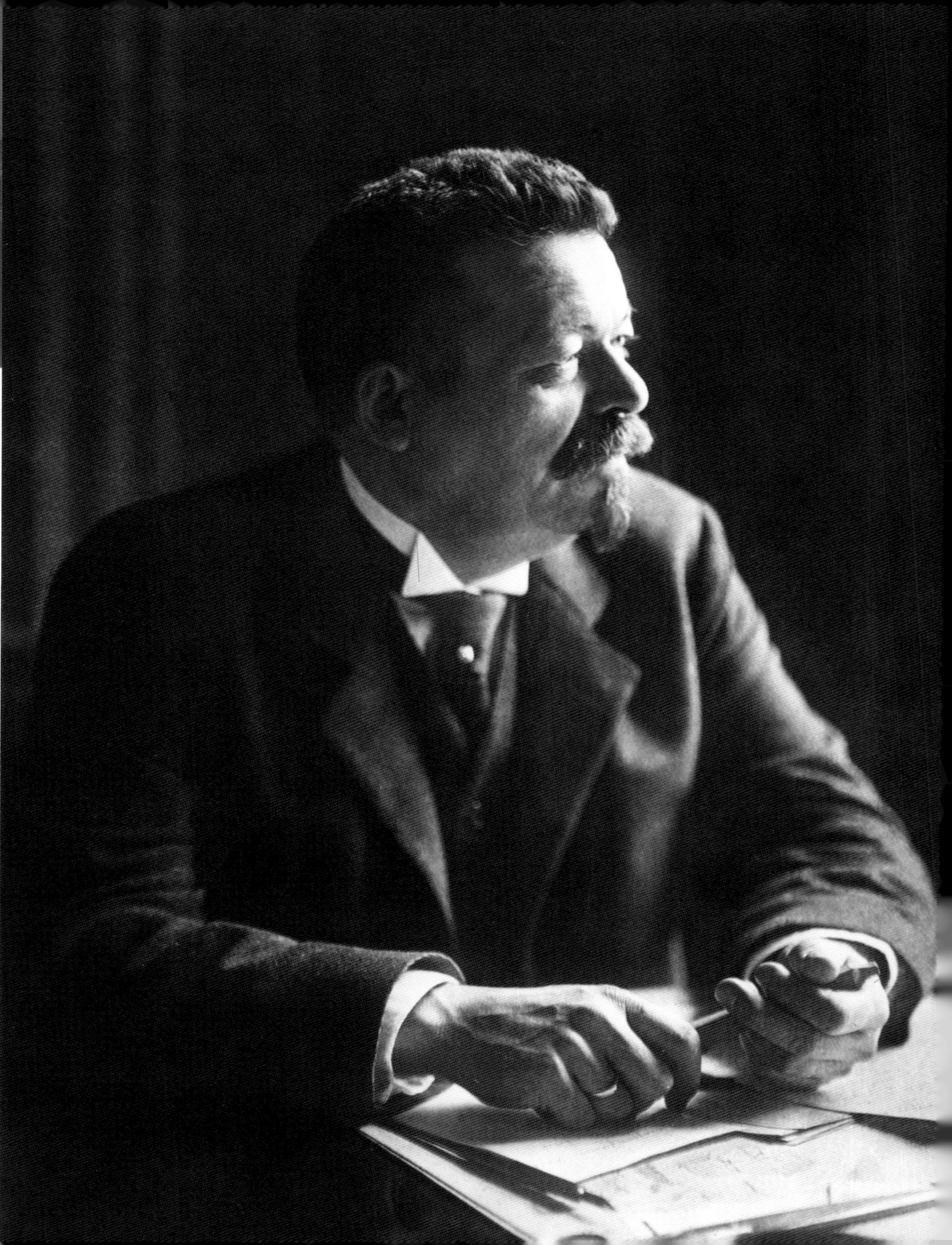

Die deutsche Republik

Friedrich Ebert
Parteivorsitzender der SPD und Reichspräsident
4.2.1871 – 28.2.1925

„Meine Herren, dieses neue Schützengrabengeschlecht, das in langen Monaten in Kampf und Gefahr gemeinsam dem Tode ins Auge geschaut hat, dem Tode, der keine Klassen und keine Ausnahmen kannte, – dieses neue Schützengrabengeschlecht lässt sein politisches Leben nicht wieder in die Drahtverhaue des Dreiklassensystems hineinzwingen."

(Rede im Reichstag, 5. April 1916)

Der in Heidelberg geboren Sattlergeselle Friedrich Ebert hatte schon früh in Bremen eine Parteikarriere eingeschlagen, die ihn vom Arbeitersekretär zum Organisator der Parteizentrale in Berlin und 1913 als Nachfolger August Bebels an die Spitze der Sozialdemokratischen Partei bringen sollte. Dem Prinzip des einheitlichen Auftretens nach außen verpflichtet, hatte sich der pragmatische Sozialdemokrat Ebert aus den zurückliegenden Streitigkeiten über Revisionismus und Klassenkampf herausgehalten.

Den Krieg sah er wie die meisten seiner Genossen als gerechten Verteidigungskrieg und deswegen auch als Chance für die Sozialdemokratie, aus dem Odium der *vaterlandslosen Gesellen* herauszutreten und als Mitgestalter der zukünftigen politischen Geschicke anerkannt zu werden. Zustimmung zu den Kriegskrediten und Wahrung des *Burgfriedens* waren dafür notwendige Vorleistungen. Dass nicht nur der Burgfrieden an seinen inneren Widersprüchen zerbrach, sondern auch die SPD sich spaltete, kostete den Vorsitzenden viel Kraft. Der Verlust zweier Söhne an der Front taten ein Übriges, um den einst so robusten Ebert psychisch und physisch zu schwächen. In der Revolution wurde er im Rat der Volksbeauftragten zu einem Garanten des ordnungsgemäßen Übergangs von der Monarchie zur Demokratie.

1919 in Weimar wurde er zum ersten Reichspräsidenten der ersten deutschen Republik gewählt. In den nachfolgenden Krisenjahren gewann er als konsequenter Verteidiger der Verfassung und entschlossener Kämpfer gegen Putschversuche von rechts wie links weiter an Profil. Friedrich Ebert starb 1925 im Alter von nur 54 Jahren. Er wurde in seiner Heimatstadt Heidelberg beigesetzt.

KH

KRIEGSENDE

284
285

Friedrich Ebert im Kreise seiner Familie mit den Söhnen Georg (3. v.l) und Heinrich (2. v.r), ca. 1916.

Deutsches Offiziers Heim.

Scheidemann   David   Ebert   Sc
Vier sozialdemokratische Abgeordnete als Gäste im kaiserlichen Hauptquartier im besetz

Flugblatt des *Spartakusbundes* von 1918/19: Vier SPD-Abgeordnete (Philipp Scheidemann, Eduard David, Friedrich Ebert, Georg Schöpflin) als Gäste im kaiserlichen Hauptquartier im besetzten Belgien.

Todesanzeigen für die gefallenen Söhne Heinrich und Georg Ebert von 1917.

> Unser lieber, hoffnungsvoller Sohn und Bruder, der Jäger
>
> **Heinrich Ebert**
>
> 19 Jahre alt, ist nach schwerer Verwundung am 14. d. Mts. in einem Feldlazarett auf dem Balkan gestorben.
>
> Schmerzbewegt 18806
> **Fritz Ebert und Familie.**
> Berlin-Treptow, 15. Februar 1917.

> Das Kriegsschicksal hat uns einen weiteren schweren Schlag versetzt. Vor drei Monaten fiel unser unvergeßlicher Sohn Heinrich auf dem Schlachtfelde. Nun ist auch unser lieber, treuer Sohn, der Musketier
>
> **Georg Ebert**
>
> im Alter von 21 Jahren im Kampfe gefallen. 45612
> Berlin-Treptow, 14. Mai 1917.
> In tiefer Trauer
> **Fritz Ebert** und Familie.

Dank verpflichtet sein,
den, sich in Zeitungen zu
über die Haltung der els

KRIEGSENDE

Vom Falken zur Taube

Berthold von Deimling
General
21.3.1853 – 3.4.1944

„Erst später ist durch die Fehler landesunkundiger Offiziere der gute Wille der elsässischen Bevölkerung übermäßigen Belastungsproben ausgesetzt worden. Man kann nicht auf der einen Seite nationale Hingabe verlangen und auf der anderen jedes Vertrauen versagen."

(Lebenserinnerungen, 1930)

Berthold von Deimling im Oktober 1916 unmittelbar vor seiner Versetzung an die Vogesenfront.

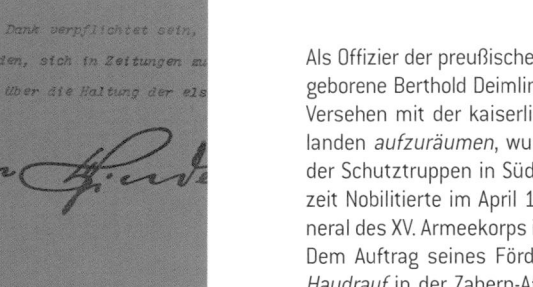

Als Offizier der preußischen Armee machte der in Karlsruhe geborene Berthold Deimling eine atemberaubende Karriere. Versehen mit der kaiserlichen Instruktion, in den Reichslanden *aufzuräumen*, wurde der ehemalige Kommandeur der Schutztruppen in Südwestafrika und in der Zwischenzeit Nobilitierte im April 1913 zum kommandierenden General des XV. Armeekorps in Straßburg ernannt.

Dem Auftrag seines Förderers kam der prestigesüchtige *Haudrauf* in der Zabern-Affäre konsequent nach. Autokratische Entscheidungen und *Extratouren* bestimmten seinen Einsatz im 1. Weltkrieg. Als *Schlächter von Ypern* und Ausführender des ersten Gasangriffs kam er zu traurigem Ruhm. Die Kampf- und Opferbereitschaft seiner Truppen revidierten jedoch sein (Vor-) Urteil über die nationale Haltung der Elsässer, was die Kontroversen über die Notwendigkeit der Militärdiktatur im Reichsland nährten. Von Hindenburg und Ludendorff wurde er als Abschnittskommandeur der Armee-Abteilung B in die mittleren Vogesen abgeschoben und, nachdem ihm Kaiser Wilhelm II. seine Unterstützung entzogen hatte, im September 1917 zum Abschied gezwungen. Diese Brüskierung und das Unbehagen am modernen industriellen Krieg führten bei Deimling zu einem radikalen Bruch mit seinem bisherigen Leben.

Ab 1919 gehörte er zu den bekanntesten Vertretern der deutschen Friedensbewegung, für die er in zahlreichen Auftritten mit den alten Eliten abrechnete. Militärische Abrüstung und die Versöhnung mit dem *Erbfeind* Frankreich standen im Fokus seines Engagements.

KH

KRIEGSENDE

Ein General und sein Großherzog: Inspektion der Truppen durch Friedrich II. von Baden 1917.

**Chef des Generalstabes
des Feldheeres.**

Gr. H. Qu., den 8. Oktober 1917.

M. J. Nr. 23141 P.

Euerer Exzellenz Schreiben vom 30.9. an die Redaktion der Straßburger Post enthält wertvolle Angaben über treu-deutsches Verhalten der Elsässer beim XV. Armeekorps. Sie decken sich indessen nicht mit den mir vorliegenden Erfahrungen anderer zuständiger Stellen, nach denen bittere Klage über die Unzuverlässigkeit geführt werden muß. Es ist leider Tatsache, daß die Elsässer einen erheblichen Teil der deutschen Ueberläufer gestellt haben, der absolut und verhältnismäßig unter allen deutschen Stämmen weitaus in erster Linie steht.

Unsere Truppen im Elsaß und selbst die dortige Landesverwaltung haben erst während des Krieges voll erkannt, welcher deutschfeindliche Geist die elsässische Bevölkerung erfüllt, und es besteht bei allen maßgebenden Stellen kein Zweifel mehr, daß gründlich Wandel geschaffen werden muß, um die nach ihrer Abstammung so kerndeutsche Bevölkerung dem Deutschtum zurückzugewinnen.

Ich befürchte, daß bei der hervorragenden Stellung Euerer Exzellenz, Aeusserungen wie die in der "Straßburger Post" wiedergegebene, die darauf abzielenden Erwägungen und Absichten einseitig beeinflussen könnten, da ich auf Wunsch des Herrn Reichskanzlers das mir zur Verfügung stehende Material nicht zu veröffentlichen vermag.

Im vaterländischen Interesse würde ich daher Euerer

Exzellenz

An den
Königlichen General der Infanterie z.D.
und Chef des Infanterie-Regiments Nr.132,

Herrn v. Deimling,
Exzellenz.

KRIEGSENDE

Ein Maulkorb für den geschassten General: Schreiben Hindenburgs vom 8. Oktober 1917.

Das zerstörte Craonne nordwestlich von Reims. Generalquartiermeister Freytag von Loringhoven konstatierte am 2. Oktober 1914 die Verantwortung Deimlings für das Gemetzel: *„Ihr Deimling bei Craonne ... Ströme deutschen Blutes sind in unverantwortlicher Weise vergeudet worden."*

Exzellenz zu Dank verpflichtet sein, wenn Euere Exzellenz es ablehnen würden, sich in Zeitungen zur elsässischen Frage, insbesondere über die Haltung der elsässischen Soldaten, zu äußern.

von Hindenburg

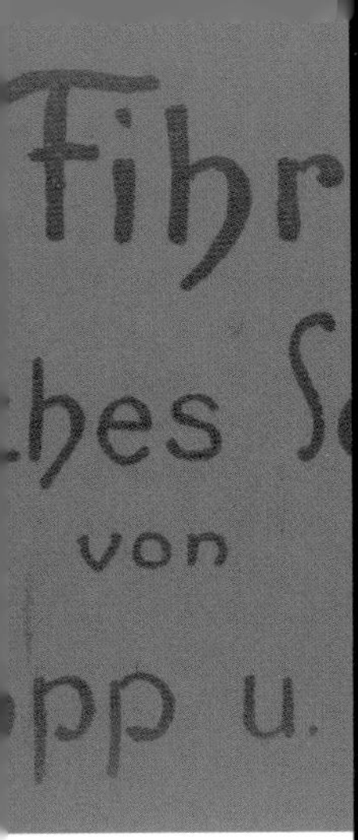

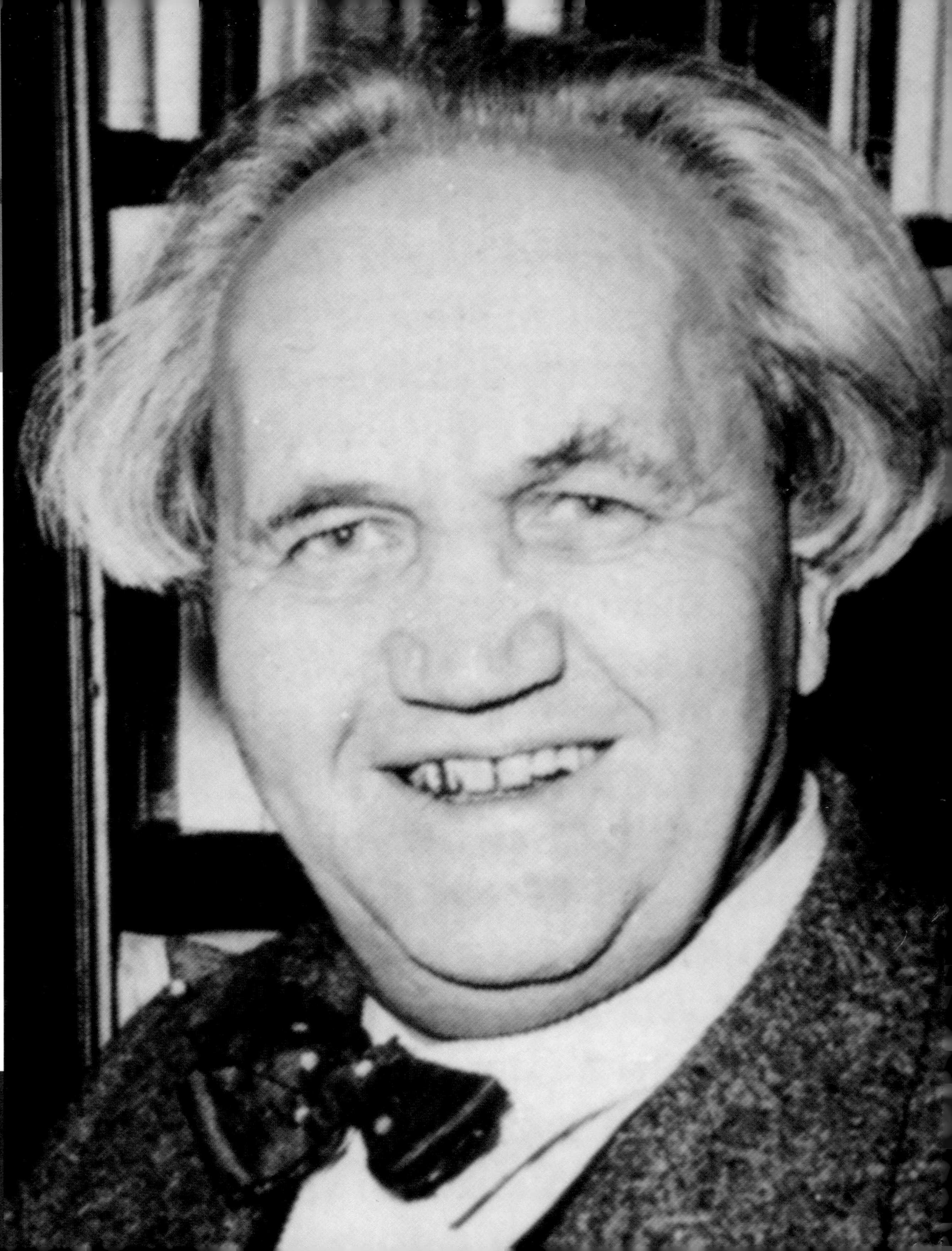

KRIEGSENDE

Die elsässische Identität

Marie-Joseph Bopp
Lehrer
2.1.1893 – 7.12.1972

„Scheen esch di Walt, saj i eich, awer wanns mer oi noàch so güat ganga esch, unser Landel do hawi nia vergassa kenna. Kenn Elsasser vergesst sini Heimet."

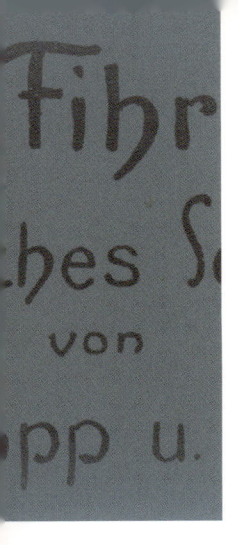

Geboren in Schlettstadt, studierte Marie-Joseph Bopp Philologie an der Universität Straßburg und promovierte 1916. Als Lehrer unterrichtete er dann bis 1960 Französisch, Latein, Griechisch und Deutsch am Lycée Bartholdi in Colmar. 1914 wurde er als Soldat eingezogen, jedoch bald für untauglich erklärt, so dass er insgesamt nur sechs Monate Militärdienst in Pommern absolvieren musste. Sein Vater, Landwirt und Käseverkäufer, hatte 1870/71 für Frankreich gekämpft und optiert. Bevor er einige Jahre später ins Elsass zurückkehren konnte, musste er die deutsche Staatsbürgerschaft annehmen. Dies war der Grund, weshalb seinem Sohn Marie-Joseph von den französischen Behörden 1919 nur die Identitätskarte „B" zugeteilt wurde, die für diejenigen Elsässer vorgesehen war, die einen ausländischen Elternteil hatten. In den 1920er Jahren publizierte Bopp verschiedene Theaterstücke, von denen eines (*Zwesche Fihr und Liecht*), das die *Commissions de Triage* zur Überprüfung der deutschfreundlichen Elsässer kritisiert hatte, zensiert wurde. 1924 schloss er sich der autonomen und klerikalen Bewegung im Elsass an und engagierte sich für die Verteidigung seiner regionalen Besonderheiten.

Während des Zweiten Weltkriegs wurde er von den deutschen Besatzern wegen seiner Opposition gegen den Nationalsozialismus vielfach verdächtigt und 1944 verhaftet. Als großer Spezialist für die Literatur- und Sozialgeschichte des Elsass vom 18. bis 20. Jahrhundert sammelte er Dokumente aller Art. Von besonderer Bedeutung ist jedoch sein biographisches Nachschlagewerk über die evangelischen Geistlichen im Elsass. Er publizierte in vielen historischen Jahrbüchern und wurde 1961 zum Ritter der Ehrenlegion ernannt.

LBW

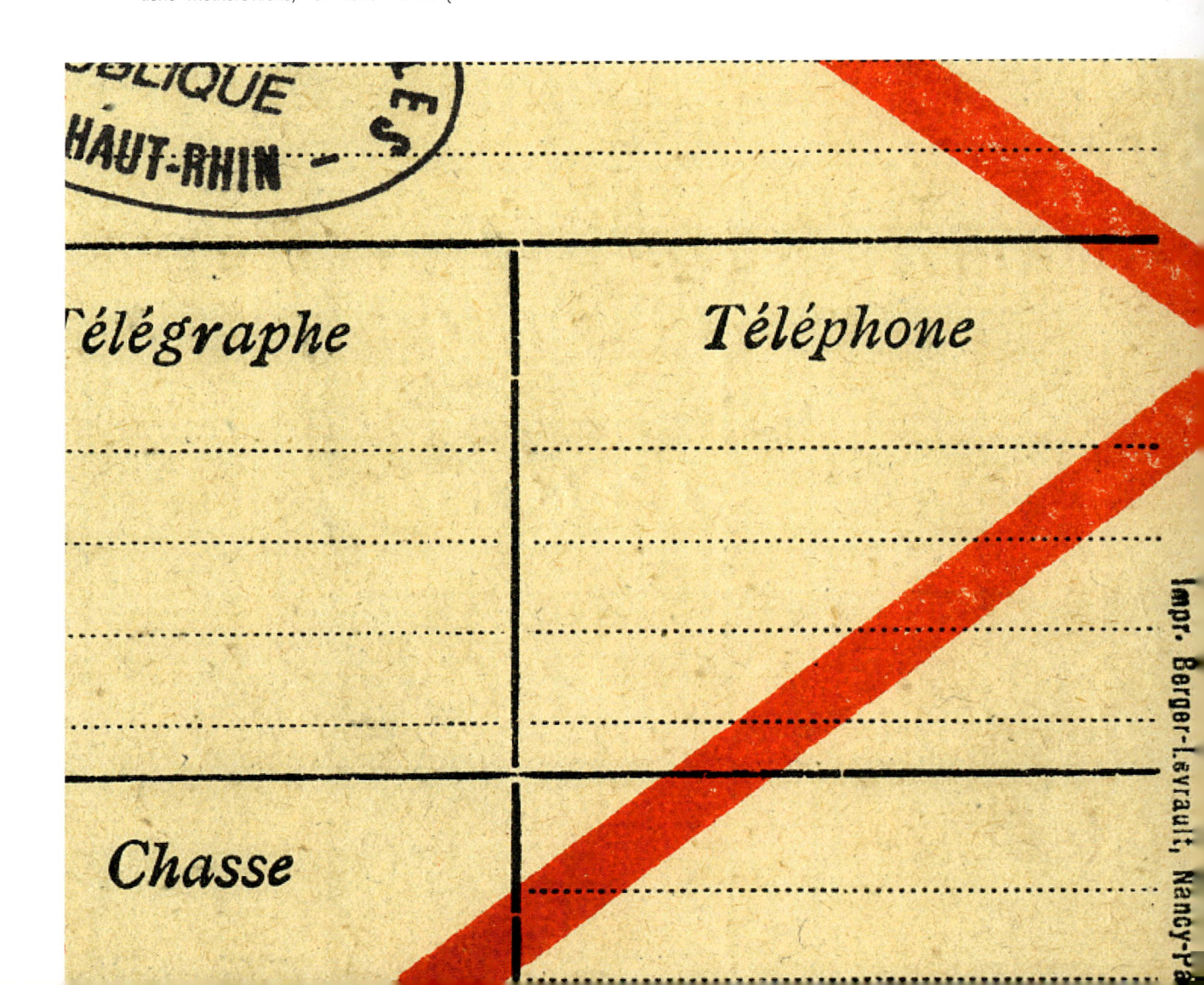

1918 wurde die Nationalität vieler Elsass-Lotthringer von den *Commissions de Triage* geprüft. Mit Blick auf ihr Verhalten vor 1918 wurde ihnen dann eine besondere Identitätskarte zuerkannt: hier eine Identitätskarte „B".

VILLE DE —

No ....

CARTE D'IDENTITÉ

MODÈLE B

(arrêté du 14 décembre 1918)

La commission municipale
Le

Zwesche Fihr un Liecht.

Elsässisches Schauspiel
von
Dr. M. J. Bopp u. G. Boesch.

Zwischen Deutschland und Frankreich: Umschlagsillustration des Theaterstücks *Zwesche Fihr und Liecht* von 1922.

1871 mussten sich die Elsässer für eine Staatsbürgerschaft entscheiden: die deutsche oder die französische.

TRAITÉS DU 10 MAI ET DU 11 DÉCEMBRE 1871.

OPTION POUR LA NATIONALITÉ FRANÇAISE.

(1) Date du jour et du mois. Le (¹) _____ 1872

(2) Indication de l'autorité qui reçoit l'acte. par devant nous (²) _____

(3) Nom et prénoms du comparant. est comparu (³) _____

(4) Indication du lieu de naissance. né à (⁴) _____

(5) Date de la naissance ou au moins indication de l'âge du déclarant. le (⁵) _____

(6) Ajouter, pour les mineurs, quand leur déclaration sera faite séparément: „assisté de son père ou de son tuteur." (⁶) _____

lequel, conformément aux articles 2 du traité du 10 mai et 1ᵉʳ de la convention additionnelle du 11 décembre 1871 a déclaré opter pour la nationalité française, qu'il entend conserver, et vouloir en conséquence transférer en France son domicile légal à (⁷) _____

(7) Indication du lieu choisi en France pour ce nouveau domicile.

(8) Ajouter, quand la déclaration sera faite collectivement par le père et ses enfants mineurs. „Ladite déclaration faite tant au nom personnel du „sieur ... que comme „représentant légal de ses enfants mineurs." Nota. Indiquer les noms, lieux et dates de la naissance de chacun des enfants. (⁸) _____

(9) Ou attestation par le Maire qu'il ne sait pas signer.
(10) Ou autre autorité locale.

Signature du Déclarant (⁹)   Signature du Maire (¹⁰)

Wahl der Nationalität

der im Auslande aufhältlichen Elsaß-Lothringer.

Optionsfrist.

Die Individuen, welche aus den an Deutschland abgetretenen Gebietstheilen gebürtig, aber außerhalb derselben aufhältlich sind, zerfallen in Bezug auf die Frist, in welcher sie für die französische Nationalität optiren können, in zwei Klassen:
1) Diejenigen, welche innerhalb der Grenzen des kontinentalen Frankreich oder sonst in Europa sich aufhalten.
2) Diejenigen, welche sich außerhalb Europa's aufhalten.

Für die ersteren erlischt die Frist am 1. Oktober 1872, für die zweiten wird diese Frist erstreckt bis zum 1. Oktober 1873.

Personen, welche zu optiren haben.

Als gebürtig gelten diejenigen, welche in den abgetretenen Territorien geboren sind, ohne Unterschied des Alters und Geschlechts. Diejenigen, welche in den vorgeschriebenen Fristen keine Optionserklärung abgeben, werden als Deutsche angesehen.

Dagegen haben alle diejenigen, welche nicht in diesen Territorien geboren sind, keine Erklärung abzugeben und sind von Rechtswegen Franzosen.

Die Minderjährigen.

Was die Minderjährigen betrifft, so ist ausgemacht worden, daß ihre Optionserklärung gültig sein soll, wenn sie abgegeben wird mit dem Beistand ihrer gesetzlichen Vertreter, d. h. der Vormünder für die nicht emanzipirten Minderjährigen und der Kuratoren für die emanzipirten Minderjährigen.

Verheirathete Frauenspersonen oder Wittwen.

Was die in Elsaß-Lothringen geborenen verheiratheten Frauenspersonen betrifft, so haben diejenigen, welche ihre Nationalität vor jeder weitern Beanstandung sicher stellen wollen, mit dem Beistand ihres Ehemannes eine Optionserklärung abzugeben.

Die Wittwen haben ein noch evidenteres Interesse, ihre Wahl zu erklären.

Deklarationsformen.

Laut dem Artikel der Zusatz-Uebereinkunft von Frankfurt vom 11. Dezember 1871 resultirt die Wahl zu Gunsten der französischen Nationalität für die im Auslande aufhältlichen Individuen aus einer Erklärung vor einer französischen diplomatischen oder Konsular-Kanzlei, oder aus ihrer Immatrikulation in einer dieser Kanzleien.

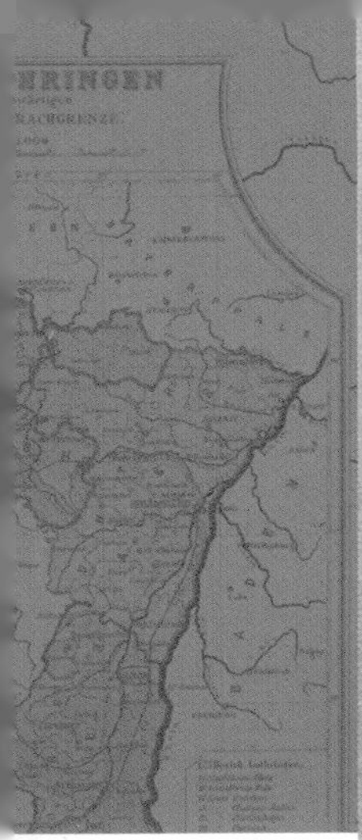

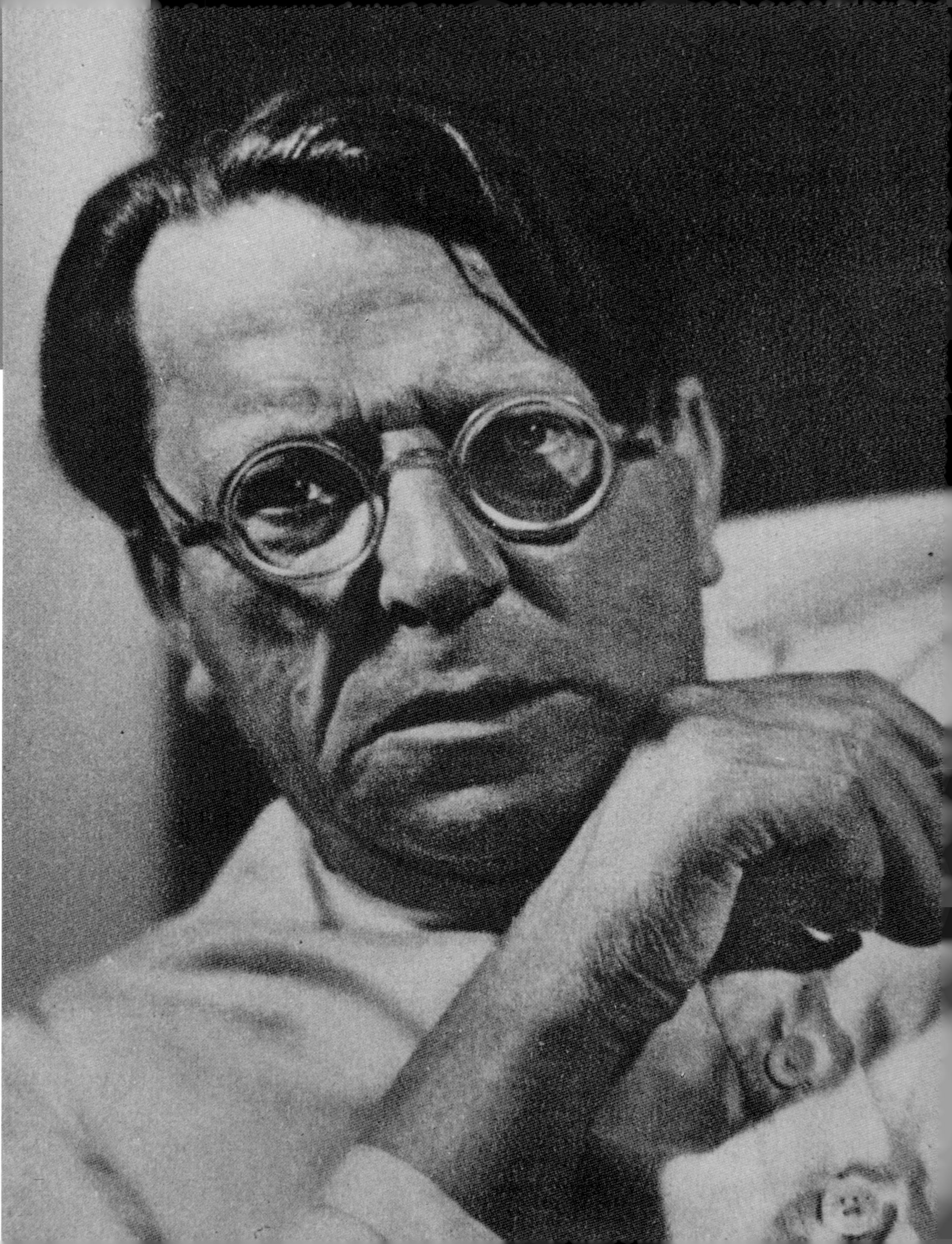

KRIEGSENDE

Frankreich und Deutschland

René Schickele
Schriftsteller
4.8.1883 – 31.1.1940

Das zerstörte Erbe am Rhein: Gedenkstätte am Hartmannsweilerkopf.

Aus Obernai stammend, trat René Schickele 1896 in das bischöfliche Gymnasium St. Stephan in Straßburg ein. Seit 1899 veröffentlichte er in der Zeitschrift *Die Heimat* und publizierte weitere Artikel unter dem Pseudonym Paul Savreux. Nach seinen Studien in Straßburg reiste er durch Deutschland, nach München und Berlin. 1904 war er für einige Monate für die Zeitschrift *Magazin für Kunst und Litteratur*, dann 1911, nachdem er zuvor für verschiedene Pariser Zeitungen geschrieben hatte, für die *Straßburger Neue Zeitung* verantwortlich. Sein erster Roman, *Der Fremde*, erschien 1907.

Ab 1915 übernahm er in der Schweiz die Direktion der expressionistischen Zeitschrift *Die Weißen Blätter* und wurde einer der Wortführer dieser Kunstrichtung. Im November 1918 nahm er an der Revolution in Berlin teil und erwarb danach die französische Staatsbürgerschaft. In seiner Trilogie *Das Erbe am Rhein* beschrieb Schickele die Ruhe und den Wohlstand der rheinischen Landschaft. Mit dem Aufstieg des Nationalsozialismus verstärkte sich seine Distanz zu Deutschland, und er beschloss, sich in der Provence niederzulassen. Aus der Preußischen Akademie der Künste wurde er ausgeschlossen. Abgesehen von *Le Retour*, 1935 geschrieben, verfasste er seine Texte weiterhin in Deutsch. Als zweisprachiger Autor – mit einer französischsprachigen Mutter und einem elsässischen Vater – sah René Schickele die Vermittlung zwischen der deutschen und der französischen Kultur als Hauptaufgabe seines Werkes an, um so die doppelte Kultur des Elsass verständlich zu machen.

LBW

ELSASS-LOTHRINGEN
mit seiner gegenwärtigen
EINTEILUNG UND SPRACHGRENZE.
Maßstab 1:450.000

□ Bezirk Unter-Elsass:
1. Stadtkreis Strassburg
2. Landkreis Strassburg
3. Kreis Erstein
4. " Hagenau
5. " Molsheim
6. " Schlettstadt
7. " Weissenburg
8. " Zabern

□ Bezirk Ober-Elsass:
9. Kreis Altkirch
10. " Colmar
11. " Gebweiler
12. " Mülhausen
13. " Rappoltsweiler
14. " Thann

Die Namen der Bezirks-Haupt-orte sind doppelt, die der Kreis-Hauptorte einfach unterstrichen.

□ Bezirk Lothringen.
15. Stadtkreis Metz
16. Landkreis Metz
17. Kreis Bolchen
18. " Château-Salins
19. " Diedenhofen
20. " Forbach
21. " Saarburg
22. " Saargemünd

Bezirks-
Kreis- } Grenzen
Kanton-
Deutsche Sprachgrenze.

GEZEICHNET IN DER GEOGRAPH. ANSTALT VON WAGNER & DEBES IN LEIPZIG.

Der Brückenbauer René Schickele in der Mitte des Rheins bei Breisach zwischen Deutschland und Frankreich um 1930.

QUELLEN- UND BILDNACHWEISE

AD 68 = Archives Départementales du Haut-Rhin, Colmar
GLA = Generallandesarchiv Karlsruhe

1. EINE MILITARISIERTE GESELLSCHAFT:

Literatur (Elsass): Becker: Guerre (2008) ; Clark: Somnambules (2013) ; Igersheim: Alsace (1981) ; Ortholan: Armée (2004) ; Reichsland (1931-1938); Vogler: Histoire (1995).
Literatur (Baden): Clark: Sleepwalkers (2012) ; Harder: Handbuch 1987) ; Müller-Loebnitz: Badener (1935) ; Nipperdey: Geschichte 1995) ; Schwarzmaier: Handbuch (1992) ; Wehler: Gesellschaftsgeschichte (2003).
Fotos: Parade (Fotoarchiv Zwingenberg 236 (Foto 16)) ; Veteranentreffen (GLA J-D-K 29) ; SMS Zähringen (GLA J-D-Z 3) ; Französische Kinder (AD 68 9 Fi 3155) ; Deutsche Kinder (GLA 69 Badische Schwesternschaft, Nr. 629) ; Neu-Breisach (GLA 456 F 5, Nr. 337 Foto 4).

Luise von Preußen:

Zitat, in: GLA FA N 1210.
Porträtfoto 1913, in: GLA J-Aa-L 82.
Foto in Konstanz 1915, in: GLA 69 Baden Sammlung 1995 F I, Nr. 09.
Foto der Badischen Schwesternschaft 1914, in: GLA 69 Badische Schwesternschaft, Nr. 656 (144).
Foto beim Packen von Weihnachtspäckchen 1914, in: GLA J-E-K 12.
Quellen und Literatur: GLA 69 Baden, Geheimes Kabinett der Großherzogin Luise ; Hindenlang: Großherzogin (1925) ; Siebler: Baden 1987) ; Borchardt-Wenzel: Frauen (2010).

Adolf und Brandel Geck:

Zitat Adolf Geck, in: Dittler: Geck (1982), S. 252.
Zitat Brandel Geck, in: GLA N Geck, Nr. 299.
Porträtfoto: Adolf Geck und Söhne, in: GLA N Geck, Nr. 2360.
Briefumschlag und Parteinachrichten, in: GLA N Geck, Nr. 311 und 226.
Schreiben von Marie Geck, in: GLA N Geck, Nr. 307.
Postkarte der Kathedrale von St. Quentin, in: GLA 456 F 35, Nr. 312 Foto 3.
Quellen und Literatur: GLA N Geck ; Dittler: Geck (1982) ; Rehm:
Raub (2001) ; Schadt: Geck (1964).

Hermann Fürst zu Hohenlohe-Langenburg:

Zitat, in: Hohenlohe Zentralarchiv Neuenstein (HZAN) La 140, Nr. 303 (Rede 1897).
Porträtfoto, in: HZAN La 180, Nr. 5.
Foto Hohkönigsburg 1907, in: HZAN SB 100, Nr. 151.
Foto vom Roten Kreuz 1903, in: HZAN We 125, Nr. 9.
Foto aus Markirch 1903, in: HZAN We 125, Nr. 8 (dazu weitere Fotos und Bericht: HZAN La 140, Nr. 304, „Le Messager des Vosges illustré", Nr. 13 vom 21. Juni 1903).
Quellen und Literatur: HZAN Hermann Fürst zu Hohenlohe-Langenburg ; Weller: Fürst (1916) ; Eißele: Fürst (1950) ; Encyclopédie d'Alsace 7 (1984).

Jean-Jacques Waltz, genannt Hansi:

Zitat, in: Bruant: Hansi (2008), S. 190.
Porträtfoto, in: AD 68 21 J 14.
Foto mit Uniform, in: AD 68 21 J 14.
Postkarte: Zwei verfolgte Elsässer, in: AD 68 9 J 82.
Kriegsblätter, in: AD 68 21 J 3.
Quellen und Literatur: AD 68 9 J ; Hansi: Travers (2012) ; Tyl: Waltz (1989) ; Hommage (1952).

2. KRIEGSAUSBRUCH UND VOGESENFRONT:

Literatur (Elsass): 7. Badische Infanterie Regiment (1927) ; Bussi-Taillefer: Campagnes (1965) ; Lintier: Batterie (1916) ; Régiment des Lions (1920) ; Schlund: Souvenirs (2011) ; Wegener: Geschichte (1934).
Literatur (Baden): Becker: Krieg (2010) ; Chickering: Freiburg (2009) ; Elsass (1936-1938) ; Geinitz: Kriegsfurcht (1998) ; Jahr: Soldaten (1998) ; Müller: Politik (1988).
Fotos: Kleiner Belchen (GLA 456 F 105, Nr. 164 Foto 27) ; Gasangriff (AD 68 9 Fi 2777) ; Telegramm (GLA 233, Nr. 34816) ; Mayer (GLA

456 D, Nr. 372, Ranglisteneintrag 22) ; Ausmarsch 1914 (GLA N Hils, Nr. 60a) ; Französische Gebirgsjäger (AD 68 9 Fi 3128).

Georg Scherer:

Zitat, in: GLA N Scherer, Nr. 6.
Porträtfoto, in: GLA N Scherer, Nr. 4.
Foto des Massengrabes, in: GLA N Scherer, Nr. 9.
Foto der beiden Kinder Hellmuth und Gertrud Scherer, in: GLA N Scherer, Nr. 5.
Skizze des Friedhofes, in: GLA N Scherer, Nr. 8.
Foto des Gedenkveranstaltung auf dem Dornacher Friedhof 1915, in: GLA N Scherer, Nr. 9.
Quellen: GLA N Scherer ; GLA 456 F 58, Nr. 104, Nr. 138.

Pierre Jaminet:

Zitat, in: Ehret: Artilleur (2003), S. 32.
Fotos, in: Archives Départementales du Territoire de Belfort AD 90 24 Fi.
Quellen und Literatur: AD 90 24 Fi ; Ehret: Artilleur (2003) ; mit herzlichem Dank an Joseph Schmauch und Jean-Christophe Tamborini (AD 90) für ihre Unterstützung.

Paul Gläser:

Zitat, in: GLA S Kriegsbriefe, Nr. 52.
Porträtfoto, in: GLA S Kriegsbriefe, Nr. 52.
Stammrolleneintrag, in: GLA 456 C 2913, Nr. 14.
Fotos vom Vogesenkamm 1915 in: GLA 456 F 85, Nr. 71 Foto 1-12.
Quellen: GLA S Kriegsbriefe, Nr. 52.

Benedict Kreutz:

Zitat, in: Wollasch: Militärseelsorge (1987), S. 55.
Porträtfoto, in: Archiv des deutschen Caritasverbands Freiburg.
Foto eines rumänischen Kriegsgefangenen, in: GLA 456 F 3, Nr. 393 Foto 2.
Foto der Drahtseilbahn am Hartmannsweilerkopf im Frühjahr 1915 in: GLA 456 F 105, Nr. 167 Foto 9.
Offizielles Kriegstagebuch von Kreutz, in: GLA 456 F 19, Nr. 343.
Quellen und Literatur: GLA 456 F 19, Nr. 342, Nr. 343 ; Wollasch: Kreutz (1982) ; Wollasch: Militärseelsorge (1987).

DER HARTMANNSWEILERKOPF: SCHLACHTFELD UND GEDENKSTÄTTE

Foto vom 10.11.1917, in: GLA 456 F 65, Nr. 9 Foto 3.
Foto vom 17.12.1915, in: GLA 456 F 19, Nr. 24 Foto 1.
Pasche's Frontenkarte: Die Kämpfe im Ober-Elsass, Stuttgart Juli 1915, in: GLA H-BS-XI Nr. 141 (IIa).
Foto vom Gipfel, in: AD 68 9 Fi 47.
Literatur: Chapatte: Hartmannswillerkopf (2011) ; Ehret: Hartmannswillerkopf (1988) ; Koch: Hartmannswillerkopf (2009).

3. SOLDATEN:

Literatur (Elsass): Claude: Elsass (1931) ; Ettighofer: Gespenster (1931) ; Husser: Journal (1989) ; Nouzille: Batailles (1989) ; Richert: Cahiers (1994) ; Tomasetti: Spinner (2009).
Literatur (Baden): Becker: Krieg (2010) ; Chickering: Freiburg (2009) ; Elsass (1936-1938) ; Geinitz: Kriegsfurcht (1998) ; Jahr: Soldaten (1998) ; Müller: Politik (1988).
Fotos: Friedrich II. (GLA 456 F 105, Nr. 303 Foto 1) ; Französische Freiwillige (Privatarchiv Philippe Tomasetti) ; Flugzeug (GLA 456 F 3, Nr. 1042 Foto 7) ; Montreux-Vieux (AD 68 9 Fi 689) ; Flammenwerfer (GLA 456 F 18, Nr. 69 Foto 13) ; Hunde (GLA 456 F 3, Nr. 564 Foto 12).

Marie und Henri Eschbach:

Zitat, in: AD 68 312 J 2.
Porträtfoto Marie Eschbach, in: AD 68 312 J 8.
Porträtfoto Henri Eschbach, in: AD 68 312 J 36.
Foto Krankenhaus Kobryn, in: AD 68 312 J 2.
Soldatenzeitung aus Kobryn, in: AD 68 312 J 1.
Quellen und Literatur: AD 68 312 J ; Sizaret: Eschbach (1987) ; mit herzlichem Dank an Dr. Joseph Eschbach für seine Unterstützung.

Xaver Franz Strauß:

Zitat, in: GLA 456 F 3, Nr. 114.
Porträtfoto, in: GLA 456 F 3, Nr. 114 Foto 1.
Foto des Grenzzauns zur Schweiz (Privatarchiv Jean-Claude Fombaron).
Foto eines deutschen Wachtposten bei Neuweiler, in: Mars. Illustriertes Wochenblatt 64 (August 1916).
Lageplan des Südlichen Grenzzauns, in: GLA 456 F 105, Nr. 153.
Foto einer Straßensperre bei Pfirt, in: GLA 456 F 5, Nr. 342 Foto 8.
Quellen: GLA 456 F 3, Nr. 114.

Dominik Richert:

Zitat, in: Richert: Gelegenheit (1989), S. 18 ; Richert: Cahiers (1994), S. 15.
Fotos der Familie Richert http://dominique.richert.free.fr.
Quellen: GLA 456 C, Nr. 995-999 ; 456 F 38 ; Nachlass Dominik Richert im Bundesarchiv Militärarchiv Freiburg ; Richert: Gelegenheit (1989) ; Richert: Cahiers (1994) ; Cazals: Fantassins (2002) ; Muller: Richert (1993) ; mit herzlichem Dank an Daniel Lautie und Ulrich Richert für ihre Unterstützung.

Lucien und Charles Rudrauf:

Zitat, in: Rudrauf: Drame (1924), S. 100-101.
Porträt Lucien (Collection et Photo. BNU Strasbourg).
Porträt Charles (Musée d'Art moderne et contemporain. Photo Musées de Strasbourg. Mathieu Bertola).
Foto des Hauptverbandsplatzes Wavrille, in: GLA 456 F 115, Nr. 148 Foto 1.
Soldatenzeichnung von Reich und Militärkarte (Collection J.-Cl. Laparra).
Quellen und Literatur: Lotz: Rudrauf (1987) ; Rudrauf: Maître (1966) ; Rudrauf: Figure (1958) ; Cazard: Peintre (1994) ; Gillot: Rudrauf (1926) ; mit herzlichem Dank an Philippe Tomasetti, General Jean-Claude Laparra, Albert Erb (Société d'Histoire des 4 Cantons) und Nadia Gazagne (Service Archives-Documentation Ilkirch-Graffenstaden) für ihre Unterstützung.

4. ZIVILISTEN:

Literatur (Elsass): Higelin: Kriegstagebuch (2007-2013) ; Hugel: Chronique (2003) ; Husser: Instituteur (1989) ; Lebailly: Birsinger (1993) ; Lechner: Alsace-Lorraine (2004) ; Muller: Alsaciens (2012).
Literatur (Baden): Bräunche: Karlsruhe (1998) ; Chickering: Freiburg (2007) ; Fenske: Südwesten (1981) ; Kocka: Klassengesellschaft (1973) ; Müller: Politik (1988) ; Schwarzmaier: Handbuch (1998).
Fotos: Hartmann (GLA N Hartmann) ; Munster (Privatarchiv Jean-Claude Fombaron) ; Badischer Landtag (GLA J-D-K 52,1) ; Friedrich I. (GLA S Kriegsbriefe, Nr. 52) ; Reichstag (GLA N Fehrenbach, Nr. 161) ; Guebwiller (AD 68 9 Fi 2360).

Karl Hampe:

Zitat, in: Hampe: Kriegstagebuch (2004), S. 258.
Porträtfoto, in: GLA J-Ac-B 185 II, Tafel 3.
Flemmings Karte des Generalgouvernements Belgien mit einer Nebenkarte der deutschen Gebietsverluste im Westen seit 1648 und 1789, hrsg. von J.J. Kettler, 1:320000, Berlin und Glogau o.J.; GLA H-BS-XI, Nr. 144.
Deutschland und der Weltkrieg (1915).
Quellen: Deutschland (1915) ; Hampe: Kriegstagebuch (2004).

Eugen Fischer:

Zitat, in: Vorwort zu Schwalbe: Anthropologie (1923).
Porträtfoto 1920er Jahre, in: Archiv Landesverein Badische Heimat.
Foto von „Russentypen", in: Heuberg (1917).
Urlaubsantrag 1908, in: Universitätsarchiv Freiburg B 24, Nr.794.
Fischer: Bastards (1913).
Literatur: Evans: Science (2010) ; Gessler: Fischer (2000) ; Lösch: Rasse (1997).

Eugen Ricklin:

Zitat, in: AD 68 307 J.
Porträtfoto, in: Elsass I (1936).
Gefälschtes Plakat, in: AD 68 307 J 49.
Karikatur aus Narrenschiff, in: AD 68 307 J 52.
Wahlplakat, in: AD 68 307 J 51.
Foto des Eisenbahn-Viadukts bei Dammerkirch, in: GLA 456 F 3, Nr. 543 Foto 3.
Quellen und Literatur: AD 68 307 J ; Komplott-Prozess (1928) ; Encyclopédie d'Alsace 10 und 11 (1985) ; Bankwitz: Chefs (1980) ; Baechler: Ricklin (1998) ; Berbett: Ricklin (2013).

Alfred Meyer:

Zitat, in: GLA 456 F 10, Nr. 222.
Porträtfoto, in: GLA 456 F 10, Nr. 221 Foto 3.
Zettel mit Geheimtinte, in: GLA 456 F 9, Nr. 248.
Foto von Frau und Kindern, in: GLA 456 F 10, Nr. 222 Foto 1.
Plakat über die Hinrichtung, in GLA 456 F 19, Nr. 375.
Quellen: GLA 456 F 9, Nr. 248 ; GLA 456 F 10, Nr. 221-224 ; GLA 456 F 19, Nr. 375.

5. FRAUEN UND KINDER:

Literatur (Elsass): Audoin-Rouzeau: Enfant (2013) ; Duby: Histoire (1992) ; Faron: Enfants (2001) ; Levy: Journal (1947) ; Rouquet: Amours (2007) ; Stern: Etoile (2008).
Literatur (Baden): Bräunche: Karlsruhe (1998) ; Chickering: Freiburg (2009) ; Häußner: Weltkrieg (1915) ; Herder: Kriegstagebuch (1955); Hirschfeld: Enzyklopädie (2009) ; Wehler: Gesellschaftsgeschichte (2003).
Fotos: Pionierpark (GLA 456 F 105, Nr. 177 Foto 9) ; Jugendwehr (GLA 69 Badische Jugendwehr, Nr. 2,4) ; Heldengrab (Unsere Kinder, S. 63) ; Mittlach (AD 68 Purg. 7950) ; Elsass und Fahne (AD 68 9 Fi 59) ; Mülhausen (GLA 456 F 105, Nr. 177 Foto 1).

Sieben Kinder und ein Erwachsener:

Zitat, in: GLA 236, Nr. 22874.
Foto der aufgebahrten Freiburger Kinder (Fliegerangriff vom 15.4.1915), in: Stadtarchiv Freiburg M 7061 (Bild 1).
Foto der Wohnung von Familie Blankenhorn, in: GLA 236, Nr. 22744.
Foto der Herz-Jesu Kirche in Freiburg ca. 1904, in: Stadtarchiv Freiburg M 736/1955.
Plan der Bombenabwürfe auf Freiburg, in: GLA 236, Nr. 22743.
Quellen: GLA 236, Nr. 22743, Nr. 22874 ; Stadtarchiv Freiburg B1/B317, Nr. 4.

Charlotte Herder:

Zitat, in: Herder: Kriegstagebuch (1955), S. 90.
Porträtfoto, in: Herder: Kriegstagebuch (Herder-Verlag Freiburg).

Innenaufnahmen, in: Herder: Kriegstagebuch (Herder-Verlag Freiburg).
Außenaufnahmen, in: Freiburger Lazarette (1915).
Quellen und Literatur: Herder: Kriegstagebuch (1955) ; Freiburger Lazarette (1915) ; Chickering: Freiburg (2009) ; Clodius: Lazarettstadt (1993) ; Geinitz: Kriegsfurcht (1998).

Pauline Winkler:

Zitat, in: GLA 69 Badische Schwesternschaft, Nr. 1477.
Porträtfoto, in: GLA 69 Badische Schwesternschaft, Nr. 657 (19) (Ausschnitt).
Gruppenfoto (Rautter), in: GLA 69 Badische Schwesternschaft, Nr. 657 (19).
Personalblatt und Tagebuch, in: GLA 69 Badische Schwesternschaft, Nr. 1477.
2 Fotos, in: GLA 69 Badische Schwesternschaft, Nr. 662,1 (Heidelberg) + Nr. 662,2 (Baroncourt).
Ehrenabzeichen, in: GLA 69 Badische Schwesternschaft, Nr. 1817 (24).
Quellen: GLA 69 Badische Schwesternschaft, Nr. 662, Nr. 1477.

Alphonsine Lichtle:

Zitat, in: GLA 456 F 3, Nr. 194.
Porträtfoto, in: GLA 456 F 3, Nr. 194.
Foto Holzminden (Privatarchiv Jean-Claude Fombaron).
Zettel mit Namen, in: GLA 456 F 3, Nr. 194.
Pionierpark Mülhausen, in: GLA 456 F 105, Nr. 153 Foto 21.
Quellen: GLA 456 F 3, Nr. 194.

6. VERWUNDUNG UND GEFANGENSCHAFT:

Literatur (Elsass): Laparra: Chemins (2003) ; Rehberger: Tête (1938) ; Rudrauf: Drame (1924) ; Salvador: Prisonniers (1929) ; Schaller: Histoire (1990) ; Tomasetti: Vainqueurs (2014).
Literatur (Baden): Chickering: Freiburg (2009) ; Geinitz: Kriegsfurcht (1998) ; Hirschfeld: Enzyklopädie (2009) ; Jahr: Soldaten (1998) ; Neuner: Politik (2011) ; Wollasch: Militärseelsorge (1987).
Fotos: Heuberg (Heuberg) ; Luise (GLA J-D-K 30) ; Körper (GLA 69 Baden, Sammlung 1995 F I, Nr. 146) ; Zouave (Privatarchiv Philippe Tomasetti) ; Haas (GLA 456 F 10, Nr. 205 Foto 1) ; Deutsche Gefangene (AD 68 9 Fi 2283).

Georg Geierhaas:

Zitat, in: GLA N Geierhaas, Georg.
3 Fotos und Tagebuch in: GLA N Geierhaas, Georg.
Organisationsskizze des Verwundetentransports, in: Rüdigsch: Kreuz (1916).
Quellen: GLA N Geierhaas, Georg.

Wilhelm Thome:

Zitat, in: GLA 444 Zugang 1997-66, Nr. 51.
Porträtfoto, Röntgenbild und Krankenberichte, in: GLA 444 Zugang 1997-66, Nr. 51.
Luftbild vom 4. Juni 1916, in: GLA 456 F 13, Nr. 248 Foto 6.
Quellen: GLA 444 Zugang 1997-66, Nr. 51 und Nr. 1938.

J. [anonymisiert]:

Krankenakte und Foto, in: GLA [Akte unterliegt Nutzungsbeschränkungen].
Fotos der Psychiatrie Wiesloch, in: GLA 69 Baden, Sammlung 1995 F I, Nr. 187, Foto 6 und 11.

Joseph Luthringer:

Zitat, in: GLA 456 C, Nr. 4176.
Porträtfoto, in: GLA 456 G 1, Nr. 17375.
Foto von Saint-Amarin, in: AD 68 9 Fi 2812.
Gefechtsskizze, in: GLA 456 F 75, Nr. 55.
Fotos von Taschkent und Buchara, in: GLA 69 Badische Schwesternschaft, Nr. 592 Foto 36 sowie 66 + 67.
Quellen: GLA 456 C, Nr. 4176 ; 456 G 1, Nr. 17375.

7. DER TOTALE KRIEG:

Literatur (Elsass): Baquet: Souvenirs (1921) ; Chickering: Freiburg (2009) ; Crowell: America's (1919) ; Flotow: Heeresversorgung (1923) ; Jindra: Rüstungskonzern (1986) ; Ludendorff: Krieg (1937) ; Ministère de la guerre (1925) ; Sussdorf: Feldkraftfahrwesen (1923).
Literatur (Baden): Bräunche: Karlsruhe (1989) ; Chickering: Freiburg (2009) ; Hirschfeld: Enzyklopädie (2009) ; Kremer: Großherzogtum (1992) ; Nieß: Geschichte (2009) ; Schäfer: Wirtschaftspolitik (1983).
Fotos: Colmar (GLA 456 F 105, Nr. 177 Foto 33) ; Bahn (GLA 456 F 3, Nr. 758 Foto 6) ; Mülhausen (GLA 456 F 105, Nr. 153 Foto 4) ; Karlsruhe (Chronik, S. 120) ; Kirchenglocken (GLA N Geierhaas, Georg) ; Landsturm (GLA S Kriegsbriefe, Nr. 49, 8).

Fritz Haber und Clara Immerwahr:

Zitat, in: Schindewolf: Jahre (2000), S. 141.
Porträtfoto Fritz Haber, in: GLA J-Ac-H 30.
Porträtfoto Clara Immerwahr, in: Archiv der Max-Planck-Gesellschaft Berlin-Dahlem (Haber, Bild-Nr. V/3).
Fotos von Gasmasken, in: GLA F 3, Nr. 1115 Foto 7.
Schreiben vom 28.10.1913, in: GLA 52 Böhm, Nr. 104.
Quellen und Literatur: GLA 52 Böhm, Nr. 104 ; Leitner: Fall (1994) ; Schindewolf: Jahre (2000) ; Strobel: Haber (2005) ; Szöllösi-Janze: Haber (1998).

Alexander Ritter:

Zitat, in: GLA 456 F 10, Nr. 232.
Porträtfotos und Personalausweise, in: GLA 456 F 10, Nr. 232.
Briefkopf der Nitrum-Werke Rhina, in: Staatsarchiv Freiburg B 733/1, Nr. 49.
Zeichnung der Nitrum-Werke Rhina, in: GLA 456 F 10, Nr. 232.
Quellen: GLA 456 F 10, Nr. 232.

Joseph Weck:

Zitat, in: AD 68 8 AL 1/10468.
Porträtfoto und Passierschein, in: AD 68 8 AL 1/10468.
Foto der Schule in Bitschwiller, in: AD 68 2 Fi 38.
Foto von Issoire, in: Archives Départementales du Puy-de-Dôme AD 63 Photothèque CG 63 - Edition VDC.
Fotos des Thanner Tals, in: GLA 456 F 3, Nr. 676 Foto 4.
Quellen und Literatur: AD 68 8 AL 1/10468 ; Madenspacher: Mémoire (1994, 1997) ; Maire: Alsaciens-Lorrains (1998).

Ernst von Salomon:

Zitat, in: Kadetten (1933), S. 48.
Porträtfoto als Kadett, in: Deutsches Literaturarchiv Marbach.
Deckblatt, Namensliste und Entwurf eines Kadettendenkmals in Huldigungsadresse, in: GLA 69 Baden, Sammlung 1995 D, Nr. 400.
Anklageschrift vom 3.9.1922 und Urteil vom 14.10.1922 zum Rathenaumord, in: GLA N Fehrenbach, Nr. 114 (Staatsgerichtshof zum Schutz der Republik in Leipzig).
Salomon: Kadetten (1933).
Quellen und Literatur: GLA 69 Baden Sammlung 1995 D, Nr. 400 ; GLA N Fehrenbach, Nr. 114 ; Salomon: Kadetten (1933) ; Hermand: Salomon (2002).

B. KRIEGSENDE:

Literatur (Elsass): Baechler: Alsaciens (2008) ; Behe: Heures (1920) ; Guides Michelin (1920) ; Muller: Chronique (1995) ; Rouzeau: Sortir (2008) ; Spindler: Alsace (1925).
Literatur (Baden): Furtwängler: Protokolle (2012) ; Hoegen: Held (2007) ; Lipp: Meinungslenkung (2003) ; Oeftering: Umsturz (1918) ; Machtan: Abdankung (2008) ; Schmidgall: Revolution (2012).
Fotos: Regierung (GLA N Geiss, Nr. 9,1) ; Schneider (GLA S Kriegsbriefe, Nr. 62) ; Karlsruhe (GLA N Hils, Nr. 80) ; Guebwiller (AD 68 9 Fi 2359) ; Weihnachten (AD 68 9 Fi 2307) ; Denkmal (GLA F-S Kellner, Nr. 958d).

Friedrich Ebert:

Zitat, in: Verhandlungen des deutschen Reichstages, Legislaturperiode 1914-1918, 39. Sitzung, S. 860.
Porträtfoto, in: Stiftung Reichspräsident-Friedrich-Ebert-Gedenkstätte, Heidelberg.
Familienfoto 1916, in: Stiftung Reichspräsident-Friedrich-Ebert-Gedenkstätte, Heidelberg.
Foto von vier SPD-Politikern, in: GLA N Geck, Nr. 1235.
2 Todesanzeigen, in: Stiftung Reichspräsident-Friedrich-Ebert-Gedenkstätte, Heidelberg.
Literatur: Kotowski: Ebert (1959) ; Mühlhausen: Ebert (2006) ; Witt: Ebert (1992).

Berthold von Deimling:

Zitat, in: Deimling: Zeit (1930), S. 169.
Porträtfoto, in: Bundesarchiv Militärarchiv Freiburg N 559, Nr. 20.
Foto von Deimling und Friedrich II., in: Bundesarchiv Militärarchiv Freiburg N 559, Nr. 19.
Schreiben von Hindenburg, in: Bundesarchiv Militärarchiv Freiburg N 559, Nr. 29.
Foto von Craonne, in: Bundesarchiv Militärarchiv Freiburg N 559, Nr. 20.
Quellen und Literatur: Bundesarchiv Militärarchiv Freiburg N 559 ; Deimling: Zeit (1930) ; Jahr: Deimling (1994) ; Zirkel: Militaristen (2008).

Marie-Joseph Bopp:

Zitat, in: Zwesche Fihr un Liecht (1921), S. 16 ; AD 68 TA Birkel 92.
Porträtfoto, in: Wilsdorf: In Memoriam.
Identitätskarte 1918, in: AD 68 3 AL 2/147.
Theaterstück, in: AD 68 TA Birckel 92.
Formulare 1871, in: AD 68 21 J 3.
Quellen und Literatur: Bopp: Ville (2004) ; Elsass (1936-1938) ; Wilsdorf: Bopp (1974-1975); Schmauch: Services (2004).

René Schickele:

Zitat, in: Ein Erbe am Rhein, München 1925, S. 6.
Porträtfoto (Collection et Photo. BNU Strasbourg).
Foto vom Hartmannsweilerkopf, in: AD 68 2 Fi 1069.
Sprachen-Karte, in: AD 68 carte 415.
Foto von Schickele auf dem Rhein um 1930, in: Museum für Literatur am Oberrhein, Karlsruhe.
Quellen und Literatur: Nachlass René Schickele im Deutschen Literaturarchiv Marbach ; Finck: Schickelé (1999) ; Staiber: Oeuvre (1998).

LITERATURHINWEISE

L'Alsace et la Grande Guerre, in: Revue d'Alsace, Strasbourg 2013, numéro spécial.

Arnold, François-Xavier: Les Sundgauviens en cage. La clôture électrifiée en Haute-Alsace au cours de la guerre 1914-1918, in: Annuaire de la Société d'Histoire du Sundgau 1982, p. 71-77.

Audoin-Rouzeau, Stéphane; Becker, Jean-Jacques (Dir.): Encyclopédie de la Grande Guerre, 2 vol., Paris 2012.

Audoin-Rouzeau, Stéphane: L'enfant de l'ennemi. Viol, avortement, infanticide pendant la Grande Guerre, Paris 2013.

Das 7. Badische Infanterie Regiment 142 im Weltkrieg 1914-1918, Berlin 1927.

Baechler, Christian: Eugène Ricklin, in: Nouveau Dictionnaire de Biographie Alsacienne 31 (1998), p. 3202-3203.

Baechler, Christian: Les Alsaciens et le grand tournant de 1918, Strasbourg 2008.

Bankwitz, Philip Charles Farewell: Les chefs autonomistes alsaciens, in: Saisons d'Alsace 71 (1980), numéro spécial.

Baquet, Louis: Souvenirs d'un directeur de l'Artillerie, Paris 1921.

Bauman, Zygmunt: Das Jahrhundert der Lager, in: Neue Gesellschaft. Frankfurter Hefte 41 (1994), Heft 1, S. 28-37.

Becker, Jean-Jacques; Krumeich, Gerd: Der große Krieg. Deutschland und Frankreich im Ersten Weltkrieg 1914-1918, Essen 2010 (franz. Ausgabe: La Grande Guerre. Une histoire franco-allemande, Paris 2008).

Behe, Martin: Heures inoubliables. Recueil des relations des fêtes de libération d'Alsace et de Lorraine en novembre et décembre 1918, Strasbourg 1920.

Berbett, Alexandre: Le controversé Dr. Ricklin, in: Annuaire de la Société d'Histoire du Sundgau 2013, p. 110-152.

Berghahn, Volker: Der Erste Weltkrieg, 4. Auflage München 2009.

Bopp, Marie-Joseph: Zwesche Fihr un Liecht, Strasbourg 1921.

Bopp, Marie-Joseph: Ma ville à l'heure nazie. Colmar 1940-1945, Strasbourg 2004.

Borchardt-Wenzel, Annette: Die Frauen am badischen Hof. Gefährtinnen der Großherzöge zwischen Liebe, Pflicht und Intrigen, 2. Auflage Gernsbach 2010.

Bräunche, Ernst (Red.): Karlsruhe. Die Stadtgeschichte Karlsruhe 1989.

Bruant, Benoît: Hansi, l'artiste tendre et rebelle, Strasbourg 2008.

Brüning, Rainer: Menschen im Krieg / Vivre en temps de guerre. Überlegungen zu einer deutsch-französischen Gemeinschaftsausstellung über den Ersten Weltkrieg am Oberrhein [in: Tagungsband des gleichnamigen Freiburger Kolloquiums am 23./24. Oktober 2013, erscheint 2014].

Burtschy, Bernard; Heyer, Vincent: 1914-1918. La Première Guerre mondiale sur le front de la Largue, Riedisheim 2001.

Bussi-Taillefer, Henri: Les campagnes de Mulhouse et les combats des Vosges, Niort 1965.

Cazals, Rémy: Deux fantassins de la Grande Guerre: Louis Barthas et Dominique Richert, in: Maurin, Jules; Jauffret Jean-Jacques (Ed.): La Grande Guerre 1914-1918. 80 ans d'historiographie et de représentations, Montpellier 2002, p. 339-364.

Cazard, Marie: Un peintre de vingt ans, in: Almanach des Dernières Nouvelles d'Alsace, Strasbourg 1994, p. 54.

Chapatte, Auguste: Hartmannswillerkopf 1915-1916. Souvenirs d'un poilu du 15-2, Paris 2011.

Chickering, Roger: Freiburg im Ersten Weltkrieg. Totaler Krieg und städtischer Alltag 1914-1918, Paderborn 2009.

Chronik der Haupt- und Residenzstadt Karlsruhe für das Jahr 1916, Karlsruhe 1918.

Clark, Christopher: The Sleepwalkers. How Europe went to War in 1914, London 2012 (franz. Ausgabe: Les somnambules. Eté 14: comment l'Europe a marché vers la guerre, Paris 2013).

Claude, Pierre: Elsass-Lothringer in Feldgrau, Strasbourg 1931.

Clodius, Mathias: Die Lazarettstadt Freiburg i. Br. 1870-1945. Ein Beitrag zum Kriegslazarettwesen in Deutschland, Freiburg 1993.

Crowell, Benedict: America's Munitions, Washington 1919.

Deimling, Berthold von: Aus der alten in die neue Zeit. Lebenserinnerungen, Berlin 1930.

Deisenroth, Karlheinz: Militärgeschichtlicher Reiseführer. Oberelsass und südliche Vogesen, Hamburg 2000.

Deutsche Militärgeschichte in sechs Bänden 1648-1939, hrsg. vom Militärgeschichtlichen Forschungsamt, München 1983.

Deutschland und der Weltkrieg, hrsg. von Otto Hintze, Friedrich Meinecke, Hermann Oncken und Hermann Schumacher, Leipzig, Berlin 1915.

Didier, Christophe (Bearb.): In Papiergewittern. 1914-1918. Die Kriegssammlungen der Bibliotheken, Paris 2008 (franz. Ausgabe: Orages de papier, Paris 2008).

Dittler, Erwin: Adolf Geck (1854-1942), in: Die Ortenau 62 (1982), S. 212-301 und 63 (1983), S. 234-273.

Duby, Georges; Perrot, Michèle (Dir.): Histoire des femmes en occident, t. 5: Le XXe siècle, Paris 1992.

Ehret, Thierry: 1914-1918 autour de l'Hartmannswillerkopf. Images de l'Histoire, Mulhouse 1988.

Ehret, Thierry; Mansuy, Eric: Un artilleur en Haute-Alsace. Souvenirs photographiques de Pierre Jaminet 1914-1916, Altkirch 2003.

Ehret, Thierry: Hartmannswillerkopf, un monument national de la Grande Guerre, in: Historial, Musées et Mémoriaux de la Grande Guerre, Paris 2009, p. 75-80.

Das Elsass von 1870-1932, herausgegeben im Auftrage der Freunde des Abbé Dr. Haegy von J. Rossé, M. Sturmel, A. Bleicher, F. Deiber, J. Keppi, 4 Bde., Colmar 1936-1938.

Eißele, Kurt: Fürst Hermann zu Hohenlohe-Langenburg als Statthalter im Reichsland Elsass-Lothringen 1894-1907, Diss. Tübingen 1950 (Masch-Schr).

Encyclopédie de l'Alsace 7 (1984), p. 4040 [Hohenlohe-Langenburg, Hermann], 10 (1985), p. 6162-6163 [Procès de Colmar], 11 (1985), p. 6429 [Ricklin, Eugène].

Ettighofer, Paul: Gespenster am Toten Mann, Berlin 1931.

Evans, Andrew D.: Science behind the Lines. The Effects of World War I on Anthropology in Germany, in: Johler, Reinhard; Marchetti, Christian; Scheer, Monique (Hrsg.): Doing Anthropology in Wartime and War Zones, Bielefeld 2010, S. 99-122.

Exner, Peter (Hrsg.): Die Reichskanzler der Weimarer Republik. Zwölf Lebensläufe, Karlsruhe 2012.

Faron, Olivier: Les enfants du deuil. Orphelins et pupilles de la nation de la Première Guerre mondiale (1914-1941), Paris 2001.

Fenske, Hans: Der liberale Südwesten. Freiheitliche und demokratische Traditionen in Baden und Württemberg 1790-1933, Stuttgart 1981.

Finck, Adrien: René Schickelé, Strasbourg 1999.

Fischer, Eugen: Die Rehobother Bastards, Jena 1913.

Fischer, Fritz: Griff nach der Weltmacht. Die Kriegszielpolitik des kaiserlichen Deutschland 1914/1918, Düsseldorf 1961.

Flotow, Erich von: Die Heeresversorgung mit Bekleidung und Ausrüstung, in: Schwarte, Max (Hrsg.): Der Weltkampf um Ehre und Recht, Bd. 7, Leipzig 1923, S. 104 ff.

Die Freiburger Lazarette im Völkerkrieg 1915/15. Im Auftrag des Ortsausschusses vom Roten Kreuz hrsg. von Dr. L. Werthmann, Freiburg 1915.

Furtwängler, Martin (Bearb.): Die Protokolle der Regierung der Republik Baden. Bd. 1: Die provisorische Regierung November 1918 – März 1919, Stuttgart 2012.

Geinitz, Christian: Kriegsfurcht und Kampfbereitschaft. Das Augusterlebnis in Freiburg. Eine Studie zum Kriegsbeginn 1914, Essen 1998.

Gessler, Bernhard: Eugen Fischer (1874-1967). Leben und Werk des Freiburger Anatomen, Anthropologen und Rassehygienikers bis 1927, Frankfurt/M. 2000.

Gillot, Henri: Charles Rudrauf, in: Alsace française 21 (Februar 1926).

Grandhomme, Jean-Noël (Dir.): Boches ou Tricolores, les Alsaciens-Lorrains dans la Grande Guerre, Strasbourg 2008.

Guides illustrés Michelin des champs de bataille: Colmar, Mulhouse, Schlestadt, Clermont-Ferrand 1920.

Guides illustrés Michelin des champs de bataille 1914-1918: Alsace Moselle. Les Combats des Vosges, Boulogne-Billancourt 2013.

Häußner, J.: Der Weltkrieg und die höheren Schulen Badens im Schuljahr 1914-1915, Karlsruhe 1915.

Hampe, Karl: Kriegstagebuch 1914-1918, hrsg. von Folker Reichert und Eike Wolgast, München 2004.

Hansi et Tonnelat, Ernest: A travers les lignes ennemies, trois années d'offensive contre le moral allemand, Colmar 1922 (2012).

Harder, Hans-Joachim: Militärgeschichtliches Handbuch Baden-Württemberg, hrsg. vom Militärgeschichtlichen Forschungsamt, Stuttgart 1987.

Herder, Charlotte: Mein Kriegstagebuch 1914-1918, Freiburg 1955.

Hermand, Jost: Ernst von Salomon. Wandlungen eines Nationalrevolutionärs, Stuttgart 2002.

Heuberg 1914-17. Leben und Treiben der Kriegsgefangenen,

o.O. 1917.

Higelin, Maurice: Kriegstagebuch, in Annuaire de la Société d'Histoire du Sundgau, Riedisheim 2007-2013.

Hindenlang, Friedrich: Großherzogin Luise von Baden. Der Lebenstag einer fürstlichen Menschenfreundin, Karlsruhe 1925.

Hirschfeld, Gerhard; Krumeich, Gerd; Renz, Irina (Hrsg.): Enzyklopädie Erster Weltkrieg. Studienausgabe, Paderborn 2009.

Hobsbawm, Eric: Age of Extremes. The Short Twentieth Century 1914-1991, London 1994.

Hoegen, Jesko von: Der Held von Tannenberg. Genese und Funktion des Hindenburg-Mythos, Köln 2007.

Hofer, Hans-Georg; Prüll, Cay-Rüdiger; Eckart, Wolfgang U. (Hrsg.): War, Trauma and Medicine in Germany and Central Europe (1914-1939), Freiburg 2011.

Hommage à Hansi, in: Saisons d'Alsace 1952, numéro spécial.

Hugel, André: Chronique de la Grande Guerre à Riquewihr. Témoignage d'un viticulteur alsacien: Emile Hugel, Riquewihr 2003.

Husser, Philippe: Journal d'un instituteur alsacien 1914-1951, avant-propos de Frank Ténot et présentation d'Alfred Wahl, Paris 1989.

Igersheim, François: L'Alsace des notables 1870-1914. La Bourgeoisie et le peuple alsacien, Strasbourg 1981.

Jahr, Christoph: Berthold von Deimling. Vom General zum Pazifisten. Eine biographische Skizze, in: ZGO 142 (1994), S. 359-387.

Jahr, Christoph: Gewöhnliche Soldaten. Desertion und Deserteure im deutschen und britischen Heer 1914-1918, Göttingen 1998.

Jindra, Zdenek: Der Rüstungskonzern Fried. Krupp AG 1914-1918, Prag 1986.

Keegan, John: Der Erste Weltkrieg. Eine europäische Tragödie, Reinbek bei Hamburg 2000.

Koch, Philippe: HWK Hartmannswillerkopf Ephémérides 1916-1918. La Grande Guerre, Courtelevant 2009.

Kocka, Jürgen: Klassengesellschaft im Krieg. Deutsche Sozialgeschichte 1914-1918, Göttingen 1973.

Der Komplott-Prozess von Colmar vom 1.-24. Mai 1928. Gesammelte Verhandlungsberichte, Colmar 1928.

Kotek, Joël; Rigoulot, Pierre: Das Jahrhundert der Lager. Gefangenschaft, Zwangsarbeit, Vernichtung, Berlin 2001 (franz. Ausgabe: Le siècle des camps: détention, concentration, extermination. Cent ans de mal radical, Paris 2000).

Kotowski, Georg: Friedrich Ebert, in: Neue Deutsche Biographie 4 (1959), S. 254-265.

Kremer, Hans-Jürgen (Bearb.): Das Großherzogtum Baden in der politischen Berichterstattung der preußischen Gesandten 1871-1918, Bd. 2, Stuttgart 1992.

Laparra, Jean-Claude; Hesse, Pascal: Les chemins de la souffrance. Le service de santé allemand St-Mihiel-Hauts de Meuse-Woëvre-Metz, Louviers 2003.

Lebailly, Claire; Finck, Adrien: Eugène Birsinger, chronique de la guerre 1914-1918. Contribution à l'étude de la littérature populaire en Alsace, Strasbourg 1993.

Lechner, Catherine: Alsace-Lorraine. Histoires d'une tragédie oubliée, Anglet 2004.

Leitner, Gerit von: Der Fall Clara Immerwahr. Leben für eine humane Wissenschaft, 2. Auflage München 1994.

Levy, Elisabeth: Journal d'une Colmarienne pendant la guerre mondiale de 1914-1918, 6 volumes, Colmar 1947.

Lintier, Paul: Avec une batterie de 75. Ma pièce. Souvenirs d'un canonnier 1914, Paris 1916.

Lipp, Anne: Meinungslenkung im Krieg. Kriegserfahrungen Deutscher Soldaten und ihre Deutung 1914-1918, Göttingen 2003.

Lösch, Niels C.: Rasse als Konstrukt. Leben und Werk Eugen Fischers, Frankfurt/M. 1997.

Lotz, François: Charles Rudrauf, in: Lotz, François: Artistes peintres alsaciens de jadis et naguère (1880-1982), Kaysersberg 1987, p. 266.

Ludendorff, Erich: Der totale Krieg, München 1937.

Machtan, Lothar: Die Abdankung. Wie Deutschlands gekrönte Häupter aus der Geschichte fielen, Berlin 2008.

Madenspacher, Patrick: Pour mémoire. 1914-1915 l'odyssée des Haut-Rhinois parqués dans le camp de déportation de l'île du Frioul au large de Marseille, in: Annuaire de la Société d'Histoire du Sundgau 1994, p. 135-164 et 1997, p. 247-271.

Maire, Camille: Des Alsaciens-Lorrains otages en France, Strasbourg 1998.

Marteaux, Pierre: Diables Rouges, Diables Bleues à Hartmannswillerkopf, Paris 1937.

Ministère de la guerre: Les Armées françaises dans la grande guerre, t. 3, Paris 1925.

Mitscherlich, Alexander: Die vaterlose Gesellschaft. Ideen zur Sozialpsychologie, München 1963.

Mommsen, Wolfgang J.: Die Urkatastrophe Deutschlands. Der Erste Weltkrieg 1914-1918, Stuttgart 2002.

Mosse, George L.: Gefallen für das Vaterland. Nationales Heldentum und namenloses Sterben. Stuttgart 1993.

Mühlhausen, Walter. Friedrich Ebert 1871-1925 Reichspräsident der Weimarer Republik, Bonn 2006.

Müller, Klaus-Peter: Politik und Gesellschaft im Krieg. Der Legitimitätsverlust des badischen Staates 1914-1918, Stuttgart 1988.

Müller-Loebnitz, Wilhelm (Bearb.): Die Badener im Weltkrieg 1914/1918, Karlsruhe 1935.

Muller, Claude: Chronique de la viticulture en Alsace au XXe siècle, t. 1, Riquewihr 1995.

Muller, Claude; Weber, Christophe: Les Alsaciens, une région dans la tourmente (1870-1950), Paris 2012.

Muller, René: Dominique Richert, in: Nouveau Dictionnaire de Biographie Alsacienne 31 (1993), p. 3196.

Neuner, Stephanie: Politik und Psychiatrie. Die staatliche Versorgung psychisch Kriegsbeschädigter in Deutschland 1920-1939, Göttingen 2011.

Niemeyer, Joachim; Rehm, Christoph (Hrsg.): Militärgeschichte in Baden-Württemberg. Das Wehrgeschichtliche Museum Rastatt, Bruchsal 2009.

Nieß, Ulrich; Caroli, Michael (Hrsg.): Geschichte der Stadt Mannheim, Bd. 3: 1914-2007, Ubstadt-Weiher 2009.

Nipperdey, Thomas: Deutsche Geschichte 1866-1918, Bd. 2: Machtstaat vor der Demokratie, München 1995.

Nouzille, Jean; Oberlé, Raymond; Rapp, François: Batailles d'Alsace 1914-1918, Strasbourg 1989.

Oeftering, Wilhelm Engelbert: Der Umsturz in Baden, Konstanz 1918.

Ortholan, Henri; Vernet, Jean-Pierre: L'armée française de l'été 1914, Paris 2004.

Le Régiment des Lions. Histoire du 133ème pendant la Grande Guerre, Belley 1920.

Rehberger, Henri: Tête carrée. Carnet de route d'un Alsacien 1914-1918, Strasbourg 1938.

Rehm, Clemens: Raub oder Rettung? „Kulturgutschutz" 1917 in St. Quentin durch einen deutschen Offizier, in: Die Ortenau 81 (2001), S. 435-442 [Brandel Geck].

Das Reichsland Elsass-Lothringen 1871-1918, 4 Bde., Frankfurt 1931-1938.

Richert, Dominik: Beste Gelegenheit zum Sterben. Meine Erlebnisse im Kriege 1914-1918, hrsg. von Angelika Tramitz und Bernd Ulrich, München 1989 (franz. Ausgabe: Cahiers d'un survivant. Un soldat dans l'Europe en guerre 1914-1918, Strasbourg 1994).

Röhl, John C.G.: Wilhelm II. Der Weg in den Abgrund 1900-1941, München 2008.

Rouquet, François; Virgili, Fabrice; Voldman, Danièle: Amours, guerres, et sexualité, 1914-1945, Paris 2007.

Rouzeau, Stéphane; Prochasson, Christophe: Sortir de la Grande Guerre. Le monde et l'après 1918, Paris 2008.

Rudrauf, Charles: Le Drame de la mauvaise frontière. Lettres d'un Alsacien (1914-1916), Nancy 1924.

Rudrauf, Lucien: Une figure alsacienne, Charles Rudrauf, peintre et martyr 1895-1916, Illkirch-Graffenstaden 1958.

Rudrauf, Lucien: Un maître alsacien de vingt ans, Charles Rudrauf, mort pour la France, Strasbourg 1966.

Rüdigsch, Emmy von: Unterm Roten Kreuz. Erlebnisse und Schilderungen von Emmy von Rüdigsch. Oberin in einem Kriegslazarett, Lahr 1916.

Salomon, Ernst von: Die Kadetten, Berlin 1933.

Salvador, Georges Cahen: Les prisonniers de guerre 1914-1919, Paris 1929.

Schadt, Jörg: Adolf Geck, in: Neue Deutsche Biographie 6 (1964), S. 123-124.

Schäfer, Hermann: Regionale Wirtschaftspolitik in der Kriegswirtschaft. Staat, Industrie und Verbände während des Ersten Weltkrieges in Baden, Stuttgart 1983.

Schaller, Victor: Histoire d'un déserteur. Les cahiers de Victor Schaller, transcrits par François Imbert, in: Le Bulletin de la Société d'Histoire de Rixheim 1990.

Schickele, René: Ein Erbe am Rhein, München 1925.

Schindewolf, Ulrich: 100 Jahre Institut für Physikalische Chemie an der Universität Karlsruhe, in: Bunsen-Magazin 2 (2000), Nr. 6, S. 138-147.

Schlund, Pierre: Souvenirs de guerre d'un Alsacien, Mesnil-sur-l'Estrée 2011.

Schmauch, Joseph: Les services d'Alsace-Lorraine face à la réintégration des départements de l'Est. Positions de thèse, Paris 2004.

Schmidgall, Markus: Die Revolution 1918/19 in Baden, Karlsruhe 2012.

Schwalbe, Gustav; Fischer, Eugen (Hrsg.): Anthropologie,

Leipzig 1923.

Schwarzmaier, Hansmartin (Hrsg.): Handbuch der Baden-Württembergischen Geschichte, Bd. 3, Stuttgart 1992.

Siebler, Clemens: von Baden, Luise Marie Elisabeth Großherzogin 1838-1923, in: Badische Biographien N.F. 2 (1987), S. 12-14.

Sizaret, Marie Claire; Bischoff, Georges: Henri Eschbach, in: Nouveau Dictionnaire de Biographie Alsacienne 10 (1987), p. 857.

Spindler, Charles: L'Alsace pendant la guerre, Strasbourg 1925 (Nancy 2008).

Springer, Philippe: L'Alsace en guerre 1914-1916. Vers le front continu en Haute-Alsace, Strasbourg 2008.

Staiber, Maryse: L'oeuvre poétique de René Schickelé. Contribution à l'étude du lyrisme à l'époque du "Jugendstil" et de l'expressionnisme, Strasbourg 1998.

Stern, Éliane; Koenig, Viviane: L'Étoile. Journal d'une petite fille pendant la Grande Guerre, Paris 2008.

Stiefel, Karl: Baden 1648-1952, 2 Bde., Karlsruhe 2001.

Strobel, Albrecht: Haber, Fritz, Chemiker, Nobelpreisträger 1868-1934, in: Badische Biographien N.F. 5 (2005), S. 114-119.

Sussdorf, Walter: Das Feldkraftfahrwesen, in: Schwarte, Max (Hrsg.): Der Weltkampf um Ehre und Recht, Bd. 6, Leipzig 1923, S. 346 ff.

Szöllösi-Janze, Margit: Fritz Haber 1818-1934. Eine Biographie, München 1998.

Thiemeyer, Thomas: Fortsetzung des Krieges mit anderen Mitteln. Die beiden Weltkriege im Museum, Paderborn 2010.

Tomasetti, Philippe: Auguste Spinner. Un patriote alsacien au service de la France, Nancy 2009.

Tomasetti, Philippe: Ni vainqueurs, ni vaincus. Le destin des captifs alsaciens-lorrains durant la Grande Guerre, Strasbourg 2014.

Tyl, Pierre-Marie: Jean-Jacques Waltz, in: Nouveau Dictionnaire de Biographie Alsacienne 15 (1989), p. 1412-1423.

Ullrich, Bernd: Die Augenzeugen. Deutsche Feldpostbriefe in Kriegs- und Nachkriegszeit 1914-1933, Essen 1997.

Unsere Kinder und der Krieg. Im Auftrag der Vorsteherin der Viktoria-Privatschule, Fräulein Loch zusammengestellt als Jahresbericht für das Kriegsschuljahr 1914/15, Karlsruhe 1915.

Vogler, Bernard: Histoire politique de l'Alsace de la Révolution à nos jours. Un panorama des passions alsaciennes, Strasbourg 1995.

Weber, Thomas: Hitlers erster Krieg. Der Gefreite Hitler im Weltkrieg – Mythos und Wahrheit, Berlin 2011.

Wegener, Hans: Die Geschichte des 3. Ober-Elsässischen Infanterie Regiments Nr. 172, Zeulenroda 1934.

Wehler, Hans-Ulrich: Deutsche Gesellschaftsgeschichte, Bd. 4: 1914-1949, München 2003.

Weller, Karl: Fürst zu Hohenlohe-Langenburg, Hermann, Kaiserlicher Statthalter von Elsaß-Lothringen, in: Württembergischer Nekrolog für das Jahr 1913, Stuttgart 1916, S. 29-50.

Der Weltkrieg 1914 bis 1918. Bearbeitet im Reichsarchiv, Bd. 1 ff., Berlin 1925 ff.

Wilsdorf, Christian: In Memoriam Marie-Joseph Bopp 1893-1972, in: Société d'histoire et de littérature de Colmar 1974-1975, p. 203-205.

Witt, Peter-Christian: Friedrich Ebert. Parteiführer - Reichskanzler - Volksbeauftragter - Reichspräsident, 3. Auflage Bonn 1992.

Wollasch, Hans-Josef: Kreutz, Benedict, in: Badische Biographien N.F. 1 (1982), S. 193-195.

Wollasch, Hans-Josef (Hrsg.): Militärseelsorge im Ersten Weltkrieg. Das Kriegstagebuch des katholischen Feldgeistlichen Benedict Kreutz, Mainz 1987.

Zirkel, Kirsten: Vom Militaristen zum Pazifisten. General Berthold von Deimling – eine politische Biographie, Essen 2008.

VERZEICHNIS DER MITARBEITER/INNEN

Laëtitia Brasseur-Wild
Archives Départementales du Haut-Rhin, Colmar (LBW)

Dr. Rainer Brüning
Generallandesarchiv Karlsruhe (RB)

Dominique Dreyer
Archives Départementales du Haut-Rhin, Colmar (DD)

Thierry Ehret
Historien, Brunstatt

Dr. Peter Exner
Generallandesarchiv Karlsruhe (PE)

Jean-Claude Fombaron
Président de la Société Philomatique Vosgienne, Saint-Dié

Dr. Kurt Hochstuhl
Staatsarchiv Freiburg (KH)

Prof. François Igersheim
Université de Strasbourg

Prof. Claude Muller
Université de Strasbourg

Dr. Christof Strauß
Staatsarchiv Freiburg (CS)

Philippe Tomasetti
Historien, Woerth

Map of the Vosges region showing towns including Bussang, St. Maurice, Giromagny, Masmünster, St. Amarin, Thann, Fellering, Wesserling, Sewen, Oberbruck, Niederbruck, Rougemont, and features such as Col de Bussang, Welscher Belchen (1245), Rotwasenkopf (1231), Rimbachkopf (1195), Stiftkopf (1057), Bärenkopf (1073), Wissgrut (1125), Kuppelthannkopf (880), and Sudel (914).